KNAUR.LEBEN

Melissa Kirchgässner

DIE HEXEN WUNDE

Heile deine Ahnenlinie
und komme wieder
in dein volles Potenzial

KNAUR.LEBEN

Die in diesem Buch vorgestellten Übungen wurden von der Autorin und dem Verlag sorgfältig geprüft und haben sich in der Praxis bewährt. Da jeder Mensch für sich besonders ist, können wir allerdings Ergebnisse nicht garantieren. Der Verlag und die Autorin schließen jegliche Haftung für Gesundheits- und Personenschäden aus.

Besuchen Sie uns im Internet:
www.knaur-leben.de

MIX
Papier | Fördert gute Waldnutzung
FSC® C083411

Originalausgabe Juni 2024
Knaur.Leben Taschenbuch

Redaktion: Melle Siegfried
Covergestaltung: Guter Punkt, München
Coverabbildung: iStock / Getty Images Plus
Abbildungen im Innenteil:
Illustrationen von Shutterstock.com (zum Teil wiederholt): S. 5 Tata Donets, S. 7 sundora14, S. 8 Demja, S. 11 alenakoval_art, S. 16 Minur, S. 24 Media Guru, S. 29 Random Illustrator, S. 33 Wonder-studio, S. 37 alenakoval_art, S. 96 Wonder-studio, S. 101 Orkidia, S. 153 Carrie Ver, S. 158 galastudio, S. 178 UoaHH, S. 185 Pixejoo, S. 253 Peratek, S. 257 Valedi
Illustrationen von stock.adobe.com (zum Teil wiederholt): S. 21 Ruparoe, S. 59 PapaGray, S. 194 Ansty art, S. 198 paw, S. 249 Yelyzaveta, S. 255 Meranna, S. 259 Yusuf, S. 261 ArthaDesignStudio
Satz und Layout: Adobe InDesign im Verlag
Druck und Bindung: CPI Books GmbH, Leck
ISBN 978-3-426-44635-5

2 4 5 3

Gebet zur Hexenwunde

Ich rufe heute all die,
die im großen Feuer verbrannt wurden.
All die, die als Hexe starben.
Ich löse hier und heute die Wunden,
die Schatten, die Blockaden auf.
Egal ob Opfer oder Täter, ich bitte um Vergebung,
sodass Heilung entstehen darf.
All das entstandene Leid auf kollektiver Ebene
darf aufgelöst werden.
An alle, die zu dieser Zeit lebten und
Leid erfuhren: Ich sehe euch.
Es ist an der Zeit, uns unsere Kraft wiederzuholen.
Durch alle Generationen hindurch.
Erinnere dich an deinen heiligen Traum.
Ahé.

INHALT

EINLEITUNG

Hey Hexe!

Ja, ich meine dich. *Bin ich überhaupt eine Hexe?*, fragst du dich jetzt vielleicht. Was für ein Bild schießt dir intuitiv in den Kopf? Eine alte Frau mit grünem Gesicht und Hakennase? Unser heutiges Bild der Hexe ist geprägt von Märchen, der Kirche und ihrer Teufelslehre sowie der Popkultur. Von der fliegenden Satansbraut im *Hexenhammer,* über die böse, Kinder fressende Hexe bei Hänsel und Gretel bis hin zur smarten und frechen Serienhexe Sabrina Spellman: die Darstellung der Hexe hat eine große Wandlung durchgemacht und das Thema Hexentum ist aktueller denn je. Immer mehr Menschen, egal welcher Geschlechtsidentität, welcher Nationalität oder kulturellen Herkunft, spüren heute ihren Ruf, praktizieren Rituale, verbinden sich mit anderen Hexen, fühlen ihre wahre Berufung – als Hexe zu leben und vielleicht sogar zu arbeiten. Gleichzeitig spüren viele dieser Menschen – und auch Menschen in heilenden, helfenden oder medizinischen Berufen, die sich nicht als Hexe bezeichnen – eine unterschwellige Angst, manchmal auch ein sehr starkes Ablehnungsgefühl gegenüber ihren Gaben. Dieses Unwohlsein, sei es nun Angst, Widerstand, Groll gegenüber dem »Widernatürlichen«, kann etwas mit der Hexenwunde zu tun haben.

Was ist die Hexenwunde? Genau darum – und auch darum, wie du sie heilen kannst – geht es in diesem Buch. Mit dem Begriff »Hexenwunde« ist das individuelle und kollektive Trauma gemeint, das durch die europäische Hexenverfolgung ausgelöst wurde und das bis heute in uns wirkt. Dieses ungute Gefühl, das dich beschleicht, wenn du etwas tust, was außerhalb der Norm ist. Die Angst, dich zu zeigen. Das Schamgefühl, wenn andere dich fragen, ob du wirklich an Magie glaubst. Der Teil in dir, der sich immer noch versteckt, weil es sich nicht sicher anfühlt, die Magie in dir und um dich herum anzunehmen und auszuleben. Vielleicht praktizierst du bereits Formen der Magie oder bist »nur« interessiert an Spiritualität und Hexentum, aber diese Interessen und Gaben versteckst du aus der Angst heraus, verurteilt, abgelehnt oder gemobbt zu werden. Vielleicht spürst du schon länger deine Hellsinne, deine Intuition oder andere mediale oder heilerische Fähigkeiten, unterdrückst diese aber, weil dein Verstand sagt, das sei völliger Quatsch. Es kommen Zweifel auf, Scham oder sogar Schuldgefühle. Woher kommen all diese schweren Gefühle? Die Angst vor Ablehnung, Verurteilung, Gefahr?

Die Geschichte der Hexe ist von Angst geprägt. Auf der einen Seite gab es schon immer die Angst vor dem Unbekannten, dem Mystischen, dem sexuell Freien. Aber hast du dich schon mal gefragt, warum uns die Gesellschaft lehrt, sich vor Hexen zu fürchten und nicht vor den Männern, die sie bei lebendigem Leib verbrannt haben? Hier findest du die andere Seite der Angst. Die unterbewusste Angst, als Hexe geächtet und verurteilt zu werden. Und sei es nur durch die Meinungen anderer.

Eine Kundin schrieb mir letztens, sie habe den Begriff »Hexe« immer vermieden, weil sie dachte, er sei so negativ besetzt. Bei einer unserer Zeremonien verstand sie dann, dass sie selbst diejenige war, die Angst vor den Assoziationen anderer hatte. Nachdem sie diese Angst losgelassen hatte, fühlte sie, dass das Hexe-Sein für sie nun Freiheit sowie, wie sie es ausdrückte, Verbundenheit mit der großen Mutter bedeute.

In unserer heutigen Gesellschaft ist der Begriff der Hexe noch immer meist negativ besetzt. Aber warum eigentlich? Die Antwort findest du in diesem Buch. Gleichzeitig habe ich es mir zur Aufgabe gemacht, den Begriff der Hexe wieder positiv zu belegen und ihm seine Power zurückzugeben. Worte haben Macht. In dieser Tatsache liegt einer der Gründe, wieso ich dieses Buch schreibe. Ich möchte Menschen dazu inspirieren, sich zu reflektieren und sich mit ihren Schattenanteilen zu beschäftigen. Deine Schatten sind genau die Anteile, die du gerade vielleicht lieber noch beiseiteschiebst, weil sie sich unbequem anfühlen. Aber genau in ihnen liegt deine Freiheit.

Wenn du gerade dieses Buch in der Hand hältst, dann aus einem bestimmten Grund. Das Thema Hexenwunde löst etwas in dir aus. Es triggert dich. Warum ist das so? Weil du mit diesem Thema – bewusst oder unterbewusst – in Resonanz gehst. Deshalb geht es in diesem Buch nicht nur um die Geschichte der Hexenverfolgung, sondern vor allem darum, dass und wie die Hexenwunde bis heute wirkt und uns (meist unbewusst) an Dingen hindert, die wir erreichen könnten. Was wäre für dich möglich, wenn du ohne diese Angst leben könntest, die Angst, dass es nicht sicher ist, dich authentisch zu geben?

Ich möchte erreichen, dass Hexen sich zeigen können. Dass du, wenn du diese Zeilen liest, erkennst, dass auch du eine Hexe bist. Und dass du dich sicher fühlst, dich so zu nennen und das zu tun, was dein Herz begehrt. Daher ist es meines Erachtens auch so wichtig, dass wir uns noch einmal mit unserer Vergangenheit, der Geschichte, den Fakten, den Wunden beschäftigen. Das ist Weiterentwicklung.

Lass mich eins klarstellen: Die Hexenwunde ist ein sehr facettenreiches Thema, das wir nicht mal eben über Nacht heilen können. Alles ist ein Prozess. Die Symptome und Schmerzen der Hexenwunde sind tiefgreifend, und du darfst sie Schicht für Schicht abtragen, wie die Schalen einer Zwiebel. Mit Alltagsritualen wie Journaling-Fragen, Clearings und Zaubern wird die erste Schicht gelöst. Die zweite Schicht geht noch etwas tiefer, zurück zu deiner Ahnenlinie, denn Traumata können genetisch vererbt werden. Das ist wissenschaftlich über die Epigenetik belegt. Ich zeige dir die Grundlagen magischer Arbeit für Reisen in die Anderswelt und du lernst, Schritt für Schritt deinen Ahnen näherzukommen.

Dieses Buch kann dir als Tor in eine neue Welt dienen. Indem du dich der Heilung deiner Hexenwunde widmest und dich wieder mit deiner Macht verbindest, machst du wichtige Schritte auf dem Weg der Hexe. Und dabei ist es egal, ob du absoluter Magieneuling bist oder schon etliche Jahre praktizierst.

Ich weiß, das Thema Hexenwunde ist nicht gerade das einfachste. Warum also den Aufwand auf sich nehmen? Weil es sich so sehr lohnt. Die Freiheit, die Selbstbestimmung und die Klarheit, die sich dadurch in dir verankern, bringen dich auf ein komplett höheres Energielevel. Es kann wie der Eintritt in eine neue Welt sein. Der Beginn von etwas Großem. Achte dabei gut auf dich und deine Gefühle. Vielleicht spürst du, dass dich bereits beim Lesen dieser Zeilen in der Einleitung etwas zurückhält. Nimmst du vielleicht eine vage oder sogar heftige Angst in dir wahr? Sich die Hexenwunde anzusehen erfordert verdammt viel Mut. Und ich möchte ehrlich mit dir sein: Du brauchst neben Mut auch mentale Stärke und Vertrauen.

Die Inhalte dieses Buches sind nicht für jeden Menschen gleich gut zu verdauen. Gehe bitte in die Eigenverantwortung und spüre, ob du bereit bist. Dieses Buch ist auch kein Ersatz für eine professionelle Therapie oder Traumaheilung. Viele der Hexenwunden-Symptome können ungeheilten Traumata oder psychischen Erkrankungen ähneln, die du gemeinsam mit einem qualifizierten Psychologen oder einer Therapeutin angehen und heilen solltest. Dieses Buch ist für Menschen, die sich bereits der inneren Arbeit gewidmet haben, aber vielleicht einfach an einem gewissen Punkt nicht weiterkommen. Für Menschen, die bereit sind, sich ihren Schatten zu stellen.

Nimm dir kurz einen Moment Zeit für dich, hole einmal tief Luft und spüre in dich hinein. Dich der Heilung der Hexenwunde zu widmen kann erst einmal herausfordernd sein, haben wir doch gelernt, nicht dem Körper, sondern dem Verstand zu vertrauen. Aber ich lade dich hiermit ein, dich deinem Körpergefühl hinzugeben. Vertraue und fühle.

Was tun, wenn es zu viel wird?

Wann immer du merkst, dass es dir zu viel wird, mache bitte eine Pause und spüre in dich hinein. Alle Gefühle dürfen da sein. Ich habe dir eine Meditation zum Erden aufgenommen sowie eine Playlist zum Tanzen erstellt. Du wirst intuitiv wissen, was davon du gerade brauchst. Wenn du das Gefühl hast, am liebsten flüchten zu wollen, ist generell Bewegung gut. Gehe raus in die Natur und gib deinen Gefühlen Raum. Beweg dich sanft, indem du dich umarmst und dich dabei sachte hin und her wiegst, oder lass Dampf ab, indem du beispielsweise in ein Kissen schreist. Ich habe dir eine Playlist auf Spotify erstellt, mit Songs, die mir helfen, Emotionen fließen und Druck abfließen zu lassen. Musik und Tanz sind dabei tolle Elemente, aber all das ist individuell. Schaue, was sich für dich am besten anfühlt.

Link zur Playlist auf Spotify

https://theherstorywitch.de/meditationen-die-hexenwunde-buch/

Meditation zum Erden

https://theherstorywitch.de/meditationen-die-hexenwunde-buch/

Passwort: Hexenwunde

Wenn du ein leichtes Kribbeln im Körper verspürst, wisse: Die Zeit ist nun reif. Immer mehr Menschen machen sich auf den Weg in ein selbstbestimmtes Leben, zeigen sich in ihrer Verletzlichkeit und in ihrer vollen Größe und sind dabei eine Inspiration für andere. Und vielleicht bist du jetzt genau in diesem Moment einer von diesen Menschen.

Mein Weg als Hexe

Ich bin Melissa und ich bin Hexe. In meinem Beruf begleite ich Menschen mit spirituellen/heilerischen Fähigkeiten, ihre Berufung mutig ausleben zu können und ihr »Outing« als Hexe stolz zu meistern.

Eigentlich wollte ich Historikerin werden und eine Doktorarbeit zum Thema »Magie in Mexiko« schreiben. Meine eigene Reise zur Hexenwunde begann also wissenschaftlich. Ich studierte damals lateinamerikanische Geschichte, schrieb meine Masterarbeit zum Thema »Hexerei in Mexiko im 17. Jahrhundert« und reiste im Rahmen eines Stipendiums drei Monate nach Mexiko, um in unterschiedlichen Archiven zu forschen. Das Thema bewegte und begeisterte mich sehr und mir wurde zunehmend klarer, dass ich auch der deutschen Geschichte meine Aufmerksamkeit schenken durfte, denn die Unterschiede zwischen Mexiko und Europa waren bedeutend. Im kolonialen Mexiko konnten zwanzig Hexenverbrennungen nachgewiesen werden, in Europa hingegen rund 60 000 Hinrichtungen. Die Dimensionen und Ausmaße trafen mich mit Wucht. Also begann ich, mich der deutschen Geschichte zu widmen. Aber nicht nur auf historischer, sondern auch auf spiritueller Ebene. Ich ging den Weg vom Unbewussten ins Bewusste. Aus der Neutralität unserer modernen Gesellschaft hin zur Weiblichkeit. Weg vom Funktionieren, hin zu meiner wahren Natur. Den Weg vom Standardlebenslauf hin zu meiner Berufung: Ich bin Hexe. Natürlich nahm ich auf diesem Weg alle Stolpersteine, Hürden und Krisen mit, war so ängstlich wie fasziniert und nicht selten war ich von Zweifeln geplagt. Auch all das waren und sind Symptome der Hexenwunde. Während der Forschung wurde mir schließlich bewusst, dass meine Berufung nicht die zur Historikerin war, sondern eine andere ist: die Brücke zu schlagen zwischen Wissenschaft und Spiritualität.

Zu viele Mythen und Halbwahrheiten kursieren über die Hexenverfolgung, zu wenig Menschen sind sich ihrer Existenz überhaupt bewusst, dabei richten sie immer noch so viel Schaden an. Zu viele von uns leben noch versteckt in ihrem Muggeldasein, weil sie sich nicht trauen, sich in ihrer vollen Authentizität als Hexe zu zeigen. Ihre Berufung auszuleben. Ich wollte mich nicht dazuzählen und entschloss mich, mein Leben als Hexe zum Beruf zu machen. Mich zu zeigen, wie ich bin. Aber ich wusste, dass es dafür nötig, war, mir all die Schatten anzusehen. Indem ich mich auf die Reise zur Hexenwunde begab, eröffnete sich mir eine neue Welt. Ich lernte meine Ahnen von einer bisher unbekannten Seite kennen, reiste in frühere Leben und grub tief in den Akten. Schuld, Scham, Angst, Panik, Wut – all das durfte sein und gefühlt werden, um dann abzufließen und zu heilen.

In der Zusammenarbeit mit meiner ersten Mentorin und Lehrerin Inga Laumann stellte sich meine Welt auf den Kopf. Ich arbeitete zwei Jahre lang an ihrer Seite und lernte so viel über die Kraft der Gebärmutter, die Urweiblichkeit, das Vertrauen ins Leben sowie die Verbindung und den tiefen Service für Mutter Erde. Bei Sonia Emilia Rainbow lernte ich die Kraft der Vergebung durch das Umschreiben meiner Vergangenheit und das Weben und Wirken bei schamanischen Rückführungen. Die Reisen in frühere Leben berührten mich zutiefst. Auch die Arbeit mit Tarotkarten begleitet mich schon sehr lange, und wiederum in Mexiko durfte ich mein Wissen noch vertiefen. On top absolvierte ich bei Britta Remmel einen Kurs zum Thema »Tarot als Coachingwerkzeug«. Ich lernte und lerne weiterhin durch meine schamanische Lehrerin Anette (Tunritha) alles zum Thema Seelenflüge, Runen und die Anderswelt. Ich reise tief und bin erfüllt von all dem Wissen. Ich gehe den Weg der Völva, der Hexe im nordischen Schamanismus. Und alles, was die Themen »Grenzen setzen«, »raus aus dem People Pleasing«, eine »nothing to prove«-Einstellung angeht sowie die spannende Welt der Metaphysik und des Human Design, lerne ich bei meiner jetzigen Mentorin Alisha Belluga.

Um dir, liebe Leserin, lieber Leser, deinen Weg etwas leichter zu gestalten, habe ich aus all diesen Erfahrungen und auf Basis meines gesammelten Wissens dieses Buch geschrieben. Ich werde dir im Verlauf dieses Buches noch einige weitere persönliche Einblicke aus meinem Leben und in meinen Weg geben, denn Hexenwissen möchte geteilt und weitergegeben werden.

Der Alltag als Hexe ist vielfältig und ich lerne jeden Tag neue Dinge dazu. Und schlussendlich ist das Leben selbst, mit all seinen Höhen und Tiefen, mein größter Lehrmeister. Im Service für Mutter Erde.

Mir ist es an dieser Stelle sehr wichtig, zu betonen, dass ich mich an alle Menschen richte. Wir Hexen sind divers, weder ausschließlich weiblich noch männlich. Wir haben die unterschiedlichsten Hintergründe, Kulturen, Erfahrungen, Wünsche und Gaben. Manche davon deutlich magisch, manche nicht oder noch nicht. Um die Lesbarkeit und den magischen Flow dieses Buches zu erhalten, wähle ich deshalb jede Anredeform und jedes Geschlecht, in der Hoffnung, wirklich gerecht und offen auf alle Menschen, interessierten Personen einzugehen und letztendlich der Magie den Raum zu öffnen.

Ahé.

Mein Tipp für dich: Leg dir gleich zu Anfang unserer gemeinsamen Reise ein Journal zu. Wähle ein Heft oder Notizbuch, das dir wirklich gut gefällt, denn mit den anfangs leeren Seiten teilst du einen wichtigen Teil deines Lebens, deines Inneren, deiner Seele. Das Journal wird dich begleiten, deine Gedanken einfangen und dir dabei helfen, immer klarer zu werden und deinem wahren Ich mit jedem Eintrag auf magische Weise immer einen Schritt näherzukommen.

1
DIE MODERNE HEXE UND IHRE HERAUSFORDERUNGEN

Was ist überhaupt eine Hexe? Der Begriff »Hexe« wird oft verwendet, um Menschen zu beschreiben, die übernatürliche Kräfte besitzen und diese nutzen, um Magie auszuüben. Viele kennen die Hexe als Figur im Märchen oder in der Mythologie. In der Regel wird sie als eine Frau mit magischen Fähigkeiten beschrieben, wobei die Märchen der Gebrüder Grimm und auch Disneyfilme unser Bild von der Hexe stark geprägt haben. Ich kann mich noch erinnern, wie sehr ich mich als Kind vor der bösen Hexe in »Schneewittchen« gegruselt habe, die als alte Frau mit vergiftetem Apfel umherschlich. Ein Bild, das sich außer in meinen sicherlich in noch viele andere Köpfe eingebrannt hat. In vielen Kulturen wurden und werden Hexen bis heute als böse oder dämonisch angesehen. In der modernen Popkultur werden Hexen hingegen häufig als faszinierende und mächtige Personen dargestellt und sind ein beliebtes Thema in Büchern, Filmen und Fernsehserien. Das ist immerhin eine eher positive Entwicklung, wenn dieses Bild auch nicht sehr viel mit dem realen Leben einer Hexe zu tun hat.

Eine moderne Hexe kann sich auf verschiedene Weise definieren und es gibt keine festen Eigenschaften, die für alle Hexen gelten. Frei nach dem Motto »wenn ich Regeln möchte, gehe ich in die Kirche« arbeiten Hexen sehr individuell und selbstbestimmt. Einige moderne Hexen sind Teil der Religion Wicca oder praktizieren andere Formen des Neopaganismus. Andere sehen sich als spirituell Praktizierende, die verbunden mit der Kraft der Natur und den Elementen Magie ausüben und sich auf die Verbesserung ihrer eigenen psychischen und spirituellen Fähigkeiten konzentrieren. Sie ehren die Natur und fühlen sich verbunden mit ihr. Wie die meisten von uns lebe ich im Einklang mit dem Mond sowie den Energien des Universums und somit auch mit dem natürlichen Zyklus der Erde.

Kann sich also jede*r als Hexe bezeichnen? Ja, absolut! Denn Magie ist dein Geburtsrecht, und wenn du es fühlst, dann bist du es auch.

Für mich ist der Begriff der Hexe genderneutral. Das bedeutet, er umfasst alle Menschen, egal welchen Geschlechts. Viel zu oft wird die Geschichte der Hexenverfolgung nur auf Frauen bezogen. Aber es waren auch, wie du später lesen wirst, (wenn auch wesentlich weniger) Männer davon betroffen. Und es gibt sowohl männliche als auch nicht-binäre und Transpersonen innerhalb der Community, die dieses Thema ebenso trifft. Daher ist es wichtig, uns noch einmal klarzumachen, dass die Hexenwunde sich auf unser Kollektiv bezieht und es Arbeit von allen Seiten benötigt, um dieses Thema zu heilen.

Hexen lehnen Dogmen zugunsten von Kreativität ab, feiern Diversität und Inklusion anstelle von Ausschluss und Trennung. Die moderne Hexe hat viele Identitäten und Ausdrucksweisen. Daher gibt es keine einheitliche Definition, wie eine Hexe zu sein hat. Jeder Mensch hat seine eigene Vorstellung davon, was es bedeutet, eine Hexe zu sein. Und das ist gut so. Denn im Laufe eines Hexenlebens erfahren wir immer wieder Neues und überdenken Konzepte und Richtungen. Hexen sind Gestaltwandlerinnen, die sich ständig verändern und entwickeln, darin liegt unser Geheimnis. Im mystischen Kontext sind Gestaltwandler Wesen mit der Fähigkeit, ihre äußere Erscheinung zu verändern. Wir kennen sie aus vielen mythologischen Überlieferungen, Legenden und Geschichten. Du liest später von Circe, die ihre Kräfte als Teil einer Prüfung oder Herausforderung für den mythologischen Helden einsetzte. Der Prozess des Gestaltwandels gilt aber auch als Metapher für die Fähigkeit, sich zu verändern und zu transformieren, und kann damit als ein Weg der Selbstentwicklung betrachtet werden, bei dem die Hexe ihre Form, Persönlichkeit und ihr Leben verändert und transformiert. Ich beobachte immer wieder bei Hexen, die ich begleite, dass sie sich öffnen und sich mehr und mehr zeigen. Eine meiner Klientinnen, die sich anfangs nur im Verborgenen mit ihrer Magie beschäftigt hat, hat heute einen Instagram-Auftritt. In unserer Zusammenarbeit sagte sie, es sei ihre größte Angst und gleichzeitig ihr größter Wunsch, sich öffentlich als Hexe zu zeigen. Ihre Angst überwand sie, indem sie ihre Hexenwunde liebevoll integrierte. Nachdem sie anfangs anonym postete, zeigt sie sich mittlerweile auch als Person, ist in ihrem Coven aktiv, und es ist sichtbar und spürbar, dass sie mehr und mehr in ihre magischen Fähigkeiten vertraut. Ihre Selbstwahrnehmung ist durch ihr sich Einlassen und das Heilen der Hexenwunde transformiert worden und dadurch auch ihre komplette Erscheinung.

Was ist ein Coven?

Eine Gruppe von Hexen wird Coven genannt. Traditionell soll ein Coven früher aus 13 Hexen bestanden haben (was historisch nicht wirklich nachweisbar ist), heute stellt er sich komplett individuell dar. Das Wort Coven stammt aus dem lateinischen *convenire* »zusammenkommen« und wurde dann von den englischen Begriffen *covene* (versammeln) und *covenant* (Bündnis) übernommen. Es wird oft als Hexenzirkel übersetzt und bedeutet aber auch so viel wie »Band« und »Priesterschaft«. Für mich ist ein Coven eine Gruppe von Hexen, die sich zusammentun, um gemeinsam Magie zu feiern: magischer Austausch und Verbundenheit, gepaart mit Hexenwissen.

Mit einem Hexencoven wird oft die geometrische Form des Kreises in Verbindung gebracht. Es gibt viele Abbildungen von Hexen, die (oft nackt) in der Natur um ein Feuer im Kreis tanzen. Der Kreis symbolisiert einen sicheren Ort, einen sogenannten safe space, der die Hexen von der äußeren Welt abgrenzt und in sich Magie entstehen lässt. Vor den meisten Ritualen und Zaubern ziehen wir einen Kreis, um die Elemente, unser spirituelles Team und/oder Gottheiten und Ahnen zu rufen. Das Ganze dient der Wertschätzung, aber auch dem Schutz. Außerdem bleibt die Energie, die durch den Zauber oder das Ritual heraufbeschworen wird, in der Kreismitte und konzentriert sich dort. Der Kreis, in dem wir stehen/sitzen/tanzen und der uns von der Umgebung abgrenzt, hilft uns dabei, uns sicher zu fühlen und uns emotional zu öffnen. Es gibt sehr unterschiedliche Formen von Coven. Die traditionelle Form aus dem Wicca hat eine strenge Hierarchie und nur ausgewählte Hexen dürfen eintreten. Die Initiation in einen Coven wird rituell gefeiert. Üblicherweise treffen sich Wicca-Coven zu Vollmondritualen (Esbat) und feiern in den meisten Fällen zusätzlich acht Mal im Jahr die Jahreskreisfeste. Gerald Gardner (Gründer von Wicca) sah 13 als die ideale Mitgliederzahl an, wobei jeder Coven je sechs Männer und Frauen (im Idealfall Paare) und eine Hohepriesterin haben sollte. Andere Coven sind wesentlich lockerer, haben flache bis gar keine Hierarchien, feiern die Feste, wie sie fallen, und treffen sich zum Austausch. Letztendlich ist alles möglich – es gibt keine Regeln, wie ein Coven zu sein hat – außer bei Wicca vielleicht.

Den richtigen Coven gefunden zu haben, heißt, ein Gefühl der Zugehörigkeit zu haben, Hexenwissen auszutauschen und Rituale sowie Magie zu praktizieren. Oftmals verändert sich im Leben einer Hexe die Zugehörigkeit zu einem Coven, ähnlich, wie dies mit Freundeskreisen auch geschieht.

Statt die Ursachen im Außen zu suchen, übernehmen viele Hexen die Verantwortung für sich selbst und die Welt um sie herum. Sie achten auf die Auswirkungen ihrer Handlungen auf die Natur und sehen sich meist im Dienst von Mutter Erde. Es geht ihnen darum, eine tiefe Verbindung mit der Natur und der spirituellen Welt aufzubauen und diese zu pflegen. Hexen gestalten ihr Leben so, dass es mit ihren Werten und Überzeugungen im Einklang steht. Sie hinterfragen die Welt und gestalten sie neu. Eine Hexe folgt ihrem Seelenweg. Das bedeutet, der inneren Stimme zu folgen und sie zum eigenen Kompass zu machen.

Ich werde häufig gefragt: »Woran merke ich, dass ich eine Hexe bin, und ab wann bin ich es wirklich?« Das Kaleidoskop an Fähigkeiten, Zutrauen, Geführtsein, Glaubenssystemen, Überzeugungen, Erfahrungen, Spiritualität und Intuition ist so vielfältig, wie jede Hexe absolut einzigartig ist. Ich gebe dir hier eine – zugegeben sehr vereinfachte – Übersicht, die dir vielleicht hilft, dich zu reflektieren.

Du bist eine moderne Hexe, wenn du Elemente der Hexerei, Spiritualität, Energiearbeit und alternative Praktiken bereits in dein Leben integrierst oder dich von der Idee angezogen fühlst. Auch alte Traditionen interessieren dich vielleicht und du hast eine Gabe, in anderen Menschen Potenzial zu entdecken und zu fördern. Du hast lebhafte Träume, Eingebungen oder Visionen, in denen es um spirituelle Themen oder Symbole geht, du spürst die Emotionen und Stimmungen anderer Menschen und atmest auf oder entspannst sehr tief, wenn du in der Natur unterwegs bist. Wenn du eins oder mehrere der folgenden Anzeichen bei dir wahrnimmst, könntest du es als Zeichen dafür werten, dass du eine moderne Hexe bist. Denk dabei nicht zu lange nach, sondern lass dein Gefühl sprechen!

1. **Achtsamkeit und Meditation:** Moderne Hexen haben häufig eine Praxis der Achtsamkeit. Viele von ihnen meditieren oder reisen (geführt und für sich selbst) in die Anderswelt, um eine tiefere Verbindung zu sich selbst und zur spirituellen Welt herzustellen.
2. **Naturverbundenheit und Spiritualität:** Moderne Hexen haben oft eine tiefe Verbindung zur Natur. Sie spüren die Energie von Pflanzen und Tieren und suchen energetische

Verbindung durch die Erforschung und Wertschätzung natürlicher Elemente wie Pflanzen, Tiere, Wetter und Jahreszeiten oder durch den Kontakt zu Landschaftselementen wie Flüssen oder Seen.

3. Ritualarbeit: Manche moderne Hexen praktizieren Rituale, um bestimmte Absichten zu setzen, Energie zu lenken und sich mit spirituellen Kräften zu verbinden. Diese Rituale können Kerzenmagie, Kristallarbeit, Ahnenarbeit, Meditation und Gebete umfassen.

4. Magie und Energiearbeit: Moderne Hexen glauben oft an die Existenz subtiler Energien. Sie praktizieren Energiearbeit, um Heilung, Schutz oder Veränderungen in ihrem Leben oder im Leben anderer oder der Natur herbeizuführen.

5. Verwendung von Werkzeugen: Einige moderne Hexen verwenden Werkzeuge wie Kristalle, Tarotkarten, Runen, Federn, Räucherwerk, magische Tränke und andere magische Gegenstände, um ihre Praktiken zu unterstützen.

6. Selbstentdeckung und persönliche Entwicklung: Moderne Hexen betonen oft die Bedeutung der Selbstreflexion, persönlichen Entwicklung und des Wachstums auf spiritueller Ebene.

7. Akzeptanz und Toleranz: Die meisten modernen Hexen sind offen für verschiedene Glaubenssysteme und Lebensweisen. Sie betonen Akzeptanz und Toleranz gegenüber anderen und versuchen, im Einklang mit ihren Überzeugungen zu leben.

8. Studium und Weiterbildung: Moderne Hexen sind oft bestrebt, ihr Wissen über spirituelle Praktiken, Magie, Esoterik, Kräuterkunde und ähnliche Themen zu erweitern und ihre Erkenntnisse mit anderen zu teilen.

Solltest du dich bisher nicht als Hexe bezeichnen, wie denkst du jetzt darüber?

Wenn du dich nicht als Hexe siehst, ist das übrigens auch total okay. Vielleicht geht der Begriff Heiler*in oder Schaman*in mehr mit dir in Resonanz – du brauchst dich auch gar nicht zu labeln. Aber wenn der Begriff Hexe doch etwas mit dir macht, lade ich dich ein, genauer hinzuschauen und reinzufühlen. Wichtig ist, dass du für dich ein klares Bild gewinnst, was eine Hexe sein kann und wie individuell die Welt der Hexe ist.

Dennoch, und darum geht es in diesem Buch, ist das Leben als moderne Hexe nicht so frei und positiv besetzt, wie die letzten Absätze es vermuten lassen. Auch heute noch herrscht eine Menge bewusster sowie unbewusster Vorurteile und Ängste gegenüber Hexen. Nicht nur seitens nicht Magie wirkender Menschen, sondern auch innerhalb unserer Community. Lass uns also im ersten Schritt gemeinsam schauen, woher diese Vorurteile stammen.

Es ist meiner Meinung nach sehr erlösend und befreiend, zu erkennen, dass die Magie schon eine so lange Tradition hat und schon von so vielen Hochkulturen vor uns ausgeübt wurde. Aber ich möchte dir nichts vormachen. Spätestens der Teil der Geschichte, der sich mit der Hexenverfolgung befasst, ist ein harter Brocken. Deswegen starten wir gleich zunächst sanft mit der Geschichte der Magie, sodass du dich langsam herantasten kannst. Anschließend gehen wir über ins Mittelalter bis hin zur frühen Neuzeit und damit der Zeit der Hexenverfolgung. Die Beschreibungen und Berichte, die in diesem Part folgen, können dein System triggern. Du musst keine Angst haben, ich bitte dich aber, in die Eigenverantwortung zu gehen. Wann immer es dir zu viel wird, nimm dir ganz bewusst Zeit für dich. Fühle die Emotion, die in dir aufsteigt, und lass sie wie eine Welle einmal durch dich hindurchspülen. Identifiziere dich nicht damit, denn das, was auftaucht, ist nicht zwingend deins. Fühle es, akzeptiere, dass du diese Emotionen spürst und dann lass sie gehen. Um diesen Prozess zu unterstützen, bekommst du von mir eine Meditation zum Erden. Du kannst sie jederzeit nutzen, um dich wieder mit dir und der Kraft von Mutter Erde zu verbinden.

Meditation zum Erden
https://theherstorywitch.de/meditationen-die-hexenwunde-buch/
Passwort: Hexenwunde

Die Verbindung mit dir selbst und Mutter Erde wird Distanz zu den Geschehnissen der Vorzeit schaffen. Du bist NICHT deine Erinnerungen, auch nicht die deiner Zellen.

Du bist HIER.
Du bist JETZT.
Du bist SICHER.

Merke: Das folgende Kapitel hat den Anspruch, mehr Klarheit und mehr Mitgefühl mit dir selbst zu ermöglichen. Sei sanft mit dir und deinen eigenen Gefühlen, Ängsten und dem eigenen Unwohlsein im Zusammenhang mit Hexentum und Magie. Ich bin mir sehr sicher, dass du nach diesem Kapitel wesentlich klarer sehen wirst. Aber um Licht ins Dunkle zu bringen, müssen wir uns zunächst in die Schatten begeben.

Um dich mit auf die Reise bis zum Entstehen der Hexenwunde zu nehmen, möchte ich noch einmal ganz vorne anfangen. Klar, du kannst diesen Teil auch überspringen und denken, ne, keine Lust auf Geschichte. Aber hey – hier geht es um die Geschichte der Magie. Wie alles in diesem Leben hat auch sie Licht- und Schattenseiten. Und du wirst feststellen, dass das, was im Englischen History genannt wird, oftmals HERstory ist.

Der Begriff HERstory

HERstory ist ein Begriff, der verwendet wird, um die Geschichte aus der Perspektive von Frauen zu betrachten und zu erzählen. Er steht im Gegensatz zur traditionellen Geschichtsschreibung, die bisher meist von männlichen Erfahrungen (HIStory) dominiert und geprägt ist.

Noch ein paar Worte zum Begriff *HERstory:* Die Betonung des weiblichen Parts der Geschichte will das Bewusstsein für die unterrepräsentierten Geschichten, Errungenschaften und Beiträge von Frauen im Laufe der Zeiten schärfen. Damit beinhaltet er auch eine kritische Reflexion über die Mechanismen der Geschichtsschreibung und die Frage, warum bestimmte Geschichten bevorzugt und andere vernachlässigt wurden. Dieser Diskurs lädt dazu ein, die Vorurteile und Machtstrukturen zu hinterfragen, die historische Erzählungen beeinflusst haben und weiterhin beeinflussen. Durch HERstory wird die Vielfalt der Erfahrungen und Beiträge von Frauen sichtbar gemacht, um ein breiteres Verständnis der Geschichte zu ermöglichen und zur Gleichstellung der

Geschlechter beizutragen. Deshalb ist HERstory ein wichtiges Instrument, um die Geschichtsschreibung zu erweitern und zu diversifizieren. Indem wir die Geschichten von Frauen erzählen und würdigen und indem wir bestehende Geschichtsschreibung aus einer weiblichen Perspektive betrachten, können wir eine gerechtere und inklusivere Gesellschaft schaffen, in der alle Stimmen und Erfahrungen gleichermaßen gehört und wertgeschätzt werden. Das ist auch der Grund, warum mein Podcast *Magical Herstory* heißt, und mein Account auf Instagram *the_herstory_witch.* Frauen haben Geschichte geschrieben, da aber ein Großteil der Geschichtsschreiber männlich waren, konnten sie die Geschichte auch nur durch die männliche Brille betrachten und interpretieren. Lasst uns offen sein für alle Facetten der Geschichte – die männliche, die weibliche, die queere, die diverse und letztendlich die magische. Und nun zurück zur Geschichte der Magie. Du wirst erfahren, wie sich das Bild der Hexe über die Jahrhunderte gewandelt hat und was den Hexen in den dunklen Zeiten des Mittelalters und der frühen Neuzeit wiederfahren ist. Spüre dabei genau in dich hinein, was diese Schilderungen in dir auslösen. Alles, was in dir zum Klingen kommt, kann eine Auswirkung der Hexenwunde sein. Zu deiner Entlastung: Alles, was sich zeigt, ist bereit, angesehen und noch einmal gefühlt zu werden, um dann in Liebe abzufließen.

2 DIE DUNKLEN ZEITEN DER HEXENVERFOLGUNG UND IHRE FOLGEN

In diesem Kapitel möchte ich dich auf eine Zeitreise mitnehmen. Wir widmen uns zum einen der geheimnisvollen und oft düsteren Vergangenheit – der Geschichte der Hexe und der Ära der Hexenverfolgung. Warum tun wir das in einem Buch, das sich mit der Heilung der Hexenwunde beschäftigt? Weil die Vergangenheit der Schlüssel ist, der uns hilft, das Mysterium unserer eigenen transgenerationalen Traumata zu verstehen.

Die Hexenwunde ist das unsichtbare Erbe vergangener Generationen, und ihre Wurzeln reichen tief bis in die düstersten Zeiten der europäischen Geschichte. In diesem Kapitel möchte ich mit dir einen Blick zurückwerfen, nicht nur, um zu ergründen, wann und wo Magie und Hexentum zum ersten Mal beschrieben und wie die Figur der Hexe in der Vergangenheit wahrgenommen wurde, sondern auch, um das Entstehen jener Muster zu erkennen, die zur Hexenverfolgung führten, deren Nachwirkung uns bis heute beeinflusst. Ich lade dich ein, mit mir die mystischen Orte der Geschichte zu besuchen, in denen Hexen als weise Frauen, Hüterinnen von Heilkunst und altem magischen Wissen betrachtet wurden, aber auch in den Terror der Verfolgung gerieten. Du wirst verstehen, warum das Erbe der Hexenverfolgung nicht nur in Geschichtsbüchern zu finden ist, sondern auch in unseren eigenen Zellen weiterlebt.

Überwiegend, und vor allem wenn wir auf die europäische Geschichte zurückschauen, werden Hexen beschuldigt, böse oder gefährlich zu sein, mit dunklen Kräften in Verbindung zu stehen und diese zu nutzen, um Schaden anzurichten. Lass uns deshalb einmal schauen, was die Menschen sich unter einer Hexe vorgestellt haben, woher dieser Begriff überhaupt kommt, wie die Hexe geschichtlich definiert wurde und wie all das dazu geführt hat, Hexen zu verfolgen.

Was ist eine Hexe?

Woher genau das Wort Hexe kommt, ist nicht hundertprozentig geklärt. Der Begriff stammt wahrscheinlich von dem norwegischen Worten *hag* für Hecke sowie dem Wort *tysja* für Elfe. Die Hecke auf Friedhöfen galt als Schutz vor bösen Geistern, insbesondere wenn sie aus Eibe oder Buchsbaum bestand. In nordischen, mitteleuropäischen sowie englischen Sagen wurden sie oftmals als Übergang in die Anderswelt beschrieben, beispielsweise in ein Feenreich oder in die Unterwelt.

Das althochdeutsche Wort *Hagazussa* bezeichnete ein Wesen, das in oder auf einer Hecke hauste. Bereits hier wird der Bezug der Hexe zur Natur und dem Übernatürlichen deutlich. Als alternative Bezeichnung findet sich der Begriff

Zaunreiter*in aus dem europäischen Schamanismus. Er steht für eine Person, die mit einem Bein in unserer, mit dem anderen Bein in der Anderswelt steht. Die *Hagazussa* ist keine schadenbringende Hexe, sondern eine Schamanin, die zwischen den Welten wandelt und vermittelt. Gemeint ist damit die Dualität zwischen Licht und Schatten, der irdischen und der kosmischen Welt, dem Bewusstsein und dem erweiterten Bewusstsein. Im Mittelalter und bis ins 17. Jahrhundert wurde auch der Begriff »Zauberin« (niederdeutsch: *toversche*) und »Unholdin« gebraucht.

Die Bedeutung des Wortes *Hexe* ist bis heute nicht abschließend geklärt. Es setzte sich erst langsam vom alemannischen Sprachraum aus durch (1377 in Schaffhausen)[1]. »Nachtvole, Hagweib, Hagelanne« sollten weitere Begriffe für eine Hexe gewesen sein. Dr. Clarissa Pinkola Estés geht davon aus, dass das Wort Hexe in vorchristlichen Zeiten eine Bezeichnung für Medizinfrauen mit Heilkräften war, denn das englische Wort *witch* kam von *wit,* was weise bedeutet.[2]

Mein Lieblingsethnobotaniker Christian Rätsch hat eine weitere und, wie ich finde, faszinierende Entdeckung gemacht: Wenn wir das Wort Hagazussa mit den Runen des *Futhark*-Alphabets schreiben, entsteht rein optisch eine klare Verbindung zum Wort »Hexe«. Als ich das während meiner Recherche sah, bekam ich Gänsehaut.

ᚺᚨᚷᚨᛉᚢᛊᛊᚨ

Ist es nicht vielleicht möglich, dass unsere Vorfahren dieses Wort in Runenschrift gesehen und dann einfach abgekürzt übernommen haben?

»Die Hexe hat Zugang zur Anders-Welt, dem Nicht-Sichtbaren, dem Bedrohlichen, deshalb wurde sie selbst zum Anderen, zum Dunklen und Bedrohlichen.«

GERTRUDE R. CROISSIER[3]

Ich mag dieses Zitat, denn es lässt erkennen, dass nicht jedem Menschen der Zugang zur Anderswelt vertraut ist, was durchaus zu Vorbehalten und Angst führen kann.

Für mich ist die Hexe ein Wesen, das mit seiner Intuition verbunden ist, in die Anderswelt reist und im Einklang mit sich, der Natur und anderen Menschen und Hexen lebt. Verbundenheit mit der eigenen Intuition, mit Mutter Natur sowie mit anderen Menschen ist daher einer meiner Grundwerte als Hexe. Das Zelebrieren der Jahreskreisfeste und das Leben im Zyklus mit dem Mond und den vier Elementen sind dabei wichtige Bestandteile meiner magischen Praxis.

Hexen im alltäglichen Sprachgebrauch

Auch wenn Spiritualität und Magie aktuell immer »gesellschaftsfähiger« werden, gibt es doch noch etliche Vorurteile, die meist unbewusst über unsere Sprache transportiert werden. Der Begriff »Hexe« ist tief in unserem alltäglichen Sprachgebrauch verankert. Mit Aussagen wie »Das ist nun wirklich kein Hexenwerk«, »Sie hat eine richtige Hexennase«, dem klassischen »Hexenschuss« oder auch Ausrufen wie: »Das ist alles wie verhext« ist die Hexe sehr omnipräsent im täglichen Dialog, meist mit negativen Assoziationen. Auch das Wort Hexenjagd verwenden wir heute noch, wenn es um eine unbarmherzige, meist unrechtmäßige Verfolgung von Menschen geht.

Die Geschichte der Magie und des Hexentums

Jetzt haben wir bereits über Zauberinnen, Hexen, magische Kräfte, magische Praxis und ein wenig über die Hexenwunde gesprochen, aber was genau versteht man unter Magie? Was gilt als magisch und seit wann gibt es Magie? Ich habe die Geschichte der Magie wirklich gründlich unter die Lupe genommen und historisch recherchiert. Ein genaues Entstehungsdatum gibt es dabei nicht einmal ansatzweise. Ich vermute, das liegt daran, dass es Magie gibt, seit es Menschen gibt. Magie ist tief in der Menschheitsgeschichte verwurzelt und ihre Rezeption hat sich im Laufe der Zeit ständig verändert. Ich gehe gleich detailliert darauf ein, denn ich möchte ein Bewusstsein dafür schaffen, worum es beim Thema Magie und Hexentum geht, damit wir bei allem, was folgt, eine gemeinsame Basis haben.

Der Begriff »Magie« kann auf verschiedene Weisen definiert werden, da er in unterschiedlichen Kulturen und historischen Kontexten unterschiedliche Bedeutungen hatte. Im Allgemeinen bezieht sich Magie jedoch auf Praktiken, Rituale oder Überzeugungen, die per Definition auf nicht-natürliche bzw. übernatürliche Kräfte zurückgreifen, um Einfluss auf die physische Welt oder das Schicksal von Menschen zu nehmen. Die Geschichte der Magie ist äußerst vielfältig, über Magie wird in den unterschiedlichsten Epochen gesprochen. Ich gebe dir nachfolgend einen Einblick, der dir die Entwicklung und Anwendung von Magie verdeutlicht.

- Die Anfänge der Magie können bis in die antiken Kulturen wie Ägypten, Mesopotamien, Griechenland und Rom zurückverfolgt werden. Hier wurden magische

Praktiken oft auch in religiöse Rituale integriert, um Schutz, Heilung oder göttliche Gunst zu erlangen, aber auch Schadensmagie wurde hier vielfach praktiziert.

* Im Mittelalter wurden verschiedene Formen von Magie praktiziert, darunter Alchemie, Astrologie und Zauberei.
* Während der Renaissance erforschten Gelehrte wie Marsilio Ficino und Giordano Bruno die Verbindung zwischen Magie, Astrologie und der hermetischen Philosophie. Die Magie wurde als eine Möglichkeit betrachtet, die Geheimnisse des Universums zu entschlüsseln.
* Mit dem Aufkommen der wissenschaftlichen Revolution und der Aufklärung wurde die Magie in vielen Teilen Europas und anderen Teilen der Welt zurückgedrängt. Magische Praktiken wurden oft als Aberglaube oder Betrug angesehen.
* Auch im modernen Leben mit all seiner Technik, Wissenschaft und Forschung gibt es Menschen, die magische Praktiken ausüben. Dies kann von modernen Hexen und Wicca-Praktizierenden bis hin zu Anhängern von New-Age-Bewegungen und Tarot-Lesenden reichen.

Es ist wichtig zu beachten, dass die Vorstellung von Magie und magischen Praktiken von Kultur zu Kultur variiert.

Für mich bedeutet Magie die Beeinflussung meiner Wirklichkeit durch meine eigene Schöpferinnenkraft, was bedeutet, zu jeder Zeit die völlige Eigenverantwortung für mich zu übernehmen – getreu dem Zauberspruch »Abrakadabra – I create as I speak« – ich kreiere durch das Sprechen. Gleichzeitig öffne ich mich den Botschaften meiner Ahnen, nehme ihre Energie wahr und empfange ihre Liebe, ihre Kraft und ihre Führung. Ahnenmagie macht für mich einen großen Teil meiner Arbeit aus, den sie bietet für mich ein wunderbares Potenzial zur Schattenarbeit und damit zur Transformation.

Es ist wundervoll, eine Hexe zu sein. Das war nicht immer so. Lass uns also unsere Reise in die Vergangenheit fortsetzen.

Was verstand man früher unter eine Hexe und wie hat sich diese Sicht bis heute verändert? Die Rezeption des Konzepts Hexe wandelte sich im Laufe der Zeit und entsprechend der Umstände. In jeder Epoche nimmt die Hexe andere Formen und Ansichten an und inspiriert dabei andere. Ich habe mich ausführlich mit dem Bild der Hexe in den unterschiedlichen Epochen beschäftigt und bin fasziniert davon, wie sich die Ansichten bezüglich Hexen und ihren Praktiken verändert haben.

Eine Sache ist mir dabei ganz wichtig: Die Hexe hatte und hat – egal, ob sie machtvoll strahlte oder verfolgt und diffamiert wurde – immer eine gewisse Mystik und Faszination an sich. Wir fühlen uns magisch von ihr angezogen. Ray Bradbury, ein US-amerikanischer Schriftsteller und Drehbuchautor, war der Meinung, dass eine Hexe aus den wahren Bedürfnissen ihrer Zeit entstehe. Diese These finde ich sehr spannend, da die Hexe in unserer Gegenwart ein richtiggehendes Comeback feiert.

Spoiler: Die Figur der Hexe wurde nicht von irgendwelchen Theologen aus dem Mittelalter »erfunden«. Klar, es wurde dort ein gewisses Bild gezeichnet und bewusst verbreitet, aber Magie und damit einhergehend auch Hexen gibt es schon so viel länger!

Die Ursprünge der Magie sind nicht genau bekannt, da sie sich in der Entstehung der Menschheitsgeschichte verlieren. Es gibt Hinweise darauf, dass die menschliche Praxis der Magie bis in prähistorische Zeiten zurückreicht.[4] Die frühesten Aufzeichnungen von magischen Praktiken stammen aus dem alten Mesopotamien, Ägypten und anderen antiken Zivilisationen. In diesen (Hoch-)Kulturen wurde Magie oft mit Religion und Spiritualität verknüpft und von Priestern und Schamanen praktiziert. Magie war ein unverzichtbares Element in der Vorstellung und Organisation der Welt. Dahinter stand der Wunsch, mit den Elementen zu arbeiten und Umstände verändern zu können, denn damals wie heute gab es Menschen, die das System in Frage stellten und sich nicht mit ihren Lebensumständen zufriedengeben wollten. Die Sumerer und Assyrer in Mesopotamien, im Gebiet zwischen den Flüssen Euphrat und Tigris im heutigen Irak, waren davon überzeugt, dass Dämonen Krankheiten herbeiführen konnten, somit war der Glaube an Schadenszauber weit verbreitet. Ihr magisches Wissen – besonders zur Astrologie und Astronomie – wurde ins antike Ägypten weitergegeben. Im alten Ägypten war Magie allgegenwärtig, sie war das Gleichgewicht des Universums. Die magische Kraft wurde Heka genannt und alle Lebewesen hatten sie in sich. Heka bedeutet übersetzt *Aktivierung der Seele.* Bereits damals erkannten die Menschen, dass Worte magische Kräfte besitzen. Zaubersprüche hatten daher eine sehr wichtige Bedeutung.

In der Antike waren die Religionen polytheistisch, es gab also eine Vielzahl an Gottheiten. Menschen wandten sich mit Ritualen an die dafür »zuständige« Gottheit. Das machen viele Hexen heute noch so: Beispielsweise rufen wir für einen Liebeszauber gerne die griechische Göttin Aphrodite oder den römischen Gott Amor an, für einen Geldzauber Jupiter oder die hinduistische Göttin Lakshmi, da diese Gottheiten mit der Energie der Liebe oder der Fülle assoziiert werden. In der Antike waren Mensch, Natur und Gottheiten eng verbunden, genauso wie Medizin, Magie und Religion. Die Grenzen waren fließend und es wurden neben wissenschaftlich-medizinischen Praktiken auch Liebeszauber, Schadenszauber und Heilzauber angewandt. Ebenso stark verbreitet waren die Astrologie sowie die Divination, also die Weissagung. Auch die Divination hat ihren Ursprung in Mesopotamien. Magie wurde in vielen verschiedenen Kontexten praktiziert, wie beispielsweise bei der Heilung von Krankheiten, Divination, zum Versuch der Kontrolle von Naturphänomenen und die Durchführung von Ritualen zur Verehrung von Gottheiten. Ähnlich war es in Europa. Erst Ende des vierten Jahrhunderts löste mit dem Christentum der Monotheismus die antiken polytheistischen (Natur-)Religionen ab. Pagane Rituale waren fortan nicht mehr gern gesehen, wurden unterdrückt, verändert und ins Christentum eingebunden.[5]

Ich habe vor ein paar Jahren an meiner damaligen Universität zu Köln ein Seminar zum Thema Magie in der Antike belegt und war beeindruckt von der Fülle an Ritualen, die damals schon praktiziert wurden. Quellen wie die ägyptischen Zauberpapyri in griechischer, demotischer und koptischer Sprache aus dem 2. bis 5. Jahrhundert v. Chr. oder auch die beschrifteten Zauberschalen aus dem Mesopotamischen Raum dienen als Einblicke in die damalige praktizierte Magie.[6]

Merke: In der Antike war Magie beides – Kunst und Wissenschaft.

Im Laufe der Zeit entwickelten sich in verschiedenen Kulturen verschiedene Formen der Magie, einschließlich der Magie der griechischen und römischen Zivilisationen, der chinesischen und indischen Kulturen sowie der Magie der Kelten und Germanen. Die Magie all dieser Kulturen darzustellen, würde ein weiteres Buch füllen. Für den Fall, dass du in dieses Thema tiefer einsteigen möchtest, habe ich dir im Anhang Lesetipps bereitgestellt.

Das Auftreten der Hexe

Magie – so weit, so gut. Aber ab wann und wo finden wir jetzt Hexen? Hexen als faszinierende, machtvolle Frauen tauchen schon in griechischen, hebräischen und römischen Texten der Antike auf. Laut diesen Texten nutzte die damals meist weibliche Hexe ihre Magie, um Kontakt mit den Toten herzustellen, Feinde mit Zaubertränken zu vergiften und die Zukunft vorherzusagen. Diese Art Schadenszauberthematik findet sich schon in einigen der frühtesten Schriftzeugnisse aus den babylonisch-assyrischen Keilschriften.[7]

Ich möchte dir drei Göttinnen der griechischen Mythologie vorstellen, die das damalige Hexenbild geprägt haben. Sie waren machtvolle Frauen, bewundert, aber auch gefürchtet. Es lohnt sich, einmal genauer hinzusehen. Denn wenn wir uns das Schicksal und die Kraft dieser drei Hexen ansehen, wird klar, warum so viele Menschen Angst vor einer unabhängigen Frau mit Zauberkräften hatten. Vergessen wir nicht, dass im Sinne der HERstory die damaligen Geschichtsschreiber Männer waren. Wir waren nicht dabei, aber ich kann mir vorstellen, dass die Macht dieser Frauen und ihre dem nicht-magischen Menschen unnachvollziehbaren Rituale und Fähigkeiten Männern, vielleicht auch den Geschichtsschreibern, Unbehagen bereitet haben.

Die drei Göttinnen sind der Schlüssel zum Verständnis des damaligen Hexenbildes. Mir dienen diese machtvollen Frauen – diese Hexenahninnen – immer wieder als Inspiration. Für mich sind sie eine große Unterstützung bei der Heilung der Hexenwunde gewesen, denn sie vereinen sowohl Schatten als auch Licht in sich. Und auch dir dürfen sie Kraft geben, deinen Weg als Hexe mutig zu beschreiten. Lass dich inspirieren.

Hekate – Göttin der Übergänge

Die Göttin Hekate stammt aus Kairen in Kleinasien und galt in Griechenland als Göttin der Magie sowie Divination. Sie steht für die Übergänge, die Dunkelheit und die Transformation. Hekate ist sehr mächtig und kann dir bei großen Transformationen, Neuanfängen und Schattenarbeit zur Seite stehen.

HERSTORY

Auch heute noch steht sie für Transformation und Übergang. Einmal im Monat feierten die Griechen das Fest *Deipnon* mit einer Opfergabe, die sie in der Neumondnacht für Hekate auf eine Kreuzung legten. Während des Dunkelmondes wurden die Toten verehrt und es wurde davon ausgegangen, dass Hekate die Seelen zu diesem Zeitpunkt in die Unterwelt begleitete. Hier zeigt sich bereits der Aspekt der Übergangsthematik. Denn Hekate besaß den Schlüssel für den Übergang zu neuen Wegen. Sie zeigt uns damit, dass wir, indem wir uns unseren Schatten stellen, die oftmals symbolisch als Unterwelt dargestellt werden, diese heilen und transformieren können.

Als Göttin der Dreiwege ist Hekate dreigestaltig, im Himmel, auf Erden und in der Unterwelt, ihr Blick ist dabei in die Zukunft, die Gegenwart und die Vergangenheit gerichtet. Die

Verbindung mit den Mondphasen und dem Aspekt der Jungfrau, Mutter und weisen Frau entstand erst später durch die Wicca-Religion. Hekate ist eine große Heilerin und besitzt einen Zaubergarten voller Heilkräuter. Dort soll unter anderem auch die Alraune, die klassische Hexenpflanze, wachsen.

Insgesamt verkörpert Hekate eine starke, weise und vielseitige weibliche Figur, die Frauen in der heutigen Zeit dazu inspirieren kann, ihre Intelligenz, Unabhängigkeit und ihre Verbindung zur Natur und Spiritualität zu schätzen und zu entwickeln. Ihre Geschichten und Qualitäten bieten Inspiration für moderne Frauen, die nach Stärke und Selbstverwirklichung streben.

Circe – die mächtige Göttin der Zauberkraft

Circe ist die Tochter von Helios, dem Sonnengott, und Perseis, einer Okeanide, und lebt mit einigen Dienerinnen auf der einsamen Insel Aiaia tief in einem Wald, umgeben von zahmen Wölfen und Löwen. Viele moderne Hexen verehren Circe als eine Symbolfigur für weibliche Macht und Magie. Ihr Charakter und ihre Geschichten inspirieren viele Menschen, sich mit der eigenen spirituellen Kraft und Fähigkeit zur Magie und Heilung zu verbinden.

HERSTORY

In Ovids *Metamorphosen* ist Circe unsterblich in den Meeresgott Glaukos verliebt. Dieser aber hat nur Augen für die wunderschöne Nymphe Skylla und bittet Circe um Hilfe, damit seine Gefühle erwidert würden. Voll Eifersucht verwandelt Circe Skylla in ein Seeungeheuer, indem sie einen Zaubertrank in deren Bucht gießt. Hier wird das Bild der

Femme Fatale gezeichnet, einer eifersüchtigen Frau, die zur bösen Hexe wird, um ihre Rivalin auszuschalten.

In Homers *Odyssee* empfängt Circe Odysseus und seine Gefährten auf ihrer Insel. In der feministischen Version von Madeline Millers *Ich bin Circe* geht die Geschichte so weiter, dass die Männer sie vergewaltigen wollen. Also mischt Circe Zauberkräuter in ihren Wein, wodurch sich die Männer in Schweine verwandeln. Odysseus war jedoch dagegen immun, da er von Hermes zuvor das Zauberkraut »Moly« bekommen hatte. Auf seine Bitte hin verwandelt Circe die verzauberten Gefährten wieder in Menschen und lädt auch die übrigen Gefährten zu sich ein. Odysseus bleibt eine Zeit lang auf der Insel bei Circe und sie beginnen eine Liebesaffäre. Daher kommt auch der Begriff »bezirzen«. Circe hilft ihm, wieder nach Hause zu finden, indem sie ihm günstige Winde schickt und ihm verrät, wie er dem Gesang der Sirenen unversehrt entkommen kann.

Circe wird oft als eine mächtige Zauberin und Symbolfigur für weibliche Macht und Hexerei dargestellt. In der Mythologie ist sie bekannt für ihre Fähigkeit, Menschen und Tiere zu verwandeln und ihre Fähigkeit, mit magischen Kräutern und Tränken zu arbeiten. In der Botanik wird deshalb die Gattung der Hexenkräuter in Anlehnung an Circe Circaea genannt. Für die abendländische Kulturgeschichte wurde Circa zum Urbild der intelligenten und dadurch gefährlichen zauberkundigen Frau.[8] Mich selbst hat diese Gottheit zutiefst berührt.

Wenn du dich tiefgehender mit Circe beschäftigen möchtest, empfehle ich dir das Buch *Ich bin Circe* von Madeline Miller.

Medea – die Femme fatale

Medea ist eine Figur aus der griechischen Mythologie, die als mächtige Zauberin und Hexe bekannt ist. Sie ist die Tochter des Zauberers Aietes, dem Bruder der Circe, und kommt in der griechischen Mythologie unter anderem in der Argonautensage vor. Manche sagen, sie sei die Tochter von Hekate und habe ihre Zauberkunst bei ihrer Tante Circe gelernt. Manche moderne Hexen verehren Medea als Symbolfigur für weibliche Macht und Hexerei. Sie wurde auch als eine starke und unabhängige Frau dargestellt, die bereit war, für das zu kämpfen, was sie wollte, und die keine Angst hatte, ihre Macht und ihr Wissen zu nutzen, um ihre Ziele zu erreichen.

HERSTORY

Medea verliebt sich unsterblich in Iason, den Anführer der Argonauten. Sie hilft ihm mit ihren magischen Fähigkeiten, das goldene Vlies zu bekommen. Dafür muss sie aber ihre Heimat verlassen und die Familie verraten. Medea und Iason finden in Korinth einen Zufluchtsort und bringen zwei Söhne zur Welt. Kurz darauf aber verlässt Iason Medea für die Tochter des Königs von Korinth. Medea nimmt Rache und vergiftet Glauke, die neue Frau von Iason, mit einem verzauberten Diadem und einem Gewand, das in Flammen aufgeht. Hier finden sich Parallelen zu Circe – die verliebte Hexe, die einem Helden hilft und sich rächt. Der »Held« bekommt es mit der Angst zu tun – will *mann* wirklich mit einer so mächtigen Hexe zusammen sein? In den frühesten Überlieferungen ist Medea Teil der dreifaltigen weiblichen Urmutter-Gottheit, einer sich immer verjüngenden, erneuernden, und damit positiv besetzt. Das griechische Verb *medein* deutet darauf hin, dass Medea so viel bedeutet wie: Ratgeberin, Beschützerin oder Herrscherin.

Erst später wurde sie, wie durch den Dramatiker Euripides, zur Kindsmörderin umgedeutet. Dass Medea ihre Kinder tötete, um sich an Jason zu rächen, ist seine Erfindung. In älteren Fassungen wurden die Söhne von den Korinthern aus Hass gegen die Barbaren oder aus Rache für den Mord an Kreon erschlagen. Interessant ist, dass im Mittelalter das Theaterstück »Medea« von Seneca bekannt war, in dem sie als leidenschaftliche, aber rachsüchtige Frau dargestellt wird. Dabei wurde besonders der Flammenzauber geschildert, bei dem Glauke und ihr Vater Kreon während des Hochzeitsfestes verbrennen. Medea ist eine Frau, die Macht hat und diese für das Unheil nutzt. Somit werden hier schon erste Parallelen des christlichen Hexenbildes sichtbar.[9]

Wenn du dich eingehender mit Medea beschäftigen möchtest, empfehle ich dir das Buch *Medea. Stimmen* von Christa Wolf.

Jetzt hast du drei wunderbar komplexe Hexen der Antike etwas näher kennengelernt. Sie haben einige Werte gemeinsam: die Weisheit, die magische Kraft, die Wildheit und das Mystische. Was an ihnen inspiriert dich am meisten? Welche Aspekte der Betrachtung findest du vielleicht in deinem Anspruch, in deinen Werten, in deiner Sichtweise aufs Leben wieder? Welche der drei Göttinnen wäre dein Vorbild? Lass das mal auf dich wirken!

Hexen gab es nicht nur in der griechischen Mythologie. Sie sind ebenfalls in der römischen Literatur zu finden und auch im Alten Testament gibt es eine Hexe, die berühmte Hexe von Endor (1. Samuel 28:3–25). Der Text erzählt, dass König Saul vor einer wichtigen Schlacht stand und große Angst hatte. Deshalb wandte er sich an die Hexe, damit sie ihm den Ausgang der Schlacht verriet. Sie beschwor den Geist des

Propheten Samuel und dieser erschien in einer Vision und prophezeite den Tod König Sauls und seines Sohnes Jonathan am nächsten Tag in der Schlacht, was dann auch eintraf. Die Geschichte der Hexe von Endor hat im Laufe der Geschichte viele Interpretationen erfahren. In der christlichen Tradition wird die Geschichte oft als eine Warnung gegen die Praxis der Magie und des Okkultismus verwendet. Demgegenüber wird die Geschichte in der jüdischen Tradition häufig als eine Erzählung über die Notwendigkeit angemessener moralischer Führung und den Respekt vor dem Jenseits interpretiert.

Wie wir wissen, entsteht aus Interpretation nicht selten eine Konsequenz. Demnach gibt es bereits im Alten Testament klare Gegner des Hexentums: »Wenn ein Mann oder eine Frau Geister beschwören oder Zeichen deuten kann, so sollen sie des Todes sterben; man soll sie steinigen; ihre Blutschuld komme über sie.« (Lev 20,27)[10]

Erste Gesetze gegen den Missbrauch von Magie

Du hast im vorangehenden Kapitel erkennen können, dass die Hexe keine Erfindung des Mittelalters ist, sondern bereits in der antiken griechischen und römischen Literatur vorkam. Auch, dass die Magie der Hexen damals schon zum Teil kritisch betrachtet und mit Konsequenzen bedacht wurde. Für die römische Antike war es charakteristisch, dass Menschen an Zauberei glaubten und deren Missbrauch *(maleficium)* unter Strafe gestellt wurde. Das lässt sich vom römischen Zwölftafelgesetz (ca. 450 v. Chr) bis zur kaiserlichen Gesetzgebung der Spätantike nachvollziehen.[11]

Es ist zu lesen, dass wohltätige Zauberei zunächst unbestraft blieb, während sogenannte Schadenszauber bestraft und die Praktizierenden von Schadenszaubern seit der Zeit des Kaisers Diokletian (284–305 v. Chr.) sogar lebendig verbrannt werden sollten. Im Zuge der sozialen und religiösen Umstrukturierung des römischen Imperiums im 4. Jahrhundert kam es zu ersten Wellen von Magieprozessen.[12] Kaiser Constantinius II (337–361 v. Chr.) bezeichnete alle Magier als »Feinde des menschlichen Geschlechts« und setzte für das Ausüben von Magie die Todesstrafe aus.[13] Der Diktator Sulla führte im Jahr 81 v. Chr. im Römischen Reich Gesetze und Strafen für die Ausübung von Schadenszaubern ein. Besonders »Giftmischerei« sowie Wahrsagerei waren strengstens verboten. In Strafprozessen durfte seinerzeit gegen freie römische Bürger Folter nur in Ausnahmefällen eingesetzt werden, Magier waren dabei eine Ausnahme. »Einem haruspex, einem Astrologen oder Wahrsager, der verbotene Künste (z. B. Traumdeutung) ausübte, wurde im kaiserlichen Recht der Tod auf dem Scheiterhaufen angedroht.«[14]

Hier wird deutlich, dass Folter und Feuerstrafe für Hexen keine Erfindung des Mittelalters sind, sondern der Antike.

Magie galt also durchaus damals schon als Verbrechen. Im Vergleich zum Mittelalter kamen in der Antike Prozesse in der Praxis aber selten vor.

Das Konzept der europäischen Hexerei

In Europa löste Ende des vierten Jahrhunderts n. Chr. mit dem Christentum der Monotheismus die antiken polytheistischen (Natur-)Religionen ab. Pagane Rituale waren nicht mehr gerne gesehen, wurden verändert und ins Christentum eingebunden. Die germanische Überlieferung bezog die Ausübung von illegitimer Magie auf Frauen (altnordisch: seidkona, Zauberin), was sich auch durch römische Quellen belegen lässt, die über die germanischen Seherinnen wie Veleda, Albruna, Ganna und Waluburg berichten.[15]

Die Definition von Magie änderte sich also im Laufe der Zeit. Infolgedessen verschwamm die Grenze zwischen Zauberei und Hexerei immer mehr. Was zuvor als harmlose Zauberei oder spirituelle Praxis angesehen worden war, wurde nun oft als gefährliche und teuflische Hexerei betrachtet. Es ist wichtig zu verstehen, dass die Unterscheidung zwischen Zauberei und Hexerei oft von sozialen, kulturellen und religiösen Faktoren abhing, und diese Unterscheidung war nicht immer eindeutig oder konsistent.

Volks- und Hochmagie

Magie ist also etwas, das es seit Menschengedenken gibt. Rituale, Beschwörungen, Heilpraktiken – im täglichen Leben der Menschen hatten sie besonders in der Zeit, als es noch keine moderne Medizin gab, einen festen Platz. Wie du schon erfahren hast, versuchten die Menschen, durch Magie Einfluss auf ihre Lebensgeschicke zu nehmen. Und dies taten nicht nur die einfachen Menschen, sondern auch hochgebildete und einflussreiche Personen.

Vielleicht bist du den Begriffen Hochmagie und Volksmagie schon einmal begegnet. Sie werden zwar teilweise noch heute im modernen Hexentum verwendet, allerdings fand eine Unterscheidung zwischen Hochmagie und Volksmagie insbesondere im späten Mittelalter und der frühen Neuzeit statt. Die Hoch- oder auch Zeremonialmagie genannt, bestand (und besteht auch heute noch) aus der Numerologie, den mystischen Lehren der Kabbala, der Hermetik sowie der Alchemie und Astrologie. Das alles sind Lehren, die zu dieser Zeit nur privilegierten, gebildeten Männern vorbehalten waren, denn nur sie hatten den Zugang und die Möglichkeiten zu Bildung. Unter ihnen waren beispielsweise der Astrologe, Alchemist und Magier Albertus Magnus sowie der auch aus Harry Potter bekannte Alchemist Nicolas Flamel.

Die Volksmagie dagegen beinhaltete Kerzenzauber, Kräuterwissen, Heilung alltäglicher Symptome (du kennst vermutlich die Warzenbesprechung) und Liebeszauber. Sie wird auch heute noch gern »Magie der hohlen Hand« genannt, da sie recht unkompliziert ist und dennoch effizient wirkt. Die Bezeichnung »hohle Hand« bezieht sich in diesem Zusammenhang auf die Idee, dass der oder die Magieausübende als Werkzeug oder Instrument für magische Handlungen die Hände nutzt, ohne spezielle magische Gegenstände oder Werkzeuge einzusetzen. Mit anderen Worten, die Hände dienen als »leeres« oder »hohles« Gefäß, in das die magische Energie gelenkt wird. Die Vorstellung ist, dass die Hände des Praktizierenden die Fähigkeit besitzen, Energie zu sammeln, zu lenken und zu manipulieren, um beispielsweise Heilung, Schutz oder andere magische Ziele zu erreichen. Dies steht insofern im Gegensatz zu bestimmten Formen der Zeremonialmagie, welche spezielle Werkzeuge verwendet, um magische Energie zu lenken. Die »Magie der hohlen Hand« betont also die Einfachheit und Unmittelbarkeit der magischen Praktiken, bei denen die Hände als das grundlegende Werkzeug dienen, um mit der spirituellen Welt oder den Kräften der Natur zu interagieren.

In den Zeiten, in denen sich die Volksmagie einer weiten Verbreitung erfreute, wurden diverse Kräuter zur Heilung genutzt und die Menschen hatten großes Vertrauen ins Handauflegen und in Gegenstände, denen magische Fähigkeiten zugeschrieben wurden, was nicht verwunderlich ist, denn es fehlte sehr häufig an medizinischer Versorgung. Für die Stärkung der Gesundheit und für die Protektion nutzten die Menschen Amulette. Mit auf Papier notierten Zaubersprüchen schützten sie Haus und Hof.[16] Da im Mittelalter, aber auch der frühen Neuzeit das Leben stark vom agrarischen Zyklus abhing, wurden auch Ernten, Jahresläufe und Lebenszyklen von bestimmen Ritualen der Alltagsmagie begleitet.[17] Die Magie konnte in den einzelnen europäischen Regionen ganz unterschiedliche Formen annehmen, aber sie diente immer einem übergeordneten Zweck – der Daseinsbewältigung.

Die Zeremonial- oder Hochmagie wurde von der Kirche geduldet, da ihre Anhänger der Elite angehörten und damit einhergehend viel Macht und Einfluss hatten. Die Volksmagie jedoch wurde mit der Zeit immer mehr verunglimpft. Du wirst noch einiges dazu im Kapitel über die Geschichte der Hexenverfolgung erfahren.

Mit Beginn des 13. Jahrhunderts wurde schließlich damit begonnen, die bis dahin praktizierte und akzeptierte Volksmagie als Ketzerei zu bezeichnen. 1326 erklärt Papst Johannes XXII. mit seiner Bulle *Super Illius Specula,* dass von nun an alle Menschen, die verdächtigt würden, magische Praktiken auszuüben, durch die Inquisition verurteilt werden würden. Damit war der Grundpfeiler gesetzt. Hexenprozesse, wie wir sie durch die Hexenverfolgung der frühen Neuzeit kennen, waren zu diesem Zeitpunkt aber noch die Ausnahme.

Ich möchte dir einige Unterschiede in der sozialen und kulturellen Wahrnehmung und Definition darstellen, die nachvollziehbar machen, warum sich damals immer mehr Menschen von der Zauberei bzw. Alltagsmagie abwandten und Angst vor Hexen entwickelten, was letzten Endes zu ihrer Verfolgung beitrug.

In vielen Gesellschaften wurden Zauberei und Hexerei unterschiedlich wahrgenommen. Zauberei wurde, wie erwähnt, oft mit positiven oder neutralen Praktiken in Verbindung gebracht, die dazu verwendet wurden, das Wohlbefinden, den Schutz oder das Glück zu fördern. Die einfache Bevölkerung war überzeugt, von Magie umgeben zu sein, und vertraute daher ganz selbstverständlich auf ihre Anwendung, sprich Zauberei. Wichtig war dabei die Heilmagie. Bei einer Krankheit wandte sich die betroffene Person an einen Heiler oder eine Heilerin, also eine Person, die rituelle oder zeremonielle Praktiken im Sinne der Heilmagie ausübte. Es gab aber auch Wahrsager*innen, die mit Karten, Kristallkugeln oder Münzen Dinge ausfindig machen konnten und bei der Überführung von Dieben halfen, oder Menschen, die Schutzgeister anriefen. Nichts davon galt für die Bevölkerung damals als beängstigend oder gar teuflisch. Ganz im Gegenteil, Zauberei war Teil ihres Alltags und diente weitestgehend dazu, positive Veränderungen herbeizuführen oder Wünsche zu erfüllen, je nach Willen des Zauberers oder der Zauberin sowie dem Wunsch der Person, für die der Zauber gesprochen wurde. Das Wissen war dabei oft traditioneller Art und wurde von einer Generation an die nächste weitergegeben. Zauberei hatte medizinische, religiöse und amouröse Funktionen. Ebenso wurde sie als eine Praxis angesehen, die Wissen über die Natur voraussetzte, also musste sie weitergegeben und gelehrt werden.

Während Zauberei weniger religiöse Konnotationen hatte, wurde Hexerei hingegen häufig mit schädlichen, gefährlichen oder im kirchlichen Sinne teuflischen Praktiken in Verbindung gebracht, die Krankheiten, Unglück oder Tod verursachen sollten. Das Bild der Hexe war zu dieser Zeit per se mit einem negativen Charakter behaftet, und als Kern der Hexerei galten sogenannte Schadenszauber. Schäden an Hab und Gut, materielle Verluste, Todesfälle, Krankheiten und Naturkatastrophen wurden durch Hexerei erklärt. Man ging davon aus, dass eine Hexe weder Rituale noch Gegenstände (Pflanzen, Amulette, Gebete oder Ähnliches) brauche, um ihre Absicht zu kanalisieren. Ihre Zielausrichtung reiche aus, um den beabsichtigten Zweck zu erreichen. Manchmal könne schon ein »böser Blick« genügen. (Bemerkst du hier den Unterschied in der Beurteilung von Hoch- und Volksmagie?) Besonders gefürchtet waren damals Wetterzauber (Dürre, Hagel, Unwetter) und Krankheitszauber (Hexenschuss). Hexen wurden sogar für Alpträume verantwortlich gemacht, was dann Traumzauber genannt wurde. Eine Vielzahl an Krankheiten wurde mit Hexerei in Verbindung gebracht und die Suche nach dem Verursacher schuf Berufsbilder wie den sogenannten Hexenbanner, der den Übeltäter oder die Übeltäterin aufspürte und dafür sorgte, dass ein schädlicher Zauber »aufgehoben« wurde.

In vielen Dörfern gab es über Generationen hinweg Menschen, die als Hexen bekannt waren. Dass sie nicht über Jahrhunderte Schaden anrichteten, wurde damit begründet, dass »ihre Zauberkraft [...] durch die Abwehrmagie und Gegenzauber in Schach gehalten (wurde).«[18] Aus heutiger Sicht ganz schön schräg, aus vorwissenschaftlicher Sicht allerdings nachvollziehbar. Dennoch ist dieses Bild eine Tendenz, bei der es zu beachten gilt, dass es im historischen Europa keine komplett einheitliche Vorstellung der Hexerei gegeben hat.[19] Dass mit der Unterscheidung zwischen Zauber und Hexerei noch lange nicht Schluss mit fantasievollen Konstrukten und Unterstellungen war, wirst du gleich erkennen.

In deutschsprachigen Gerichtstexten lässt sich die Bezeichnung »Hexe« erst seit dem Jahr 1419 nachweisen. Vor 1400 glaubten die Menschen eher an einzelne Zauberer und Zauberinnen, die mithilfe magischer Handlungen Schaden-, aber auch Heilzauber vollbringen konnten. Im Laufe des 15. Jahrhunderts entwickelte sich dann ein ganz neues Bedrohungsszenario von einer im »Geheimen agierenden, schadenstiftenden Hexensekte«.[20] Das war das Ergebnis einer Symbiose unterschiedlichster Vorstellungen. Zum einen aus Geständnissen, die Inquisitoren seit dem 13. Jahrhundert bei Verfahren gegen Katharer und Waldenser erzielt hatten und in denen bereits die Rede von Teufelsanbetungen, nächtlichen orgiastischen Zusammenkünften, Huldigungsritualen an den bösen Geist oder Ritualmord an Babys und Kleinkindern war. Zum anderen flossen auch Elemente antijüdischer Einstellungen und Vorurteile in die Imaginationen über die neue Hexensekte ein, so zum Beispiel die Bezeichnung Sabbat oder Synagoge für den Hexentanz. Bereits Theologen wie Augustinus († 430 n. Chr.) und Thomas von Aquin († 1274 n. Chr.) hatten Theorien über den Teufelspakt entwickelt. On top gab es den uralten Glauben an das Wirken magischer und dämonischer Kräfte, an Schadenzauber, bösen Blick, Tierverwandlung und nächtlichen Hexenflug auf den Blocksberg.[21]

Hinter jedem Vorwurf der teuflischen Hexerei stand die vermeintliche Schwäche des Geistes der Hexe. Denn nur wer schwach war, erlaubte Dämonen den Eintritt oder war anfällig für den Pakt mit dem Teufel. Nur schwache Wesen wie Frauen oder untergeordnete Ethnien und soziale Gruppen könnten immer wieder in die Fänge Satans geraten – so die Ansicht der Kirche. Dass besonders Frauen anfällig seien, wurde ebenfalls mit »körperlicher und geistiger Schwäche« begründet. Das machte die Frau in den Augen der Kirche leichter zur Verbündeten des Bösen. Gerade im *Hexenhammer* wurde diese Ansicht nochmals manifestiert, indem behauptet wurde, dass Frauen generell abergläubischer und leichtgläubiger seien als Männer, weshalb der Teufel sie lieber angreife.[22]

Der Hexenhammer – *Malleus Maleficarum*

1486 wurde durch den Dominikaner Heinrich Kramer das wohl frauenfeindlichste Buch veröffentlicht, das je geschrieben wurde: der *Hexenhammer* (lateinischer Originaltitel: *Malleus Maleficarum*). Dieses Werk, das auf Latein verfasst war, wurde über Jahrhunderte zur Legitimation der Hexenverfolgung herangezogen und erschuf ein Bild der Magie sowie der Frau, das bis heute nachwirkt oder wie Marco Frenschowski es ausdrückt, schuf Kramer damit einen Schlüsseltext in der Geschichte der Misogynie.[23] Neu am *Hexenhammer* war, dass er die schon zuvor vielfach existierenden Schriften über Dämonen und Hexen zu einem einzigen Werk bündelte und eine schonungslose und brutale Schlussfolgerung zog, die nachfolgenden Generationen als »Gesetzeswerk« zur Legitimierung der Verfolgung magiewirkender Menschen diente.

Der Autor Heinrich Kramer stammte aus der elsässischen Reichsstadt Schlettstadt und gehörte, wie andere Dämonologen des 15. Jahrhunderts, zu den dominikanischen Inquisitoren, die andere Glaubensrichtungen, wie zum Beispiel das Judentum, bekämpften. Kramer warb aktiv in sämtlichen Diözesen Deutschlands für die Hexenverfolgung, blieb aber vorerst erfolglos. Also reiste er nach Rom zu Papst Innozenz VIII, der daraufhin die Hexeninquisition in Deutschland autorisierte. Durch diesen Erfolg gestärkt wollte Kramer direkt eine Hexenverfolgung in Innsbruck inszenieren, scheiterte damit aber gnadenlos und wurde vom amtierenden Bischof sogar als »kindisch« bezeichnet. Diese Abfuhr bildete das Motiv für sein Werk: Voller Hass und Zorn durch die Abweisung und sein Scheitern verfasste er den *Hexenhammer*.[24]

Dieses Werk diente in den darauffolgenden zwei Jahrhunderten als Handbuch, das beschrieb, wie Hexen verdächtigt, »erkannt« und verurteilt werden konnten. Es war sogar eher ein juristisches als ein theologisches Werk und gehört daher auch in die dunklen Kapitel der Rechtsgeschichte. Ich möchte dir den Hauptinhalt des Buches in aller Kürze darstellen, da ich finde, dass es wichtig ist, das Ausmaß dieser Darstellung wahrzunehmen. Dem Hass, der daraus spricht, möchte ich aber möglichst wenig Energie und Raum geben. Kramer schrieb, Frauen seien leichter anfällig für die Verführung des Teufels, und daher sei es für Männer das Beste, den Umgang mit ihnen zu vermeiden. Der Schadenszauber der Hexe richte sich oft gegen die sexuelle Potenz des Mannes, öfter werde dabei der Penis des Mannes »weggehext«.[25] Zudem wurde in diesem Werk genau auf den Teufelspakt[26] eingegangen und dem damit einhergehenden (oft harten) Sex zwischen Hexe und Teufel – mich erinnert das stark an perverse Fantasien eines komplett Verrückten. Einfach nur abartig. Das Ganze wird getoppt von der Behauptung, Hexen würden aus den Leichen ungetaufter Kinder eine Flugsalbe herstellen[27] und das Vieh verhexen[28]. Wer anzweifele, dass es Hexerei gebe, sei ein Ketzer. Das zentrale Anliegen Kramers war der direkte Kampf gegen die Hexen und die Vollstreckung der Todesstrafe. Der letzte Teil seines Buches handelt ausschließlich von detaillierten Prozessanweisungen für Richter mit einem ausführlichen Fragenkatalog zum Verhör von Angeklagten sowie der detaillierten Beschreibung und Anleitung für qualvolle Bestrafungen.

Obwohl das Buch bereits 1490 n. Chr. von der Kirche verboten wurde, profitierte es vom neu aufkommenden Buchdruck und verbreitete sich rasant in Nordeuropa. *Der Hexenhammer* war ein regelrechter Bestseller seiner Zeit und verkaufte sich erfolgreicher und in größerer Auflage als die Bibel. Zwischen dem 15. und dem 17. Jahrhundert wurden in 28 Auflagen[29] um die 30 000 Exemplare gedruckt. Das klingt nicht nach viel, ist jedoch in einer Zeit, in der ein Großteil der Bevölkerung nicht lesen konnte, eine echte Hausnummer. Kramer lieferte mit seinem Werk eine viel beachtete und verheerend wirkende theoretische Grundlage für die Verfolgung der Hexen.[30]

Ein weiteres sehr einflussreiches Buch war seinerzeit der von Ulrich Tengler auf Deutsch verfasste *Neue Laienspiegel*[31] (1511 n. Chr.). Richter und einfachere Ortsvorstände, die der lateinischen Schriftsprache nicht mächtig waren, profitierten von diesem Rechtswerk, das auch eine Art »Gebrauchsanleitung« zur Durchführung von Hexenprozessen enthielt. Schritt für Schritt erklärt und ausführlich illustriert, leitete der Laienspiegel durch einen Prozess, von der Verhaftung bis zur Hinrichtung. Dieses einflussreiche Rechtsbuch sprach den Angeklagten in Hexenprozessen allerdings fast alle Rechte ab. Wer zum Beispiel auf eine Frage nicht antwortete oder nicht die erwartete Antwort gab, galt als verzaubert, was natürlich als weiteres Indiz für seine oder ihre Schuld galt.[32]

Das Konzept der europäischen Hexerei formte ein in Europa recht weit verbreitetes Bild der Hexe, das allerdings je nach Standort und Gemeinde noch einmal stark variieren konnte. So geht der Historiker Wolfgang Behringer davon aus, dass die europäische Kultur Definitionen von Hexerei hervorgebracht hat, die sich gravierend von den antiken Vorstellungen unterschieden. Die Interpretation der Hexe als diabolisch ist christlichen Ursprungs und eine europäische Ausarbeitung aus dem Mittelalter, erdacht von Theologen und Inquisitoren der Kirche. Grundlegend dafür war die christliche Dämonenlehre. Ich werde dir nachfolgend die drei wichtigsten Aspekte des damals weit verbreiteten Hexenbildes aufzählen. Bestimmt erkennst du das ein oder andere Vorurteil wieder, denn dieses Bild hat sich hartnäckig und bis heute in unsere Köpfe eingebrannt.

1. Der Teufelspakt (Teufelsbuhlschaft)

Das grundlegende Merkmal ist die Verleugnung des christlichen Glaubens und die Übergabe der Seele an den Teufel durch einen Pakt. Im Austausch für die Seele erwarb die Hexe magische Fähigkeiten und durch den Pakt wurde der Teufel zu ihrem Herrn. Unsinnigerweise konnte das freiwillig oder unwissentlich passieren. So oder so wurde hier über die Macht der Hexe, die in den meisten Fällen weiblich war, eine höhere, männliche Macht gestellt: der Teufel. Ohne ihn besäße sie keine ihrer Fähigkeiten. Auch der *Hexenhammer* geht ausführlich auf den Teufelspakt[33] ein. Hieraus stammt das Bild der Satan anbetenden Hexe, das auch gerne heute noch verwendet wird.

Hexen heute: Gerade im Umgang mit unwissenden Menschen hört die moderne Hexe gerne einmal den Satz: »Ach, du bist eine Hexe. Verehrst du dann auch den Teufel?« – was für wirklich viele von uns total nervig ist. Klar, es gibt vermutlich auch heute noch Satanskulte. Und es gibt auch heute noch Hexen, die geneigt sind, Schadenzauber aufzurufen, oder mit generell negativen Energien wirken. Aber der Großteil der Hexen hat damit nichts zu tun.

2. Der Hexensabbat (Hexenversammlung, Hexentanz)

Es wurde davon ausgegangen, dass Hexen Gruppen bildeten und sich beim Hexensabbat zur Verehrung des Teufels trafen, was meist als exzessive Feste mit Tanz, Gelage und Orgie beschrieben wurde. Klassischer Treffpunkt soll hier der Blocksberg im Harz gewesen sein. Diese Treffen wurden auch als »schwarze Messen« betitelt, bei denen man sich vorstellte, dass auch Sodomie und Säuglingsmord stattgefunden haben sollten. Das besondere Augenmerk lag aber auf der zu diesen Anlässen ausgelebten, wilden Sexualität und deren negativen Auswirkungen.

Spannend ist, dass das Wort »Sabbat« aus der jüdischen Kultur kommt. Dort ist er der freie Tag in der Woche, zur Erinnerung an Gottes Ruhetag während der Schöpfung und an die Befreiung Israels. Hier lässt sich erkennen, dass auch damals schon der jüdische Glauben negativ antizipiert wurde, seine Begrifflichkeiten zur negativen Benennung genutzt und auf die magischen Praktiken der Hexen übertragen wurden. Mehr dazu im Abschnitt »Antisemitismus«.

Hexen heute: Auch heute noch bezeichnen viele Hexen ihre Feiertage als Sabbate und Esbate, die sich am Mond orientieren (daher werden sie auch lunare Festtage genannt). Die Verehrung des Mondes gehört zu den ältesten überlieferten rituellen Festlichkeiten. Es gibt Nachweise, dass bereits vor vierzigtausend Jahren entsprechende Mondkalender verwendet wurden.

Als das klassische Fest der Hexen, mit dem auch schon Goethe in seinem Werk *Faust* den Hexensabbat beschreibt, gilt die Walpurgisnacht (im keltischen Jahreskreisfest *Beltane* genannt) in der Nacht zum ersten Mai. Hier hat auch die »nicht-magische« Bevölkerung den Bezug zu den Hexen, da Beltane häufig auch als »Hexennacht« oder »Geisternacht« bezeichnet wird, von Harz bis Hellas. Aber keine Sorge: Im Gegensatz zum im Mittelalter entstandenen und weit verbreiteten Glauben der Kirche, werden bei Hexensabbaten weder Säuglinge ermordet noch Schadensmagie zelebriert, sondern es wird, je nach Jahreskreisthematik, die jeweilige Energie gewürdigt sowie die Natur gefeiert. Ja, oft werden dazu Feuer angezündet und es wird ausgelassen getanzt. Und auch heute noch gibt es zahlreiche Hexenzirkel, sogenannte Coven, die sich treffen, um gemeinsam Magie auszuüben oder sich einfach nur über ihre magischen Praktiken auszutauschen.

Hier noch ein random fun fact: Der Hexensabbat hat es sogar an die Börse geschafft. Dort kommt es ganze viermal im Jahr an den drei weltweit wichtigsten Derivatebörsen zum großen Hexensabbat. Das ist meist der dritte Freitag des dritten Monats eines Quartals, an dem Terminkontrakte wie Futures und Optionen verfallen.

3. Hexenflug (Nachtfahrt, Unholdenflug)

Das letzte wichtige Element war der Glaube, dass Hexen fliegen können. Es wurde auch davon ausgegangen, dass sie zu den Sabbaten auf verzauberten Besen oder als Dämonen in Tiergestalt durch die Luft flogen.

Hexen heute: Heute sollte jedem klar sein, dass Hexen nicht auf Besen, wie mit einem Flugmobil, durch den Abendhimmel düsen. Der Besen symbolisiert vielmehr die Hecke, die Grenze zwischen den Welten sowie auch den Weltenbaum, der nicht nur als Symbol von Fruchtbarkeit und Leben steht, sondern vor allem die Verbindung zwischen unten und oben darstellt. Im nordischen Schamanismus gibt es den Weltenbaum Yggdrasil. Er verbindet die verschiedenen Welten miteinander. Der Stamm und seine Zweige reichen über die ganze Welt und bilden so eine Brücke zwischen Himmel, Erde und Unterwelt. Ähnlich ist es beim Besen. Hexen fliegen im bewussten Geist, in Trance, wie es auch Schamanen tun. In Trance können sie nach ihrem eigenen Willen navigieren und so die Anderswelt bereisen. Manche Menschen bezeichnen Hexen auch als die Schamanen Europas, und ist das so abwegig? Auch ich reise in Trance und dabei unterstützen mich beispielsweise Räucherwerk, Trommelklänge, (geführte) Meditationen oder Frequenzmusik.

Mythos Flugsalbe

Der Mythos besagt, dass Hexen eine Flugsalbe, auch Hexensalbe genannt, nutzten, um fliegen zu können. Der historische Ursprung der Flugsalbe ist umstritten. Es heißt, Hexen hätten sie in Zeiten der Hexenverfolgung genutzt, um in psychedelischer Trance zu fliegen, da Treffen in der realen Welt zu riskant gewesen wären. Treffen waren zu dieser Zeit sicherlich riskant und es kann auch sein, dass Hexen, wie es auch Schamanen anderer Kulturen tun, Substanzen nutzten, stichhaltige Belege sind hierzu jedoch kaum zu finden.

Heute gehen viele Historiker und Historikerinnen davon aus, dass es die Salbe zu den Zeiten der Hexenverfolgung nicht gegeben hat, da es keine authentischen Belege aus dieser Epoche dazu gibt. Es gibt Aufzeichnungen zu Salben, die ältesten Rezepte aus dem 15. Jahrhundert erhalten jedoch nur »harmlose« Zutaten, die keine Trancezustände auslösen können. Christian Rätsch hat wohl eine einzige Quelle gefunden, die etwas Ähnliches wie eine Flugsalbe thematisiert: Der Herzog von Lothringen berichtet im Jahr 1545 von einer Pappelsalbe, deren Wirkung ein heftiges Koma voller erotischer Träume gewesen sein soll. Rätsch erklärt weiter, dass meist frühneuzeitliche Ärzte die Wirkung der Salbe auf Nachtschattengewächse zurückgeführt hätten. Und selbst für manche Inquisitoren wie beispielsweise Pedro Ciruelo soll es wohl klar gewesen sein, dass die Hexen nicht wirklich zu Sabbat flogen, sondern halluzinatorische Erlebnisse durch Substanzen hatten. Heute gibt es Hexen, die versuchen, eine halluzinogene Flugsalbe herzustellen. Dabei ist aber Vorsicht geboten, da die verwendeten Zutaten wie Bilsenkraut, Tollkirsche und Stechapfel zwar zu rauschartigen Zuständen führen können, zu stark dosiert aber tödlich sein können.

Die Hexenverfolgung in Europa

Du hast jetzt einen groben Überblick über die Entstehung des Hexentums und der Gesetze gegen ihre Praxis. Das, was man allgemeinhin unter Hexenverfolgung versteht, was in unserer Gesellschaft noch immer Einfluss auf die Beurteilung der Hexe hat und letztendlich die Hexenwunde ausgelöst hat, ist die Hexenverfolgung in Europa. Bevor wir jetzt wirklich tief in die Materie eintauchen, ist mir eine Sache ganz wichtig: In einigen Büchern (sogar Fachliteratur zum

Thema Hexentum), aber besonders im Internet kursieren viele Mythen und Halbwahrheiten zum Thema Hexenverfolgung. Das liegt unter anderem daran, dass es nicht *die* Hexenverfolgung gibt. Gesetze, Prozesse und deren Ausführung waren stark regional geprägt. Dazu komme ich gleich noch. Dazu kommt, dass viele Menschen (auch Autor*innen) diese Halbwahrheiten einfach als bare Münze nehmen, ohne sich die Mühe zu machen, selbst zu recherchieren. Um damit einmal aufzuräumen, findest du in diesem Kapitel immer wieder gut hervorgehoben solche Mythen, die ich für dich auflöse, damit du genau Bescheid weißt, sollte mal wieder eine Halbwahrheit durch den Raum wabern. Leider gibt es nämlich auch innerhalb der Spiritualitätsbubble unfassbar viel Quatsch, der unreflektiert weitergegeben wird. Ich habe es selbst schon mehrfach erlebt, dass ich (besonders von Männern) in Diskussionen zum Thema Hexenverfolgung gezogen wurde, in denen es dann darum ging, dass es ja mit der Hexenverfolgung eigentlich ganz anders war. Deshalb ist es mir ein Anliegen, dir mit den historischen Fakten etwas mehr Sicherheit zu liefern. Werde deine eigene Expertin auf dem Gebiet, damit dir niemand mehr etwas vormachen kann.

Los geht's. Generell erstreckte sich der Zeitraum der Hexenverfolgung über knapp 300 Jahre und war lokal unterschiedlich ausgeprägt. Daher gilt: Allgemeine Aussagen über die europäische Hexenverfolgung vernachlässigen nationale und regionale Besonderheiten. So sagt der Historiker Brian P. Levack, dass es wichtig sei zu beachten, dass die europäische Hexenverfolgung ein »Mosaik aus Hunderten, wenn nicht Tausenden einzelner Verfolgungen darstellte, die an verschiedenen Orten und zu unterschiedlichen Zeiten stattfanden«.[34] Dennoch gibt es gewisse Tendenzen und Trends, die aber nicht auf jede Region und alle Opfer zutreffen. Die Forschung diskutiert bis heute über die Gründe, Ursachen und Auswirkungen der Hexenverfolgung. Also, bist du bereit für ein paar Fakten? Dann hol noch einmal tief Luft und starte mit mir ins Mittelalter.

Mythos: Die Hexenverfolgung fand im Mittelalter statt

Das Mittelalter (ca. 500–1500 n. Chr.) war *nicht* der Höhepunkt der Hexenverfolgung. Dennoch wurde hier ihr Grundstein gelegt, denn im Spätmittelalter entstand unter anderem das Konzept der Kinder fressenden, mit Satan verbundenen Hexe (Teufelspakt, Sabbat und Hexenflug), was für viele später dann als Motiv für die Hexenverfolgung genommen wurde. Hexenprozesse begannen ab dem ausgehenden Mittelalter (15. Jahrhundert). Die meisten Hinrichtungen fanden in der Neuzeit statt (von 1560–1782 n. Chr.). Am 13. Juni 1782 wurde in der Schweiz die offiziell letzte Hexe Europas, die Magd Anna Göldin, hingerichtet.[35] Auch wenn »legale« Hinrichtungen von Hexen nach 1782 nicht mehr nachweislich vorkamen, gab es noch bis ins 20. Jahrhundert in Europa Einzelfälle von Gewalt, Ausgrenzung und Lynchmord.[36]

Zeitrahmen der Hexenverfolgung:

Im 15. Jahrhundert begann eine umfassende Kampagne, die in der zweiten Hälfte des 16. Jahrhunderts an Intensität zunahm, um 1620 ihren Höhepunkt erreichte und dann allmählich im späten 17. Jahrhundert und frühen 18. Jahrhundert abebbte.

Wie du zuvor bereits gelesen hast, waren magische Rituale sowohl in der Volks- wie auch in der Hochmagie lange Zeit gängige Praxis. Gleichzeitig bildete sich im frühen Mittelalter ein erster Widerspruch. Standpunkt der christlichen Kirche war es, dargelegt insbesondere durch den *Canon Episcopi*, eine Sammlung kirchlicher Rechtssätze aus dem 9. Jahrhundert, dass Hexen und Magie gar nicht existierten. Gleichzeitig geht dieses Werk allerdings akribisch auf Details ein, die später auch in der Dämonenlehre wiederzufinden sind. Beispielsweise werden die nächtlichen ekstatischen Flüge von Frauen im Gefolge der heidnischen Göttin Diana darin detailliert beschrieben und dann ausdrücklich als Einbildung und Wahnvorstellung verurteilt. Menschen, die behaupteten, Hexen zu sein, wurden als geisteskrank abgetan. Andersherum wurden auch Menschen mit psychischen Erkrankungen oder beispielsweise epileptischen Anfällen als von Dämonen besessen angesehen. Unerklärliche Phänomene wurden überhaupt häufig mit übernatürlichen Kräften erklärt. Hexerei mit Geisteskrankheit in Verbindung zu bringen, ist insofern nachvollziehbar, da damals diverse Ängste vor dem Unerklärbaren wie auch Vorurteile gepaart mit dem Mangel an wissenschaftlicher Erklärungsfähigkeit oder medizinischem Verständnis vorherrschten. Da lag es nahe, magische Fähigkeiten und auch alternative Sicht- oder Ausdrucksweisen als nicht erklärbar und damit beängstigend anzusehen und durch z. B. Besessenheit zu erklären. Es ist mir sehr wichtig zu betonen, dass diese Vorstellungen auf überholten und nicht mehr zeitgemäßen Annahmen beruhen.

Eine Veränderung der Ansichten bezüglich Magie und Hexentum ließ sich in Europa zwischen 1250 und 1500 beobachten. Im Zuge der Christianisierung wurde die alltagsübliche Magie immer häufiger Hexerei genannt und im Laufe des Mittelalters wurden magische Rituale und Praktiken zunehmend verurteilt und mit dem Teufel in Verbindung gebracht. Die Ideen von einem Pakt mit dem Teufel finden sich zwar auch schon früher (wie beim Dominikaner Thomas von Aquin, den auch der *Hexenhammer* mehrfach zitiert), wurden allerdings erst ab dem 15. Jahrhundert mit dem Delikt der Hexerei verbunden. Spätestens zu dieser Zeit wurde aus zuvor akzeptierter und allgegenwärtiger Magie offiziell ein Verbrechen, und es sind die Gesetze aus dieser Epoche, die die Grundlage für die späteren Verfolgungen bildeten. Die Hexenprozesse waren ein Phänomen der Umbruchzeit zwischen dem Mittelalter und der Frühen Neuzeit. Erste Hexenjagden gab es im Raum des Genfer Sees, von wo aus sie sich Richtung Elsass und Lothringen ausbreiteten, nach Luxemburg und bis in die Niederlande. Das Zeitalter der legalen, weil in Gesetztestexten verankerten Hexenverfolgungen begann in Europa um 1430 und endete um das Jahr 1782.[37]

Ein Exkurs: Die mittelalterliche Mystikerin aka Klosterhexe

Als Klosterhexen galten besonders im 13. und 14. Jahrhundert jene Nonnen, die das Wissen über die Weiblichkeit in Kombination mit der Kräuterkunde teilten – öffentlich oder auch heimlich. So sagt Gertrude R. Croissier in ihrem Buch *Psychotherapie im Raum der Göttin,* dass die Klöster für viele Dichterinnen, Forscherinnen, Heilkundige und auch Visionärinnen ein geschützter Raum und eine Zuflucht waren, wo sie ihren Talenten nachgehen konnten. Die Begabungen dieser Klosterfrauen waren geachtet, aber auch nur so lange geduldet, wie sie sich im vorgegebenen Rahmen des Christentums bewegten. Als Beispiel nennt Croissier Hildegard von Bingen, die eine unglaubliche Visionärin und Kräuterkundige war, im Herzen vielleicht auch eine Hexe, aber darauf bedacht, nicht den theologischen Rahmen zu sprengen. Schließlich endeten auch Mystikerinnen, die als Klosterhexe galten, oft im Kerker oder später dann vor dem Inquisitionsgericht.[38]

Hexerei und Antisemitismus

In der Geschichte der Verfolgung und Diskriminierung der Hexen in Europa gibt es einen weiteren auffälligen Aspekt – die Verbindung zur Verfolgung und Diskriminierung jüdischer Menschen. Viele der frühen Stereotype, wie eine angebliche Hexe ausgesehen und sich verhalten haben sollte, haben eine Verwurzelung in der langen Geschichte des Antisemitismus.

Jüdische Menschen waren durch das gesamte Mittelalter hinweg Opfer von Gewalt und Diskriminierung. Anfangs waren sie es, die für die damaligen Krisen und Unglücke verantwortlich gemacht wurden, und erst später wurde vermehrt auch den Hexen die Schuld an Missständen zugeschrieben.

Besonders in Deutschland wurden zwischen den Jahren 1000–1400 n. Chr. massenhaft Juden getötet. Es gab eigene Regeln, wie diese Menschen sich identifizieren mussten: mit einer bestimmten Kleidung sowie einem sogenannten Judenhut. Zudem wurde der jüdische Sabbat – der höchste Feiertag des Judentums – als satanisch abgestempelt. Juden wurden angeklagt, dabei Sex mit dem Teufel zu haben und ihm kleine Kinder zu opfern.[39] Erkennst du die Parallelen zum europäischen Hexenbild? Auch im Erscheinungsbild sowohl der jüdischen Menschen als auch der Hexe sind Parallelen zu finden. Hakennase, gebeugte Haltung, pockennarbige Haut sowie ein konisch geformter Hut wurden als Kennzeichen für Juden und später auch für Hexen angeführt.[40]

Sowohl die Geschichte der Verfolgung und Diskriminierung von Juden als auch der Hexen war geprägt von Vorurteilen, religiösem Fanatismus und sozialen Ängsten. Es ist wichtig zu beachten, dass die Ursachen und die Art der Verfolgung von Juden und Hexen unterschiedlich motiviert waren, aber es gibt dennoch einige Parallelen in der Art und Weise, wie sie als Sündenböcke für verschiedene gesellschaftliche Probleme dargestellt wurden.

Die Juden wurden beispielsweise für die Pest verantwortlich gemacht. Während der Pestepidemie im 14. Jahrhundert wurden sie oft fälschlicherweise beschuldigt, die Pest durch Vergiftung von Brunnen oder andere Mittel verursacht zu haben, und gleichzeitig wurde die jüdische Gemeinschaft für wirtschaftliche Krisen verantwortlich gemacht. Im Mittelalter waren viele Juden im Geldverleihgeschäft tätig, da ihnen oft der Zugang zu anderen Berufen verwehrt wurde. Diese Tätigkeit führte dazu, dass sie oft als geldgierig und ausbeuterisch dargestellt wurden. Waren es anfangs die Juden, wurden später Hexen zum Sündenbock für Naturkatastrophen, Ernteausfälle und unerklärliche Krankheiten gemacht.

Mit dem aufkommenden Buchdruck fand die Darstellung des Konstrukts der Hexerei ab 1450 eine immer rasantere Verbreitung. Bücher, Flugschriften oder gedruckte Predigten kamen flächendeckend in Umlauf. Die Übertreibung und detaillierte Ausschmückung eines vermeintlichen Verbrechens ist ein wirkungsvolles Mittel, um ganze Gesellschaften zu terrorisieren und die Opfer zu isolieren, Widerstand zu unterbinden und Menschenmassen Angst vor Praktiken einzujagen, die bis dahin als normal galten. Die sich durch die Gesellschaft brennende Angst »rechtfertigte« auf eine Art auch die entsetzlichen Strafen mit all der Qual und Folter.

Die Frühe Neuzeit – Der Höhepunkt der europäischen Hexenjagd

All das, was die Menschen im Mittelalter über das Brauchtum der Hexen erfuhren und was hochgepeitscht durch die Schriften Heinrich Kramers Verbreitung fand, stellte die Weichen und legte den Grundstein für die Hexenverfolgung, die in der Renaissance ihren grausamen Höhepunkt finden sollte.

Mythos Hexenwahn

Der Begriff »Hexenwahn« stammt, wie so viele der hier aufgezeigten Mythen, aus dem 19. Jahrhundert und wurde unter anderem vom lutherischen Theologen Wilhelm Gottlieb Soldan geprägt. Er vertrat die Ansicht, dass Theologen und Juristen sich die Hexerei-Delikte im Wahn ausgedacht hätten. Doch das stimmt so nicht: Die Vorantreibenden der Hexenverfolgung argumentierten durchaus kühl und logisch und nicht aus einer Panik und Hysterie heraus. Immerhin war die Magie ein fester Bestandteil des damaligen Alltags der Menschen und kein plötzlich auftretendes Phänomen. Sicher kam es in manchen Regionen zu panikartigen Kettenreaktionen, doch auch hier können wir Interessengruppen und gezielte Akteure erkennen.[41]

Die Renaissance, eine Zeit des aufblühenden Wissens und der kulturellen Entwicklung – wirfst du einen Blick nach Italien, siehst du seinerzeit das Wirken Leonardo da Vincis –, war gleichzeitig von einer dunklen und beunruhigenden Schattenseite geprägt, die sich ganz besonders in Nordeuropa zeigte. Hier befand sich die Hexenverfolgung auf ihrem Höhepunkt. Im folgenden Abschnitt werfen wir nun einen tieferen Blick auf diese erschütternde Periode und versuchen, die Hintergründe und Auswirkungen der Hexenverfolgung während der Renaissance zu verstehen.

Mein Tipp für dich: Du darfst immer wieder Pause machen, wenn deinem System die Beschäftigung mit den harten geschichtlichen Darstellungen zu viel wird. Sorge liebevoll für dich selbst.

Die Hexenverfolgung hatte im 15. Jahrhundert begonnen und erreichte im 16. und 17. Jahrhundert ihren Höhepunkt. Sie war stark mit der religiösen und gesellschaftlichen Atmosphäre dieser Zeit verbunden. Europa war von religiösen Konflikten geprägt, insbesondere zwischen Katholizismus und Protestantismus, was zu einem Klima der Unsicherheit und des Misstrauens führte. Die aus dem Mittelalter geprägte Vorstellung von Hexen, die mit dem Teufel im Bunde stehen und ihre übernatürlichen Kräfte Schaden bringend einsetzen sollten, verbreitete sich nun noch schneller. Hexerei wurde als eine Bedrohung für den Glauben und die soziale Ordnung angesehen. Die Verachtung und Angst sowie die Theorien über Dämonen und Hexen, die sich über die Jahrhunderte angesammelt hatten, führten nun zur Eskalation. Der Stein war ins Rollen gebracht worden, und das Unheil nahm seinen Lauf.

Merke: Es ist wichtig zu wissen, dass die Hexenverfolgung in der Renaissance nicht auf eine einzige Ursache zurückzuführen ist. Vielmehr war es ein komplexes Zusammenspiel von Faktoren wie sozialen Ängsten, religiösem Fanatismus, politischen Interessen und wirtschaftlichen Anfeindungen vor dem Hintergrund von Hungersnöten, wirtschaftlichem Wandel und Epidemien.

Die Angst vor dem Unbekannten und der Wunsch nach Kontrolle über die natürliche Welt führten zu einer weit verbreiteten Paranoia. Es war das unheilvolle Zusammenspiel von starkem Hexenglauben, religiöser Inquisition, weltlichen Gerichten und Lynchjustiz, das die Hexenverfolgung vorantrieb. Inquisitoren und Hexenjäger entwickelten grausame Methoden, um Geständnisse zu erzwingen, darunter Folter und die berüchtigte Wasserprobe, ein archaisches Element der Rechtsgeschichte, die bis ins 3. Jahrtausend v. Chr. nachzuweisen ist, jedoch vor allem im frühen Mittelalter Anwendung fand. Die oder der Verdächtige wurde in kaltem Wasser versenkt. Schwamm sie/er oben, galt sie/er als überführt. Im 16. und 17. Jahrhundert wurde die Wasserprobe eingesetzt, um den Hexereiverdacht gegen die Angeklagten zu widerlegen oder zu bestätigen, weshalb sie auch als »Hexenbad« bekannt wurde. Die Wasserprobe war nur ein »Vorverfahren«, das der Folter, Verbrennung oder einer andersartigen grausamen Hinrichtung Tausender Menschen voranging.

Heute betrachten wir die Hexenverfolgung der Renaissance mit Entsetzen und Abscheu. Die Opfer der Verfolgung wurden oft zu Unrecht beschuldigt und ermordet, und ganze Gemeinschaften wurden durch Misstrauen und Angst zerrissen. Indem wir uns mit diesem dunklen Kapitel der

Geschichte auseinandersetzen, können wir die Bedeutung von Toleranz, Gerechtigkeit und dem Schutz der Menschenrechte erkennen. Wir können tiefe Heilung erfahren, wenn wir uns diesem Schmerz zunächst öffnen.

In der Renaissance galt Hexerei offiziell als Verbrechen, auf das die Todesstrafe stand. Und es gab so einige »Verbrechen«, derer die Hexen bezichtigt wurden. So wurden sie zum Beispiel beschuldigt, das Wetter verhext zu haben. In der Renaissance herrschte die »kleine Eiszeit«, die so klein gar nicht war. In den Jahrhunderten zwischen 1300 bis 1850 (immerhin 550 Jahre!) begünstigte sie eine extreme Wetterperiode, die extrem viel Regen, Hagel, Kälte und Gewitter mit sich brachte. Als Konsequenz daraus gab es viele Missernten, die Hungersnöte auslösten, was wiederum den Anstieg von Armut, Schwäche und Krankheit vorantrieb. Epidemiewellen rollten über die Bevölkerung hinweg. Immer wieder wütete die Pest und forderte viele Opfer. Die katastrophalen gesundheitlichen Zustände erhöhten massiv das Säuglingssterben und die Fehlgeburtenrate. So viel Not erleiden zu müssen, wurde von den Menschen als unnatürlich empfunden, und auch das Klima war aus Sicht des Volkes ein Wetterphänomen, das einer Erklärung bedurfte. Es mussten ein Sündenbock und eine Lösung her! Zu dieser Zeit waren es nicht die Ketzer, die Juden oder die Aussätzigen, die ebenfalls seit dem Hochmittelalter verfolgt wurden, die mit dem Wetter in Verbindung gebracht wurden. Die Akzeptanz von Alltagsmagie und damit der Glauben an dämonische Kräfte war damals fest im Naturverständnis verankert, und so waren es die Hexen, denen die Schuld an unerklärlichen, beängstigenden Phänomenen angelastet wurde.

Während die Bevölkerung litt, unterstellte man den Hexen, sie würden ein lasterhaftes, ausschweifendes Leben führen und Unzucht mit dem Bösen treiben, Hexensabbat mit dem Teufel feiern, der Verführung, dem ungezügelten Verhalten sowie sexueller Freiheit frönen und, statt ihrer Rolle als Frau ordentlich nachzukommen, auch noch Abtreibungen vornehmen. Jetzt gab es kein Halten mehr.

Hexen wurden hinter jeder Tür vermutet. Jeder verdächtigte jeden, und viele Verdächtigungen führten zu Verfolgung und Verhaftung. Die Angeklagten wurden oft für eine lange Zeit in den Kerker geworfen, verhört sowie entkleidet und rasiert, um nach dem »Hexenmal« abgesucht werden zu können, mit dem sie der Teufel gezeichnet haben sollte. So ein Hexenmal konnte alles Mögliche sein: eine Warze, ein Schönheitsfleck, ein Muttermal oder auch nur ein Kratzer. Fand man ein Mal, und natürlich fand man eines, wurden diese Menschen aufs Grausamste gefoltert (ich erspare dir hier die Details), bis sie gestanden, eine Hexe zu sein, dem Teufel zu dienen oder was auch immer man von ihnen hören wollte. Niemand durfte ohne Geständnis verurteilt werden, aber unter Folter gestanden die meisten Menschen. Diese Geständnisse fütterten wiederum die Angst, denn wer gestand, war doch schuldig, oder etwa nicht? Es entstand ein brutaler Kreislauf aus Angst, Verdacht, (erzwungenen) Geständnissen, Bezeugung der Aussagen, Hinrichtung und Bezeugung der Hinrichtung und Zunahme von Angst. Wer einmal in die Fänge der Hexenjäger geriet, war eigentlich nicht mehr zu retten und starb. Meist wurde er oder sie lebendig auf dem Scheiterhaufen verbrannt. In Deutschland, der Schweiz und Teilen Frankreichs konnte es fast jede*n treffen und gab es entsprechend die meisten Todesopfer durch Hinrichtungen. Darüber hinaus gab es sicherlich noch viele weitere Tote. Wie Rita Voltmer in einem Interview betont, sind europaweit ca. 50 000 bis 60 000 Hinrichtungen dokumentiert (s. dazu auch die Tabelle zur Intensität der Hexenverfolgungen in Europa auf Seite 76), zu denen noch nicht jene Menschen hinzugezählt wurden, die sich aus Verzweiflung in Gefangenschaft das Leben nahmen, oder jene, die von ihren Nachbarn gelyncht wurden. Da nur noch wenige der damaligen Prozessprotokolle existieren, kann man von einer Dunkelziffer ausgehen. Reine Spekulationen seien allerdings Angaben, die von Hunderttausenden oder Millionen Toten berichten.[42]

Der »Neun-Millionen-Mythos« – Zahlenirrtümer

Im Internet ist immer wieder von neun Millionen Toten durch die Hexenverfolgung die Rede. Grund dafür ist eine faktisch falsche Hochrechnung aus dem 18. Jahrhundert durch den Quedlinburger Stadtsyndikus Gottfried Christian Voigt (1740–1791). Voigt wollte Kritik an der Kirche sowie am Aberglauben üben und trug daher dick auf. Diese historisch falschen Zahlen wurden von viele Medien, aber auch von Feministinnen herangezogen, um Debatten auszulösen. In den 1970er-Jahren wurde unangebrachterweise auch der Vergleich mit dem Holocaust gezogen und von einem gezielten Gynozid, also einer Ausrottung der Weiblichkeit, gesprochen. Das hat alles wenig mit der Realität zu tun.

Um dir einen Überblick zu geben, habe ich dir nachfolgend die Zahlen in einer Tabelle aufgelistet, wobei immer von einer Dunkelziffer ausgegangen werden muss.[43] Bitte beachte, dass es hier nicht nur um eine Statistik geht. Hinter jeder Zahl steht ein Schicksal. Lass es auf dich wirken und drücke die Gefühle, die hochkommen, nicht weg.

Intensität der Hexenverfolgungen in Europa[44]

Land	Hinrichtungen	Einwohnerzahl
Irland	2	1 000 000
Portugal	7	1 000 000
Island	22	50 000
Estland/Livland	65	-
Russland	99	15 000 000
Slowenien	100	-
Finnland	115	350 000
Niederlande	200	1 500 000
Schweden	300	800 000
Spanien	300	8 100 000
Liechtenstein	300	3000
Norwegen	350	400 000
Belgien/Luxemburg	500?	1 300 000
Ungarn	800?	3 000 000
Tschechien/Slowakei	1000?	2 000 000
Österreich	1000?	2 000 000
Dänemark	1000?	570 000
Italien	1000?	13 100 000
Britannien	1000?	6 500 000
Frankreich	4000?	20 000 000
Schweiz	4000?	1 000 000
Polen/Litauen	10 000?	3 400 000
Deutschland	25 000?	16 000 000

Die Betroffenen der Hexenjagden

Bis heute ist die Assoziation zum Begriff »Hexe« fast ausschließlich weiblich. Dass dies keineswegs der historischen Realität entsprach, beschrieb der Historiker Rolf Schulte in seiner Dissertation 1999. Auf Datenbasis von 61 regionalen Studien zählte er 19 050 Opfer auf dem Gebiet des Heiligen Römischen Reiches Deutscher Nation, davon 4575 Männer, was 24 Prozent ausmacht. Etwa jede vierte Hexe war demnach ein Mann.[45] Zwar wurden Frauen wesentlich häufiger angeklagt als Männer, dennoch gab es auch Fälle von angeklagten männlichen Hexen. Männer machten in einigen Gebieten rund ein Viertel der Verurteilten aus. Wie ich schon anfangs deutlich gemacht habe, variierten diese Gewichtungen aber stark von Land zu Land und zum Teil sogar von Ort zu Ort. Der Grund dafür ist teilweise in der jeweiligen regionalen Definition der Hexerei zu finden. In denjenigen Regionen, in denen der Begriff mit Häresie verbunden war, traf es häufiger Männer.

Mythos: Die Hexenjagd war eine Verschwörung von Männern gegen das weibliche Geschlecht

Diese Aussage greift viel zu kurz, da der Anteil der aufgrund der Hexenprozesse getöteten Männer etwa 20 Prozent betrug. An einigen Orten wurden sogar wesentlich mehr Männer hingerichtet (beispielsweise in Estland, Finnland, Norwegen und Island).[46]

In mehrheitlich katholischen Gebieten, in denen die Angst vor Ketzerei größer war als die vor Hexerei, wurden bis zu 30 Prozent mehr Männer hingerichtet. In Regionen, in denen Hexerei mit freier Sexualität und Schadenszaubern gleichgesetzt wurde, traf es überwiegend Frauen. In den reformiert-protestantischen Gebieten lag der Anteil der verurteilten Frauen daher bei bis zu 90 Prozent.[47] Die Historikerin Rita Voltmer sieht eine Erklärung dafür in der uneinheitlichen Übersetzung der Bibelstelle Exodus 22 Vers 17: So wird die Vulgata, die lateinische Fassung der Bibel, in männlichem Genus übersetzt »Die Zauberer sollst du nicht leben lassen«, während Luther sich auf den hebräischen Originaltext in weiblicher Form stützte: »Die Zauberinnen sollst du nicht leben lassen.«[48] Luther machte aus seinem Abscheu vor der weiblichen Hexerei keinen Hehl und befürwortete die gerichtliche Verfolgung von Zauberinnen und Hexen. Der Frauenanteil der Verfolgungsopfer in Schlesien von 1450–1757 n. Chr. lag bei 89 Prozent. In Finnland hingegen galt Hexerei als Männersache. Dort gab es viele weise Männer und Heiler, die zu dieser Zeit für das angebliche Ausführen von Schadenszaubern angeklagt wurden.[49] Auch in Russland und Estland waren mehr Männer als Frauen wegen Hexerei angeklagt; in den meisten skandinavischen Ländern waren beide Geschlechter gleich vertreten. Trotzdem dominierte das Stereotyp der weiblichen Hexe, obwohl ab den 1620er-Jahren häufiger Männer in den Fokus gerieten.

Viele (aber nicht alle!) der dämonologischen Traktate stellten dabei das adaptierte Hexenstereotyp der armen, alten, verwitweten Frau in den Vordergrund. Zu den Opfern zählten jedoch ebenfalls junge und verheiratete Frauen, Kinder, Jugendliche, Männer, Amtsträger und Geistliche. Es ist davon auszugehen, dass das Stereotyp der Hexe von der Realität der Verfolgten und Verbrannten abwich. Es traf nicht nur besonders alte Frauen mit Warze oder besonders erotische junge Frauen mit roten Haaren, sondern breite Teile der Bevölkerung. Nichtsdestotrotz gerieten Frauen, die diesem Stereotyp entsprachen, oftmals wesentlich schneller in Verdacht, eine Hexe zu sein.[50] Kinder gehörten insgesamt betrachtet selten zu den Opfern, bis auf die baskischen Hexenprozesse, bei denen 1384 Minderjährige angeklagt waren. Zu berücksichtigen ist, dass Kinder zu dieser Zeit schon mit 14 Jahren als volljährig galten.

Je heftiger eine Hexenpanik ausbrach, desto heftiger wurde auch die Welle der Anschuldigungen. Sie schwappte bis in die höchsten sozialen Schichten, und so wurde seinerzeit sogar der Bürgermeister von Bamberg beschuldigt. So heißt es: »Die Klischeehexe diente offenbar als Türöffner, um die Verfolgung in Gang zu bringen und sie der Bevölkerung glaubwürdig erscheinen zu lassen.«[51]

Warum richtete sich die Hexenverfolgung hauptsächlich gegen Frauen?

An dieser Stelle kommt die Frage auf, warum Frauen das Hauptzielobjekt der Hexenverfolgung waren. Lasst uns also einmal genauer hinschauen. Generell waren das 16. wie auch das 17. Jahrhundert von einer spürbaren Misogynie geprägt. Über allem stand das Bild der frommen Ehefrau; die Frau hatte sich dem Mann unterzuordnen. Ab dem 16. Jahrhundert hatte sich die gesellschaftliche Stellung der Frau zu verschlechtern begonnen, es gab immer mehr Angriffe auf Frauen, sie wurden als »zänkische Weiber« diffamiert und es folgten Anklagen nicht nur gegenüber jenen Frauen, die der Hexerei bezichtigt wurden, sondern auch gegenüber »dominanten« Ehefrauen. Die Grenzen waren hier fließend. Gehorsamkeit war die wichtigste Pflicht einer Ehefrau, sonst drohten ihr grausame Strafen wie die »Schandmaske«. Die Schandmaske war ein Metallgestell, das den gesamten Kopf der Frau umschloss, einen Knebel beinhaltete und zur öffentlichen Demütigung innerhalb der Gemeinschaft diente. Starke, unabhängige Frauen wurden heftig kritisiert. Der Ehemann war den Freundinnen vorzuziehen und nach der Heirat sollten Frauen ihre Familie nicht zu oft besuchen und erst recht keine Zeit mit Freundinnen verbringen. Frauen, die sich außerhalb der gesellschaftlichen Norm bewegten, zum Beispiel alleinstehende oder ältere Frauen, wurden oft als verdächtig angesehen und beschuldigt, mit dem Teufel im Bunde zu sein. So oder so hatten es Frauen, die nicht »unter dem Schutz« eines Mannes standen, wirtschaftlich oft schwer. Sie verloren, starb der Mann, den Anspruch auf ihr Land und lebten häufig fortan von Almosen. Statistisch gesehen war die überwiegende Zahl der als Hexen verfolgten Frauen über 50 Jahre alt, was in der Frühen Neuzeit bereits ein hohes Alter darstellte.[52] Du erkennst es selbst: Sowohl die Selbstbestimmung und erst recht die Macht der Frau wurden durch diese Maßnahmen gemindert, wenn nicht gar unmöglich gemacht.

Der Grund, weswegen besonders Frauen von der Hexenjagd betroffen waren, liegt also einerseits in den damaligen patriarchalischen Strukturen und der Angst vor der weiblichen Sexualität sowie weiblicher Macht. Mitverantwortlich waren andererseits auch das geschlechtsbezogene Magieverständnis und der besondere Zuschnitt der Hexenlehre. Lasst uns einen detaillierteren Blick darauf werfen, welche unterschiedlichen Motive dazu geführt haben, dass die Hexenverfolgung zum größeren Teil Frauen getroffen hat.

Motiv I: Verelendung

Im Zeitraum der Hexenverfolgung herrschte eine Verelendung breiter Teile der Bevölkerung durch monetäre Misswirtschaft und Landenteignung. Der Import von Gold und Silber aus der »Neuen Welt« Amerika, ganz besonders aus Lateinamerika, zog eine extrem hohe Inflation in unkontrollierbaren Dimensionen mit sich. Preise stiegen, Löhne sanken und Armut griff um sich. Am härtesten traf die Verarmung ältere, alleinstehende Frauen, denn häufig verloren sie den Zugang zu ihrem Land. Diesen älteren Frauen blieb nichts anderes übrig, als von Haus zu Haus zu gehen und um Almosen zu bitten. Nicht selten wurden sie unfreundlich abgewiesen, was die einst autarken Selbstversorgerinnen verbitterte und wütend machte. Personen, die ihnen nichts gaben, warfen sie einen »bösen Blick« zu oder »verfluchten« sie im Vorbeigehen, was womöglich zur Entstehung des Bildes beitrug, wie wir es heute noch kennen: das Bild der bösen, alten Hexe. Aber sag selbst, kann man es diesen erfahrenen Frauen verdenken, dass sie den Anspruch hatten, ein selbstbestimmtes Leben zu leben, sich nicht (mehr) der Macht eines Mannes zu unterwerfen und ihre Bedürfnisse (und auch ihre Sexualität) frei auszuleben?

Motiv II: Sexualität

Die Sexualität spielte eine große Rolle bei der Hexenverfolgung, weswegen wir uns diesen Punkt noch einmal genauer ansehen. Die Hexe galt in vielen Fällen als eine Frau von schlechtem Ruf, da man ihr nachsagte, sie habe in ihrer Jugend »lüsternes Verhalten« an den Tag gelegt. So fokussierte man sich oftmals auf Frauen mit unehelichen Kindern, denn ihre Familienkonstellation störte das zu dieser Zeit gängige Modell der fügsamen Weiblichkeit. Überhaupt galt zu dieser Zeit die weibliche Sexualität als etwas Diabolisches, wurde als unkontrollierbare Kraft angesehen und löste daher Angst aus. Die Sexualität und die Lust der Frau wurden abgewertet. Es herrschte die Angst, Frauen könnten Männer mit ihren Reizen verhexen, sie unter ihre Kontrolle bringen und in ihnen ein solches Verlangen auslösen, dass sie alle gesellschaftlichen Regeln vergaßen. Zudem gab es die Vorstellung, Hexen hätten Sex mit dem Teufel, weshalb die Schlussfolgerung lautete, sexuelles Verlangen könne daher nur teuflischen Ursprungs sein. So sagt Silvia Federici, Professorin für politische Philosophie und Frauenstudien, dass die Beschränkung der weiblichen Sexualität auf die Ehe und die Fortpflanzung sowie die bedingungslose Unterordnung der Frau in der Ehe in jedem Land – unabhängig von der religiösen Ausrichtung – als Grundpfeiler der gesellschaftlichen Moral und der politischen Stabilität etabliert wurde und den Zusammenhalt der Kirche als patriarchalischen, maskulinen Clan stärkte.[53]

Hexen wurden keines Verbrechens so oft beschuldigt wie dem des »unzüchtigen Verhaltens«, das darüber hinaus mit Kindestötung und der Ablehnung der Fortpflanzung assoziiert wurde. Zu dieser Zeit sollte die Frau unerotisch, hörig und unterwürfig sein. Zudem kam ein neues Phänomen auf: die Prostitution von oftmals alleinstehenden Frauen. Frauen wurden erniedrigt, sodass sie die Lust am Verführen verloren oder als junge Frauen gar nicht erst entwickelten.

Motiv III: weibliche Macht

Der Familienstand der der Hexerei angeklagten Frauen war zwar zeitlich und örtlich gesehen unterschiedlich, in den meisten Regionen war jedoch der Anteil der angeklagten ledigen oder verwitweten Frauen höher als deren Anteil in der Gesamtbevölkerung. In der patriarchalisch geprägten Gesellschaft war die Existenz von Frauen ohne männlichen Vormund (in Form von Ehemann oder Vater) eine Bedrohung. Der Glaube, dass unverheiratete Frauen stärker dazu neigten, sich von einem Dämon verführen zu lassen, war weit verbreitet.

Die Angst der Behörden vor unverheirateten Frauen steigerte sich in der Frühen Neuzeit, denn ihre Anzahl wuchs und ihre Stellung veränderte sich. Durch Epidemien und Kriege stieg der Anteil der Witwen von 10 auf 30 Prozent an, der der unverheirateten Frauen von 5 auf 10 Prozent, mancherorts sogar auf 20. Das Alter der Eheschließung stieg ebenfalls an. Das bedeutete ein potenzielles Wachstum der Anzahl der Frauen ohne Vormund, was ein klares No-Go für die damalige Gesellschaft war. Also wurde die Hexenjagd einmal mehr dazu genutzt, ebendiese unabhängigen Frauen in die Schranken zu weisen.

Ein Beispiel dafür stellt der Fall der legendären Kölnerin Katharina Henot dar.[54] Katharina Henot, Tochter zugewanderter niederländischer Eltern, wurde am 19. Mai 1627 wegen Hexerei verurteilt und in Köln hingerichtet. Katharina Henot war eine adlige Witwe und Geschäftsfrau und es ranken sich bis heute Legenden um sie. Sie war die Postmeisterin von Köln und leitete die Post während des Dreißigjährigen Krieges. Die genauen Gründe für ihre Verurteilung als Hexe sind nicht eindeutig dokumentiert, aber es wird vermutet, dass politische und religiöse Motive eine Rolle spielten.

Historiker*innen gehen von unterschiedlichen Faktoren aus, aber Neid auf die wirtschaftlich erfolgreiche und unabhängige Frau war vermutlich einer der ausschlaggebenden Gründe. Die Verurteilung von Katharina Henot könnte dazu gedient haben, politische Gegner zu schwächen und den Einfluss der römisch-katholischen Kirche in Köln zu stärken. Während des Dreißigjährigen Krieges gab es in vielen Teilen Europas Hexenverfolgungen, und die Anklage wegen Hexerei konnte als Vorwand genutzt werden, um unliebsame Personen aus dem Weg zu räumen. In diesem Kontext profitierten diejenigen von ihrer Verurteilung, die Vorteile aus ihrem Sturz oder der Einschüchterung anderer Bürger ziehen wollten.

Motiv IV: Weitergabe von magischem Generationenwissen

Spätestens ab dem 20. Jahrhundert verbreitete sich der Mythos um die Hexe als naturverbundene Hüterin eines uralten magischen Wissens, das von der Kirche ausgerottet werden sollte. Eine tragende Rolle für den Ursprung dieses Mythos spielt dabei Jakob Grimm, der nach Zeugnissen einer vorchristlichen Vergangenheit der Hexe suchte und ihr die Rolle der Priesterin in einer germanischen Volksreligion zuschrieb. Als hätte es nicht gereicht, dass Grimm diesen Mythos erst geschaffen hatte, so wurde dieser später von den Nationalsozialisten wiederbelebt. Die Hexen sollten demnach »Trägerinnen einer volkswesenhaften Religion, und besonders als blonde Mütter und Trägerinnen germanischen Rassenguts« gewesen sein. Heinrich Himmler, der sich selbst als Nachfahre der hingerichteten Hexe Himbler sah, gründete den Hexen-Sonderauftrag, welcher Daten zur historischen Hexenverfolgung im deutschen Sprachraum sammeln sollte. Ziel sollte es dabei sein, Beweise dafür zu finden, dass die sogenannte jüdisch-christliche Kirche schuld am »millionenfachen Massenmord an den Trägerinnen des germanischen Kultur- und Rassengutes« sei.[55] Auch deshalb ist es heute ein so sensibler Punkt, pauschal zu behaupten, Hexen waren oder seien Trägerinnen eines alten germanischen Kultgutes. Es ist unsere Aufgabe, die geschichtlichen Fakten zu beachten und zwischen Mythos und Wirklichkeit differenzieren zu können.

Mythos: Hexen waren Priester und Priesterinnen eines uralten Kults

Einige Menschen, die der Hexerei beschuldigt wurden, hatten möglicherweise alternative religiöse Überzeugungen oder praktizierten eine Form der Spiritualität, die von der vorherrschenden christlichen Kirche als Häresie angesehen wurde, was wiederum zu Konflikten führte.

Die Vorstellung von Hexen als Priesterinnen eines uralten Kultes ist ein Mythos und nicht durch historische Belege gestützt. Die Figur der Hexe wurde in verschiedenen Zeiten und Kulturen auf unterschiedliche Weisen interpretiert. Auch daraus lässt sich schlussfolgern, dass die Hexenverfolgungen wenig mit dem Vorgehen gegen eine organisierte religiöse Praxis zu tun hatten, sondern in erster Linie das Ergebnis von sozialen, religiösen *und* politischen Faktoren waren.

Manche (aber weitaus nicht alle!) der verfolgten Hexen waren Heilkundige und praktizierten verschiedene Formen von Magie oder behandelten mit Kräutern und Salben. In vielen vorkapitalistischen Gesellschaften wurde Frauen ein besonderes Verständnis der Geheimnisse der Natur zugeschrieben, wie wir bereits in der griechischen Mythologie gesehen haben. Das Praktizieren von Magie als Heilerin, Kräuterfrau, Hebamme oder als Herstellerin von Liebestränken war für viele Frauen eine Form der Berufstätigkeit und gab ihnen Macht.

Vielleicht stellten die letzten Überreste der paganen Welt, die schamanischen Kräfte wie auch die Macht der Hexe eine Bedrohung für das Gesellschaftsbild dar. Diese These ist allerdings historisch nicht hundertprozentig tragbar. Federici geht davon aus, dass ältere Frauen sich an die Weisheiten und Geheimnisse erinnerten, diese an andere weitergaben, weshalb auch die alte Frau per se als Bedrohung galt. Schließlich war die weitergegebene Weisheit von Mutter zur Tochter über Generationen von Frauen hinweg – das Wissen über Kräuterkunde, Geburtshilfe, Verhütungs- und Abtreibungsmittel oder magische Mittel, um die Liebe von Männern zu gewinnen – eine wichtige Ressource der weiblichen Macht. In vielen Teilen der Welt galten Frauen traditionell als die Weberinnen der Erinnerung. Sie waren es, die die Stimme der Vergangenheit und die Geschichten der Gemeinde am Leben erhielten, sie an zukünftige Generationen weitergaben und dadurch eine kollektive Identität und ein tiefes Gefühl der Zusammengehörigkeit erschufen. Sie waren es, die das gesammelte Wissen und die Weisheiten überlieferten.[56] An dieser Stelle knüpft auch der nächste Mythos an.

Mythos: Staat und Kirche haben insbesondere Hebammen als Hexen hinrichten lassen, um das Wissen über die Geburtenkontrolle zu vernichten

Diese These wird gerne auch mit dem Mythos der weisen Frauen in einen Topf geworfen und stammt aus dem Buch *Die Vernichtung der weisen Frauen* der Soziologen Gunnar Heinsohn und Otto Steiger aus dem Jahr 1985.[57] Sie wurde bereits bei Erscheinen des Buches von Historiker*innen als unhaltbar bezeichnet, verbreitete sich aber dennoch sehr schnell, besonders in feministischen Kreisen.

Natürlich trug auch der *Hexenhammer* zu diesem Bild bei, immerhin schrieb Kramer, dass niemand dem Glauben dem christlichen Glauben mehr schade als die Hebamme.[58]

Lange Zeit waren Schwangerschaft und Geburt Frauensache. Die Hebamme als professionellen Beruf mit amtlicher Vereidigung gab es erst ab dem späten 16. Jahrhundert, zuvor hatten ältere Frauen aus Familie und Nachbarschaft bei der Geburt geholfen und ihr Wissen mündlich überliefert. Zur Zeit der Hexenverfolgung gab es ein großes Säuglings- und auch Müttersterben, was je nach Region und sozialer Schicht auf Mangelernährung, fehlendes Wissen über Hygiene und Infektionskrankheiten zurückzuführen war. Dennoch waren es die Hebammen, deren Beruf es war, dem Leben auf die Welt zu helfen, die für den Tod von Neugeborenen verantwortlich gemacht wurden. Manche Hebammen wären böse Hexen, die, so die Ansicht, darauf bedacht seien, verstorbene, ungetaufte Kinder dem Teufel zu opfern, um aus ihren toten Körpern magische Salben herzustellen.[59] Schließlich sei die Hebamme direkt an der Quelle. Wochenbettpflegerinnen, also Frauen, die zur Versorgung von Kleinkindern engagiert wurden, waren noch häufiger angeklagt, da im Falle des Todes eines Kleinkindes auch hier die Schuldige direkt vor Ort zu finden war. Nichtdestotrotz ist es falsch zu behaupten, nur Heilberufe und Hebammen seien von der Hexenverfolgung betroffen gewesen. Forschungsergebnisse zeigen, dass von mehreren zehntausend Hexen etwa 200 als Hebammen identifiziert wurden. In einzelnen Gebieten kam es zu höheren Verfolgungswellen von Hebammen, was aber keine Verallgemeinerung zulässt oder gar die Ansicht von einer »gezielten Verfolgungspolitik«. Der einzige Beleg für die These ist bei den Kölner Prozessen aus dem Jahr 1630 zu finden, bei denen ein Drittel der Angeklagten Hebammen waren. Es bleibt festzuhalten, dass Menschen in Heilberufen und somit auch Hebammen schneller verdächtigt werden konnten als andere, es ist aber falsch, von einer gezielten Politik und Verfolgungsstrategie gegen sie zu sprechen.[60]

Dass sich dieser Mythos als funktionierendes Narrativ bis heute gehalten hat, lässt vermuten, dass die Hexenwunde auch an dieser Stelle wirkt. Vielleicht kennst du eine Hebamme, die ihre spirituellen Gaben nicht einsetzt oder sich zu ihnen bekennt, um nicht in Verruf zu geraten? Und du erkennst sicherlich auch, dass der Zusammenhalt unter Frauen massiv beeinträchtigt wurde, oder?

Die Ursachen der Schwesternschaftswunde

Über die Jahrtausende hinweg besaßen Frauen ein Band, das sie miteinander verknüpfte. Frauen kooperierten in jedem Aspekt des Lebens miteinander: Sie nähten, wuschen Wäsche und gebaren Kinder umgeben von anderen Frauen. Sie berieten über die Geschicke der Familie und der Gemeinschaft, knüpften soziale Bünde und unterstützten einander. Umso schlimmer, dass eines der Ziele der Hexenverfolgung die Schwächung oder gar Vernichtung der Freundschaften zwischen Frauen war. In den Prozessen wurden beschuldigte Frauen unter Folter gezwungen, sich gegenseitig zu verraten, Freundinnen beschuldigten einander, Töchter denunzierten Mütter. Es folgte ein Konfrontieren und Aufhetzen von Frauen gegen Frauen, was eine schmerzhafte Spaltung der weiblichen Gemeinschaft zur Folge hatte. Frauen wurde klargemacht, dass sie sich vor dem Scheiterhaufen retten könnten, indem sie Komplizinnen im Krieg gegen die Hexen würden – *und* die Führungsrolle der Männer akzeptierten. Viele wandten sich von den weiblichen Bündnissen ab und akzeptierten ihre niedere Stellung innerhalb der Gesellschaft.[61] Das taten sie sicherlich nicht leichten Herzens und die Folgen dieser Trennung spüren wir noch heute in der Schwesternschaftswunde, die ich im nächsten Kapitel beleuchten werde.

Die frühneuzeitlichen Hexenjagden wurden meist von Männern legitimiert, organisiert, durchgeführt und begleitet. Beteiligt waren Dämonologen, Theologen, Juristen, Richter, Inquisitoren, Schöffen und Beichtväter – allesamt von Männern bekleidete Ämter. Dennoch lässt sich feststellen, dass Frauen eine hohe Beteiligung daran hatten, sogenannte Hexen zu diffamieren, zu beleidigen, auszugrenzen und zu denunzieren. Frauen traten auch als Zeuginnen bei Anklagen auf und brachten gelegentlich eigene Anklagen vor. Mehr noch, sie dienten den Gerichtsinstanzen auch als Helferinnen.

In Schottland gab es sogar eigens ernannte Spezialistinnen für das Auffinden des angeblichen Hexenmals. In England halfen Frauen den Hexenjägern Seite an Seite bei der Durchführung von Folterungsprozessen, und als Inhaberinnen von Hochgerichtsrechten konnten Frauen als Äbtissinnen, Gutsherrinnen oder Landesherrinnen sogar Hexereiverfahren durchführen lassen.[62]

Silvia Federici fasst es prägnant zusammen. Sie schreibt, nie zuvor hätten Frauen einen solch massiven, international organisierten, legal und religiös abgesegneten Angriff auf ihren Körper erlebt. Sie wurden gedemütigt, mussten sich vor Zuschauern (meist Männern) nackt zeigen, wurden am ganzen Körper kahl rasiert und nach dem »Teufelsmal« abgesucht. Sie wurden zudem in jeden Teil des Körpers mit langen Nadeln gestochen. Federici nennt die Prozeduren zu Recht »sadistischste Foltermethoden«.[63]

Du hast jetzt einen guten Überblick bekommen, wann der Magie, die schon immer Teil des Lebens der Menschen war, etwas Böses zugeschrieben wurde. Du hast erfahren, dass der Begriff Hexe nicht von Anfang an existierte, es nach seinem Entstehen aber leichter machte, eine bestimmte Gruppe Menschen, Magieausübende, zu fokussieren und zu diffamieren. Und du bist noch einmal mit mir in die Grauen erregenden Zeiten der Hexenverfolgung gereist, um zu verstehen, woher die Hexenwunde stammt, die heute Hexen, Magieausübende, spirituelle Menschen und Menschen in allen Arten von Heilberufen beeinträchtigt. Im Kasten findest du eine Zusammenfassung der Umstände, die zur Eskalation der Hexenverfolgung in der frühen Neuzeit führten. Du wirst erkennen, dass es nicht die eine oder andere Gruppierung allein war, die für die Verfolgung von Hexen verantwortlich gemacht werden kann.

Das langsame Ende der Hexenjagden

Gegen Ende des 17. und im Verlauf des 18. Jahrhunderts erloschen endlich die Scheiterhaufen in Europa. Die Wissenschaft machte Fortschritte und konnte mittlerweile einige Phänomene erklären, die Pest war so gut wie besiegt und auch die politische Lage hatte sich stabilisiert. Bessere Schulbildung, steigende Lebensstandards sowie naturwissenschaftliche Erklärungen der Welt und ihrer Zusammenhänge schufen gesellschaftliche Sicherheit. Es begann die Ära der Wissenschaft und Philosophie, das Zeitalter der Aufklärung. Alles wurde jetzt mit Vernunft erklärt, Hexerei erschien nun wie ein Aberglaube.

Die Aufklärung und das Aufkommen von immer mehr religiöser Toleranz trugen dazu bei, die Hexenjagden kritisch zu hinterfragen. Diese Argumente des Widerstands hatte es auch schon vielfach zu Zeiten der Hexenverfolgung gegeben, wobei weniger der Hexenglaube an sich, sondern mehr die gerichtlichen Verfahrensweisen mit Folter und Hinrichtung kritisiert wurden. Allerdings waren der Hexenglaube sowie die damit einhergehende Lynchjustiz noch weit verbreitet und Vertreter und Vertreterinnen der Aufklärung blieben weitestgehend machtlos.

Die Frage der Schuld – Aufarbeitung der Hexenverfolgung

Du hast erfahren, dass der Wandel in der Kirchenlandschaft, religiöse Verunsicherung, das Verschwinden des Paganismus und die Macht der Kirche dazu beigetragen haben, dass die Hexenverfolgung zunahm. Aber ist die Kirche, wie so häufig behauptet wird, schuld an der Hexenverfolgung? Das ist leicht gesagt, aber so einfach ist es nicht. Lass uns die Rolle der Kirche bei der Hexenverfolgung einmal näher betrachten.

Das Hexereiverbrechen wurde von Theologen definiert und die gerichtliche Verfolgung der Hexen wurde durch die Kirche legitimiert. Demnach trägt die Kirche eine hohe Mitschuld und Verantwortung. Zum einen gab es jedoch etliche Geistliche, die selbst der Hexenjagd zum Opfer gefallen sind. Zum anderen sprachen sich einige Theologen und Geistliche offen gegen die Hexenverfolgung aus, wie beispielsweise Cornelius Loos, Anton Prätorius und Johann Matthäus Meyfart.[64] Auf dem Höhepunkt der Hexenjagd 1631 im katholischen Deutschland erschien das Werk *Cautio Criminalis* des Jesuiten Friedrich Spee, das eine klare Ansage *gegen* die Hexenprozesse darstellte.

Mythos: Die katholische Kirche ist schuld an der Hexenverfolgung

Das Vorurteil, dass Hexenprozesse vor allem vor geistlichen Inquisitionsgerichten stattfanden, hält sich sehr hartnäckig. Wichtig dabei zu wissen ist, dass schon in der frühen Phase der Hexenprozesse (ca. 1430–1520 n. Chr.) neben der Inquisition auch weltliche Gerichte stark beteiligt waren. Viele Inquisitoren kritisierten die weltlichen Gerichte und deren exzessive Ausübung von Gewalt.

Des Weiteren wird davon ausgegangen, dass neben der Kirche »der Staat« die Verfolgungen vorangetrieben hat. Dabei ist es wichtig zu wissen, dass es weder im Mittelalter noch in der Frühen Neuzeit eine richtige Staatlichkeit mit einem durchsetzungsfähigen Machtapparat gegeben hat. In Spanien, Frankreich, England oder in einigen wenigen Territorien in Deutschland wie Bayern, Kursachsen und Württemberg, wo wir von einer frühmodernen Staatlichkeit sprechen können, gab es die wenigsten Hexenverfolgungen.

Orte hingegen, in denen Staatlichkeit fehlte und in denen es kleine bis mittlere Gerichte sowie rückständige Verwaltungen gab, wurden eher von privaten Interessen dominiert, weshalb sie häufig zu Zentren der Hexenjagd wurden. In Einzelfällen wie den fränkischen Hochstiften wurde die Hexenjagd gezielt von der Obrigkeit durchgeführt. Zudem gab es in kleinen und mittleren Territorien und Städten auch immer wieder Hexenjagden zur Herrschaftsdemonstration und Machtausweitung von Hochgerichtsherren der Obrigkeit.[65] Der Historiker Wolfgang Behringer geht davon aus, dass Hexenverfolgungen nur dort zustande kamen, wo sich das Interesse der politischen Verantwortlichen mit dem der Untertanen traf. Im Fall Greta Bünichmann, der letzten in Münster verbrannten Hexe, waren ganz klare private Interessen im Spiel. Sie hatte ihrem Dienstherrn Geld geliehen, damit dieser sich Pferde kaufen konnte. Um seine Schulden loszuwerden, ließ er sie hinrichten.[66]

Die Historikerin Rita Voltmer geht davon aus, dass die Hexereiverfahren hauptsächlich »von einer durch Krisen und Anti-Hexen-Propaganda sensibilisierten Bevölkerung« initiiert wurden.[67] Die Initiativen gingen also oft weniger von den Eliten aus, sondern von den Dorf- und Stadtgemeinschaften selbst. Sprich, eine gezielte Verfolgung »von unten«, Aufruhr, Tumulte und Lynchmorde. Dabei formten sich in Dörfern und Kleinstädten auch sogenannte Hexenausschüsse, mit dem Auftrag, belastendes Material, Indizien und Zeugenaussagen gegen verdächtige Personen zu sammeln, um diese dann vor den zuständigen Gerichten anzuklagen. Diese Ausschüsse wurden häufig vor Ort von den führenden Machtgruppen (meist regionaler Adel) unter dem Vorwand des Gemeinwohls gegründet. Dabei konnten sie in ihrem eigenen Interesse handeln, brauchten jedoch die Unterstützung der lokalen Obrigkeiten. Diese konnten, wenn sie die Zusammenarbeit verweigerten, von den Interessengruppen mit Steuerverweigerung oder Wegzug erpresst werden. Wie Marco Frenschkowski es in seinem Buch *Hexen. Eine kulturgeschichtliche Analyse* beschreibt, war es zudem nicht so, dass die Mehrheit der Bevölkerung die Verfolgungen häufig auch nicht einfach nur tolerierte, sondern geradezu vorantrieb, einforderte und sogar mitorganisierte.[68]

Es mussten viele Faktoren zusammenkommen, damit eine Hexenjagd mit Hunderten von Opfern stattfinden konnte. Dabei spielten die Interessen lokaler Akteure eine Schlüsselrolle. Soziale und politische Konflikte, Neid, Konkurrenz, Ausgrenzung und Machtansprüche. Je kleinteiliger die Region organisiert war, desto anfälliger galt sie für Hexenverfolgungen. Die lokale Nähe und die damit gefühlte Bedrohung und Angst heizte die Hysterie noch mehr an. Oft waren die Richter in kleinen Gemeinden schlecht bis gar nicht ausgebildet. »Wo die Kontrolle durch einen gut organisierten Justizapparat fehlte, konnte jeder ungeniert sein eigenes Süppchen kochen, sich mit Schauprozessen öffentlichkeitswirksam profilieren und so die eigene Existenz legitimieren.«[69] Es konnte sogar vorkommen, dass die Bevölkerung das Urteil als zu milde empfand und die Dinge selbst in die Hand nahm – es entstand eine sogenannte Lynchjustiz.[70]

Wie gehen wir heute mit dem Thema Hexenverfolgung um? Die feministische Autorin Erika Wisselinck stellte 1987 in ihrem extrem empfehlenswerten Buch *Hexen. Warum wir so wenig von ihrer Geschichte erfahren und was davon auch noch falsch ist. Analyse einer Verdrängung* fest, dass die Hexenverfolgung bis zu diesem Zeitpunkt in Forschung, Lehre und Schule kaum thematisiert wurde. In *Der große Plötz,* dem deutschen Standard-Nachschlagewerk zur Weltgeschichte, wurde die Hexenverfolgung selbst im Jahr 2010 immer noch nicht erwähnt, was Wisselinck schon 1987 kritisiert hatte.[71] Als hätte es die Hexenverfolgung nie gegeben … wie krass ist das denn? Es ist zum Teil Wisselincks Verdienst, dass in den Jahren nach dem Erscheinen ihres Buches Wissenschaftler*innen und Interessierte begannen, zu diesem Thema zu forschen. Und Aktivistinnen der Frauenbewegung in den 70er- und 80er-Jahren ist es zu verdanken, dass die Hexenverfolgung öffentlich thematisiert wurde. Klar, dort wurde auch viel mit Falschinformationen gearbeitet, aber Fakt ist: Diese Aktivistinnen besetzten den Begriff der Hexe für sich neu: als einen symbolischen Ausdruck für Selbstbewusstsein, Unabhängigkeit und Souveränität.

Die moderne Hexe steht für Selbstbewusstsein, Unabhängigkeit und Souveränität.

Jahrhunderte nach der Hexenverfolgung in Deutschland arbeiten immer mehr deutsche Städte dieses dunkle Kapitel der Geschichte auf, wie etwa Köln, Osnabrück und Trier mit einem Gedenkakt für die Opfer der Hexenverfolgungen. Im brandenburgischen Bernau hat die Künstlerin Annelie Grund in Zusammenarbeit mit der Historikerin Birgit Schädlich Nachforschungen im Geheimen Staatsarchiv in Berlin durchgeführt. Insgesamt konnten sie die Namen von 25 Frauen und drei Männern ausfindig machen, die in Bernau zwischen 1536 und 1658 n. Chr. hingerichtet worden waren. 2003 erhielten sie dann den Auftrag, ein Denkmal zu schaffen, um der Ermordeten zu gedenken. 2017 gab es ähnliche Initiativen in insgesamt 54 Städten. In Leipzig wurde 2020 und in Marburg 2021 eine Gedenktafel angebracht, um die Opfer der Hexenverfolgung ins heutige Bewusstsein zu bringen. Die beiden Städte kümmern sich nach eigenen Angaben seit einiger Zeit mit diversen Veranstaltungen zu dem Thema um die Aufarbeitung der Hexenverfolgung. In rund 25 deutschen Städten sind als Hexen hingerichtete Frauen und Männer bereits rehabilitiert worden. Aufarbeitungen und Rehabilitation finden jedoch oft nur lokal statt.

Aufarbeitung der Hexenverfolgung

Weißt du, was in der Zeit der Hexenverfolgung in deiner Stadt/deinem Landkreis geschehen ist?

Gibt es vielleicht auch dort eine Aktion zur Aufarbeitung?

Gib mal »Hexenverfolgung« bei Spotify ein. Auch dort findest du spannende Podcasts zur Aufarbeitung.

Mach dich schlau. Mit jedem Menschen, der Licht ins Dunkel bringt, weichen die Schatten!

Und auch Musik trägt dazu bei.

♥ Eine ganz wundervolle Aktion hat die Kölsche Band Bläck Fööss gebracht: Sie haben Katharina Henot, die 1627 wegen Hexerei in Köln hingerichtet wurde (du hast weiter vorne im Buch von ihr gelesen), ein eigenes Lied gewidmet. Hör gerne mal rein! Du findest den Song z. B. bei YouTube, wenn du *Bläck Fööss »Katharina Henot«* eingibst.

Hexenverfolgung heute

Auch heute noch ist das Thema der Hexenjagden leider mehr als aktuell. Nicht auf dem europäischen Kontinent, aber beispielsweise in Tansania, Indien, Nepal, Papua-Neuguinea, Nigeria, Kenia, Ghana und Saudi-Arabien greifen Hexenmorde um sich.[72] Ähnlich wie auch in der frühen Neuzeit werden hier »Hexen« für Unglücke verantwortlich gemacht: Erkrankungen oder Todesfälle, Unglücke, Naturkatastrophen oder die Pandemie. Und auch hier stehen oft private Interessen im Hintergrund: Geld und Neid, aber auch Gewalt und Missbrauch.[73]

Seit 2020 ruft das Internationale Katholische Hilfswerk *missio* immer am 10. August den »Internationalen Tag gegen Hexenwahn« aus und macht damit auf weltweite Menschenrechtsverletzungen im Zusammenhang mit Hexerei und der Verfolgung von Hexen aufmerksam. Die Wahl des Datums geht auf den Fall einer Frau namens Christina in Papua-Neuguinea zurück. Sie wurde im August 2012 beschuldigt, eine Hexe zu sein, und über mehrere Tage gefoltert. Sie konnte sich befreien und wurde von Ordensfrauen in Sicherheit gebracht. Der Fall von Christina steht stellvertretend für Zehntausende Fälle weltweit. Dr. Werner Tschacher meint sogar: »In den letzten 60 Jahren wurden weltweit mehr Menschen als vermeintliche Hexen und Hexer getötet als in circa 350 Jahren europäischer Hexenjagden zusammen.«[74] Mit diesem Tag will missio auf ihr Schicksal aufmerksam machen und den Betroffenen eine Stimme geben.[75]

Der »Arbeitskreis Hexenprozesse« fordert eine moralische oder sozial-ethische Rehabilitierung. Den hier engagierten Menschen geht es darum, dass die Hexen ihre Ehre zurückerhalten. Und der Arbeitskreis verknüpft es mit einem aktuellen Anliegen: Die Hexenverfolgung soll als eine der Ursachen für Ausgrenzung und Gewaltanwendung, die bis heute wirkt, deutlich werden. Unter diesem Link findest du eine Liste der Städte, die bereits eine Rehabilitierung der Opfer der Hexenprozesse durchgeführt haben, sowie auch einen Überblick der Aktionen vonseiten der katholischen Kirche zur Aufarbeitung:

http://www.anton-praetorius.de/arbeitskreis/arbeitskreis.htm#Staedte

Ich bin der Meinung, dass eine Aufarbeitung dieses Kapitels unserer Geschichte essenziell ist, um mehr Bewusstsein für das Thema zu schaffen und durch Bildung und Aufklärung Halbwahrheiten zu beseitigen.

Es ist wichtig, dass wir uns einmal mehr bewusst machen, dass die Hexenverfolgung leider immer noch für viele Menschen Realität ist. Das macht auch etwas mit uns. Wir alle leben in einem kollektiven Energiefeld. Wir haben in diesem Leben das Privileg, aktiv an der Hexenwunde im Energiefeld zu arbeiten und so für eine bessere Zukunft zu sorgen. Das schaffen wir zum einen, indem wir uns per Ratio mit den Fakten beschäftigen, wie wir es gerade getan haben, und zum anderen, indem wir uns auf die verletzten Emotionen einlassen, die in uns wirken und die uns womöglich durch die transgenerationale Weitergabe von Traumata von unseren Ahnen »hinterlassen« wurden, um sie heute aufzulösen.

In diesem Kapitel hast du erfahren, welchen Wandel die Magie, und damit die Figur der Hexe, durchlaufen hat und welches Ausmaß an Gewalt stattfand. Du hast auch verstanden, was mit deinen Ahnen passierte. Jetzt fragst du dich vielleicht, warum das für deine Ahnen gelten sollte – egal, ob sie nun Opfer, Beteiligte oder Beobachter der Hexenverfolgung waren –, welche Wunde dadurch entstanden ist und wie tief diese sitzen kann. Im nächsten Kapitel wirst du verstehen, warum die Hexenwunde heute noch in dir wirken kann, auch wenn die Zeit der Hexenverfolgung schon fast 300 Jahre zurückliegt. An dieser Stelle ein großes DANKE an dich. Du hast dich auf den Weg gemacht und bist mutig mit mir durch die Geschichte gereist. Du kannst dir auf die Schulter klopfen und dich bei dir für deine Energie, Zeit und Kraft bedanken. Schenke dir eine Umarmung und ein Lächeln. Du hast das Heftigste nun hinter dir, juhu! Nun geht es an die Heilung.

Bist du bereit, jetzt dich selbst und *deine* Geschichte anzuschauen, zu hinterfragen und zu beleuchten?

3
AUSDRUCKSFORMEN DER HEXENWUNDE UND WIE DU SIE ERKENNST

Wir kommen nicht von unseren Eltern, wir kommen durch sie. Ebenso sind sie durch ihre Eltern auf diese Welt gekommen und deren Eltern durch deren Eltern. Wir nennen es Herkunft, Familie oder Ahnenlinie. Je nachdem, was unsere Eltern in ihrem familiären Umfeld erlebt und mitgenommen haben, je nachdem, wie bewusst sie sich dessen sind und je nachdem, wie reflektiert sie mit ihren Erlebnissen und Erkenntnissen umgehen, geben sie uns bewusst oder unbewusst Informationen oder Emotionen weiter – oder auch eben nicht. Zu dem, was wir Erziehung, direkte Erfahrung oder sozial erlerntes Wissen nennen, gibt es die Vererbung. Wusstest du, dass neben biologischen Faktoren auch Verhaltensweisen und sogar Traumata über genetische Merkmale von den Eltern auf ihre Nachkommen weitergegeben werden? Um die Rolle vergangener Erfahrungen in der gegenwärtigen Spiritualität und Praxis besser zu verstehen und tiefer in die Verbindung zwischen individuellem und kollektivem Heilungsprozess einzutreten, lass uns in das Feld der Epigenetik eintauchen.

Das Erbe der Hexenverfolgung (Epigenetik)

In den Tiefen unserer Zellen liegt ein faszinierendes Geheimnis verborgen, das erst in den letzten Jahrzehnten langsam zu Tage tritt: das Gedächtnis der Zellen und die epigenetische Vererbung. Die neuesten Forschungen zur Epigenetik geben uns immer mehr Möglichkeiten, das, was wir spüren, auch wissenschaftlich zu belegen, denn sie beschäftigen sich mit Veränderungen der Genaktivität, die nicht auf Veränderungen der DNA-Sequenz zurückzuführen sind. Es sind diese kleinen »Schalter« auf den Genen, die bestimmen, welche Gene in einer Zelle aktiviert oder deaktiviert werden. Und es ist das epigenetische Gedächtnis, das eine Verbindung zwischen vergangenen Erfahrungen und zukünftigen Generationen herstellt. Stell dir einmal vor, die Zellen deines Körpers wären wie ein Buch, in dem jede Seite ein Kapitel der evolutionären Geschichte darstellt. Die Buchstaben auf den Seiten repräsentieren die Gene, aber die Art und Weise, wie die Buchstaben zu Wörtern geordnet und die Wörter zu Sätzen und Absätzen zusammengefügt werden, bestimmt die Geschichte, die in jedem Kapitel erzählt wird. Dies ist der epigenetische Code, der durch Umweltfaktoren, Ernährung, Stress und Traumata beeinflusst werden kann.

In den letzten Jahren haben Forschungen gezeigt, dass nicht nur unsere persönlichen Erfahrungen in unserem eigenen Leben Spuren in der epigenetischen Landschaft unserer Zellen hinterlassen, sondern dass wir diese Spuren weitergeben. Dasselbe gilt für die Erfahrungen unserer Vorfahren. Epigenetische Veränderungen können über mehrere Generationen hinweg weitergegeben werden und möglicherweise die Anfälligkeit für bestimmte Krankheiten, Verhaltensmuster und sogar psychologische Reaktionen beeinflussen.[76]

Die Epigenetik gehört zu den neuesten Feldern innerhalb der biologischen Forschung und hat in den letzten Jahren eine regelrechte Revolution erfahren. Bis vor Kurzem gingen Biologen und Biologinnen davon aus, dass unser genetisches Erbe bei der Geburt weitestgehend vorbestimmt ist. Aber neueste Forschungen haben bestätigt, dass wir selbst und unsere Umwelt einen großen Einfluss auf unsere Gene haben und sich die Genexpression permanent verändert. Die epigenetische Forschung hat herausgefunden, dass z. B. seelisch traumatisierte Schwangere den ihnen innewohnenden Stress an ihre Babys weitergeben (auch wenn sie in der Schwangerschaft selbst keinen nennenswerten Stress erleben) und dass diese neuen, kleinen Menschen mit hoher Wahrscheinlichkeit eine höhere Neigung zu Ängstlichkeit und Depressionen haben. Da diese Prägung so tief geht, dass die Erbinformation verändert wird, gehen Forschende davon aus, dass auch die ihnen nachfolgenden Generationen davon betroffen sein können.

Transgenerationale Mechanismen

Das Max-Planck-Institut für Psychiatrie in München untersucht seit Jahren, welche Erfahrungen der Eltern einen Einfluss auf die Gene der Nachkommen haben und welche Rolle sie bei der Entwicklung der Kinder spielen könnten. Dabei wurde festgestellt, dass Traumata der vergangenen Generationen innerhalb der Familie weitervererbt werden können. Das bedeutet, dass Informationen darüber, was gefährlich für unsere Vorfahren war, an uns weitergegeben werden. Für mich ergibt es Sinn, denn dieses Wissen sichert das Überleben. Rachel Yehuda geht davon aus, dass unsere epigenetischen Veränderungen uns *biologisch* darauf vorbereiten sollen, mit den Traumata fertig zu werden, die unseren Vorfahren widerfahren sind.[77] Eigentlich ein toller Mechanismus, bedeutet das für diejenigen von uns, die sich dieser Information nicht bewusst sind, aber oftmals Limitierung. Dazu kommt, dass die Gefahren, denen unsere Ahnen ausgesetzt waren, heute zu einem großen Teil gar nicht mehr existieren.

Die Interaktion zwischen Umwelt und Genen umfasst jedoch nicht nur das persönliche Feld. Auch kollektiv können Menschen durch gemeinsame traumatische Erlebnisse geprägt werden.[78] Die kollektive Traumatisierung bezieht sich auf das gemeinsame Leiden einer ganzen Gruppe von Menschen, sei es durch Kriege, Völkermorde, Sklaverei, Verfolgung, Ausgrenzung, Folter, Mord oder andere schreckliche Ereignisse.

Die Hexenwunde im kollektiven Feld

Traumata dürfen daher bei der Heilung der Hexenwunde nicht unterschätzt werden, denn oftmals steckt hinter bestimmten Mustern und Verhaltensweisen unseres Familiensystems ein Trauma unserer Vorfahren. Kollektive Traumatisierungen wirken daher besonders nachhaltig und über mehrere Generationen. Die Wissenschaft unterscheidet dabei zwischen Naturkatastrophen und Katastrophen, die von Menschen herbeigeführt wurden. Während eine Naturkatastrophe durchaus Solidarität auslösen kann, entstehen durch menschengemachte Katastrophen Feindseligkeit, Misstrauen und andere negative Effekte. Es geht um eine andere Dimension und daher sind die Spuren so tief.[79]

Da die Wissenschaft auf diesem Gebiet noch relativ jung ist, gehen die aktuellen Studien zur Vererbung von Traumata bisher nur bis zur dritten Generation zurück. Was aber ist mit der Hexenverfolgung, die schließlich ebenfalls ein kollektives Trauma darstellt? Die Grausamkeit und das Leiden, das viele unschuldige Menschen durchlebten, könnten eine unsichtbare Narbe in der epigenetischen Landschaft der Ahnenlinie hinterlassen haben. Diese Hypothese wurde noch nicht abschließend bewiesen, aber es ist ein aufregender Bereich der Forschung, der unser Verständnis der epigenetischen Vererbung erweitern könnte. Ich habe in diesem Buch nicht den wissenschaftlichen Anspruch, alles exakt »beweisen« zu können. Für mich ist es jedoch deutlich spürbar, dass diese Wunde in unserem kollektiven Feld weiterwirkt und wir die Chance haben, sie durch die Versöhnung mit unseren Ahnen aufzulösen. Es gibt kein bestimmtes Gen, das dir anzeigen kann, ob du die Hexenwunde in dir trägst. Das braucht es auch gar nicht. Vertraue in deine Gefühle und in deine Intuition. Im Folgenden wirst du langsam und liebevoll erkennen, was es dabei zu beachten gilt.

Die drei Ebenen der DNA

Die wundervolle Kaja Andrea Otto hat in ihrem Buch *Du bist die Antwort auf deine Fragen* drei unterschiedliche Ebenen der Verbindung aufgezeigt: die physische, die emotionale sowie die spirituelle DNA. Jede einzelne von ihnen nimmt dabei Einfluss auf uns. Die physische DNA bezieht sich auf die körperliche Vererbung – du hast beispielsweise die blauen Augen deiner Oma oder die Nasenform deines Vaters geerbt –, aber auch auf unsere Angewohnheiten, die wir von unseren Vorfahren übernommen haben. Ich mache häufig unbewusst einen »Zischlaut«, was ich von meiner Großmutter geerbt habe, die ich kaum kannte. Eine andere Form der physischen Vererbung können erbliche Krankheiten sein. Die zweite Ebene nennt sich emotionale DNA und ist das, was wir uns zuvor in der Epigenetik angesehen haben: das Gedächtnis unserer Gene durch Erlebnisse und Verhaltensweisen. Bedeutsam sind hier besonders die traumatisierenden Geschehnisse, die unseren Ahnen widerfahren sind. Die dritte Ebene ist nach Kaja Andrea Otto die spirituelle DNA, die sie auch »mystisches Bewusstsein« nennt. Dabei handelt es sich um unseren Glauben und die Anbindung ans Universum (oder wie du es nennen möchtest). Heftige Erschütterungen bis hin zur Trennung vom großen Ganzen waren dabei nach Andrea die brutale Christianisierung im 8. Jahrhundert, die Zehntausende Menschen das Leben kostete. Aber auch die Hexenverbrennungen haben tiefe traumatische Spuren in der spirituellen DNA hinterlassen, und auch hier kann die Folge sein, dass wir die Anbindung an das große Ganze verloren haben, den Glauben an die Spiritualität. Durch diese drei Ebenen der DNA sind wir mit unseren Vorfahren verbunden, mit ihren Erfahrungen und ihrem Leid. All das beeinflusst unser Leben und damit unsere Handlungen und Empfindungen. Ich möchte gerne an dieser Stelle noch einmal betonen, dass wir diese Auswirkungen meist gar nicht wahrnehmen, da sie unbewusst wirken. Wir spüren vielleicht ein Unwohlsein bei bestimmten Themen oder Situationen, sind innerlich unruhig oder fühlen uns mutlos und verloren – diese Gefühle wahrzunehmen, anzunehmen, zuzulassen und zu fühlen, versetzt uns in die Lage zu heilen, und die Ahnenarbeit ist hierbei ein ganz wunderbares Mittel, Frieden ins System zu bringen.

- *Was wäre, wenn es dir möglich wäre, dich selbst und deine Ahnenlinie zu heilen?*
- *Was wäre, wenn sich deine Seele genau dieses Leben ausgesucht hat, mit einer bestimmten Mission?*
- *Was wäre, wenn in deiner Ahnenlinie ganz viele tiefe Gaben und Kräfte stecken ... und nicht nur Traumata, die geheilt werden wollen?*
- *Du hast die Macht, Heilung in deine Ahnenlinie zu bringen.*
- *Du hast das Recht auf die Kraft und Energie deiner Ahnenlinie.*
- *Du hast weise und magische Vorfahren, die nur darauf warten, dass du auf sie zugehst und dich mit ihnen verbindest.*
- *Es ist an der Zeit, deine einzigartigen spirituellen Gaben zu verkörpern. Für deine eigene Heilung, die der Erde, der Vorfahren und die der kommenden Generationen.*

Ahé.

Mein Weg zur Heilung der Hexenwunde

Ich habe den Weg zum Hexentum über die Wiederentdeckung meiner Weiblichkeit gefunden. Lange Zeit war ich abgeschnitten von meiner Intuition, lebte streng nach Struktur und Plan, weit weg vom Fühlen meines Körpers oder der Natur. Ich funktionierte einfach. Meinen damaligen Job bei einem bekannten Medienunternehmen fand ich furchtbar, mit meinem damaligen Partner bekam ich ständig Krach, da wir beide unsere Jobs hassten und zudem an den Wochenenden zu viel tranken und rauchten, um unseren Frust anderweitig zumindest für eine kurze Weile zu vergessen. Irgendwie fühlte ich mich verloren zwischen all den Partys und der Arbeit. Das war die Zeit, als ich Anfang bis Mitte zwanzig war. Auch hier war ich schon auf der Suche nach etwas Höherem, hatte meinen Sinn aber noch nicht gefunden. Ich war eine Meisterin des People Pleasing, Menschen gingen ständig und gerne über meine nicht wirklich gesetzten Grenzen und ich ließ es zu, nur um mich im Nachhinein total über mich selbst aufzuregen. Ich war zu diesem Zeitpunkt oft wütend, extrem unausgeglichen und ein Pulverfass, das jederzeit explodieren konnte. Allerdings nur im engsten Kreis, im Job war ich das brave, angepasste und geduldige Mädchen. Wenn ich das heute so schreibe, wird mir bewusst, wie sehr ich mich in ein paar Jahren verändert habe. Dafür bin ich so unendlich dankbar.

Es passierte, als ich mich immer mehr mit dem Thema Weiblichkeit, viva la vulva und dem Absetzen der Pille beschäftigte. Meine damalige Mentorin Inga Laumann trat in mein Leben und ihre schamanische Arbeit im Bereich Gebärmutter und Urkraft erweckte die Hexe in mir. Zum ersten Mal hatte ich wieder Kontakt zu meinem Körper. Ich meine, *richtigen* Kontakt. Ich konnte mich wieder spüren. Und plötzlich konnte ich auch wieder die Natur um mich herum spüren. Ich begann zu verstehen, was es bedeutete, im Einklang mit der Natur zu leben. Das zeigte sich auf körperlicher wie auch geistiger und seelischer Ebene. Ich blutete zu Vollmond und hatte meinen Eisprung zu Neumond. Mir wurde immer bewusster, wie selbstermächtigt ich bin und dass ich mein Leben, so wie es gerade war, aufgrund meiner unbewussten Entscheidungen und Glaubenssätze selbst kreiert hatte. Ich stellte eine Verbindung zu meinen Ahnen her und war überwältigt von all der wundervollen Energie, die mich umgab.

Okay, was hat das jetzt aber mit der Hexenwunde zu tun?

Auf meinem Weg als Hexe begegnete mir die Hexenwunde immer wieder. Zunächst geschah das unterbewusst, da ich von ihrer Existenz zuerst gar nichts wusste. Dann wissenschaftlich, da ich meine Abschlussarbeit zum Thema Hexerei und Zauberei im 17. Jahrhundert in Yucatán (Mexiko) schrieb und mit den Akten der Inquisition arbeitete. Die Wurzel des Begriffs geht zurück auf die Zeit der Hexenverfolgung. Menschen, die als Hexen beschuldigt wurden, wurden über eine lange Zeit diffamiert, ausgegrenzt und, wie wir alle wissen, später auf brutale Weise verfolgt und umgebracht. Und dies oft nur, weil sie als unabhängig, rebellisch oder außerhalb der Norm betrachtet wurden. Diese Zeit der Verfolgung, der Gefahr und des Schmerzes hinterließ Spuren. Natürlich bei den Betroffenen selbst, aber auch bei ihren Angehörigen, Nachfahren, Zeugen der brutalen Taten und auch bei den Peinigern. Wie genau das passierte, wusste ich damals noch nicht; und falls auch du es nicht weißt, ich werde später genauer darauf eingehen. Die (emotionale, epigenetische und energetische) Wunde jedenfalls, die alle Beteiligten zur Zeit der Hexenverfolgung davontrugen und unter der viele von uns heute noch leiden, nennt man Hexenwunde.

Mir fiel auf, dass wir im Schulunterricht zwar circa drei Jahre am Stück den Zweiten Weltkrieg behandelt hatten (versteh mich nicht falsch, das ist auch ein sehr wichtiges Thema, aber so lange?), niemals aber wurde auch nur ein Wort über die Hexenverfolgung in Europa verloren. Als mir die Dimensionen und Ausmaße klar wurden, war ich schockiert. Ich als Hexe wusste nicht wirklich viel zu den geschichtlichen Hintergründen. Ein dunkles Thema, was nicht so gern angeschaut wird. Ich selbst hörte Kommentare wie: »Ist ja auch schon total lange her. Und mich dann noch mit Geschichte auseinandersetzen … muss das wirklich sein?« Und gleichzeitig spürte ich, dass die Schockstarre etwas in mir zum Klingen brachte.

Den Begriff »Hexenwunde« las ich dann zum ersten Mal im Buch *Witch,* einem ganz wundervollen Werk von Lisa Lister. Sie sprach an, was ich fühlte. Die Angst, mich als Hexe zu betiteln, schließlich klang Spiritualität ja irgendwie netter. Die Angst, nicht dazuzugehören oder etwas falsch zu machen, denn vielleicht fanden die anderen mein Dasein als Hexe ja peinlich – oder schlimmer, furchtbar? Die Angst vor meinen eigenen Fähigkeiten und meiner Magie, denn konnte ich wirklich, was ich da spürte?

Genau das, was ich fühlte, war die Hexenwunde. Alle Zweifel, die Angst vor meiner Magie und der Wunsch, mich nicht outen zu müssen, zeigten sich, damit ich sicher blieb. All das hatte einen Grund, eine Herkunft, eine Ursache. Und ich bin damit nicht allein. Die Hexenwunde ist ein kollektives, aber auch durchaus individuelles Trauma. Sie stellt eine tiefe Verletzung dar, die viele Menschen auf einer unbewussten Ebene erfahren haben und die heute ihre Beziehung zu ihrer eigenen Kraft beeinträchtigt. Die Hexenwunde kann Schuldgefühle, Scham, Angst und Unsicherheit auslösen, wenn es darum geht, die eigenen Gaben wie Intuition, Kreativität, Sexualität und Emotionen auszudrücken und zu leben. Viele Menschen haben aufgrund der patriarchalen Strukturen, die die Gesellschaft und die Kultur durchdringen, gelernt, ihre eigenen Bedürfnisse und Wünsche zu unterdrücken und sich stattdessen an den Bedürfnissen und Erwartungen anderer zu orientieren. Genau so erging es mir. Lieber nicht anecken, sondern sich brav anpassen.

In meinen Workshops, Seminaren und Mentorings erkläre ich Kolleg*innen die Hexenwunde folgendermaßen:

- Die Hexenwunde ist ein kollektives, generationenübergreifendes psychisches Trauma, das Menschen bis heute seit Jahrhunderten zeichnet. Die Wurzeln dieser Wunde gehen zurück auf die Hexenverfolgungen der frühen Neuzeit, als Zehntausende unschuldiger Personen angeklagt wurden, Schadensmagie zu praktizieren, und auf die unmenschlichste Weise verfolgt, gefoltert und hingerichtet wurden.
- Über die Anschuldigungen und Morde hinaus ging die Verfolgung und Ausgrenzung von Menschen weiter, die im Verdacht standen, bestimmte »Mächte« zu besitzen. Die durch diese Unterdrückung erzeugte Angst wurde ebenfalls von Generation zu Generation weitergegeben und verankerte sich im kollektiven Unterbewussten.
- In meinem Podcast sagt meine Kollegin Kiara Black, dass sogar jede Person, die heute in Europa lebt, diese Hexenwunde, die bis zu sieben Generationen zurückreicht, in ihrer DNA trägt, da einer ihrer Ahnen oder eine ihrer Ahninnen entweder selbst beschuldigt wurde, eine Hexe zu sein, deshalb gefoltert und hingerichtet wurde, jemanden als Hexe denunziert hat, Angehörige*r einer Beschuldigten war oder voller Angst Zeuge einer der Gräueltaten wurde.
- Das Trauma unserer Ahnen und Ahninnen ist (transgenerational und epigenetisch) an uns weitergegeben worden und äußert sich heute in Emotionen und Verhaltensweisen, die wir meist erst einmal nicht zuordnen können. Wie das geschieht und was du dagegen tun kannst, erfährst du gleich!

Die Hexenwunde ist also ein Konzept, das sich auf die kollektive Verletzung und Unterdrückung von Magie ausübenden oder der Magieausübung beschuldigten Frauen, Männern und sozialen Minderheiten wie LGBTQ+ durch die patriarchale Gesellschaft bezieht. Das damals entstandene Trauma wirkt bis heute generationenübergreifend in uns weiter und sorgt dafür, dass wir unser volles Potenzial nicht leben.

Die Arbeit an der Hexenwunde beinhaltet die Auseinandersetzung mit den tief verwurzelten kulturellen und persönlichen Überzeugungen und Prägungen, die sowohl das Verständnis von Weiblichkeit beeinflussen wie auch die Wiederentdeckung und Stärkung der eigenen Intuition sowie des eigenen Potenzials – aka Hexenkraft. Bei der Arbeit mit der Hexenwunde geht es darum, die Hexe als positive und kraftvolle Energiequelle zu betrachten und eine tiefere Verbindung zu den eigenen Wurzeln und zur Natur herzustellen, um eine ganzheitliche und heilende Beziehung zum eigenen Selbst aufzubauen. Das passiert im ersten Schritt durch das Bewusstwerden ihrer bloßen Existenz.

Die Hexenwunde geht viel tiefer als eine einfache Angst oder Unsicherheit. Sie arbeitet auf einer unterbewussten Ebene innerhalb des Nervensystems. Viele Menschen haben die Hexenwunde noch in ihrem Energiefeld. Sei es, weil wir selbst als Hexe inkarniert waren und Schlimmes erlebt haben, oder durch die gespeicherten Traumata des kollektiven Bewusstseins. Auch wenn deine Seele während der Hexenverfolgung nicht inkarniert oder deine Ahnenlinie nicht direkt davon betroffen war, kannst du die Wunde dennoch in dir spüren. Denn die Hexenjagd, die sich über mehrere Jahrhunderte erstreckte und in Verfolgung und Tod gipfelte, hat einen massiven Abdruck im kollektiven Energiefeld hinterlassen, auch auf epigenetischer Ebene. Zudem ist die Hexenwunde tiefer Bestandteil unserer Kultur und wird durch alltägliche Systeme wie das Patriarchat und religiöse Intoleranz verstärkt und am Leben gehalten. Wir spüren die Hexenwunde indirekt. Was wir spüren, ist, dass sie uns häufig klein hält. Wir verstecken uns und unsere magischen Gaben. Wir machen uns insgeheim selbst zu Opfern, ohne es zu merken. Denn all das läuft unterbewusst ab.

Symptome der Hexenwunde

Wisse: Die Wunde brodelt und lässt sich nicht einfach
mit einem Pflaster überkleben. Sie braucht aufrichtige
Heilung von innen, bewusst und liebevoll.
Dieser tiefe Schmerz will gesehen und gefühlt werden.
Nur so haben wir eine Möglichkeit für wahre Transformation,
ein ehrliches Miteinander auf Augenhöhe, Verbundenheit
auf allen Ebenen. Nur so kann uns nichts mehr trennen.
Es ist Zeit, Hexenschwester oder -bruder, dich auf
den Weg zu machen, die kollektive Wunde der
Hexenverfolgung zu betrachten und
sie gemeinsam zu heilen.
Ahé.

Nachdem du nun weißt, was die Hexenwunde ist und was es bedeutet, eine Hexe zu sein, schauen wir uns nun die Symptome der Hexenwunde an. Dabei bist nun du gefragt: Indem du dich ehrlich und offen selbst reflektierst, kannst du erkennen, mit welchen Symptomen die Hexenwunde in dir wirkt. In der Arbeit mit meinen Kundinnen und Kunden passiert immer dann ein riesiger Shift, wenn sich die Wahrnehmung für die Trigger schärft, die die Hexenwunde aktivieren. Dann erkennen sie, dass ihre »Andersartigkeit« eine Stärke und keine Schwäche ist. Wenn sie sich endlich mutig mit ihren Fähigkeiten zeigen können, auch wenn diese nicht der Norm entsprechen und ihre Magie als etwas Powervolles genießen, statt sie zu unterdrücken, geschieht Magie.

Wenn diese Menschen zu mir kommen, sind bei der Mehrheit drei der ganz klassischen Symptome vertreten, weshalb sie auch gerne »Urwunden« genannt werden.

Die drei Urwunden:

1. **Ich bin nicht sicher.**
2. **Ich bin nicht gut genug.**
3. **Ich gehöre nicht dazu.**

Mit mindestens einer dieser Wunden haben die meisten Menschen zu kämpfen. Sie kommen in verschiedensten Therapien, im Coaching, in der Selbstreflexion zum Tragen und sind meist in der frühen Kindheit entstanden. Interessanterweise sind diese Urwunden aber auch auf die Hexenwunde zurückzuführen. Viele Hexen fühlen unterbewusst, dass es gefährlich ist, laut zu sein, aus der Reihe zu tanzen, sich kraftvoll oder mächtig im eigenen Licht zu zeigen. Selbst bei einer harmonischen Kindheit ist da diese rational erst einmal unbegründbare Angst, die sie zurückhält. Aber die Sichtbarkeit ist nicht alles. Die Hexenwunde hindert viele von uns daran, richtig Grenzen zu setzen, führt zu Konkurrenz und Ausgrenzung und hält jede Menge Konfliktpotenzial bereit. Auf all diese Aspekte werde ich im Detail eingehen. Ich lade dich dazu ein, bei dir selbst einzuchecken und für dich zu überprüfen, welche Verhaltensweisen auf dich zutreffen. Tu dies, ohne es zu bewerten, mehr wie eine neutrale Beobachtung, und nimm dir die Chance, radikal ehrlich mit dir zu sein – du kannst nur heilen, was du erkennst.

Urwunde 1: Ich bin nicht sicher – was, wenn mich jemand sieht? Über die Angst, dich zu zeigen

Ein wesentliches Element in der Arbeit mit der Hexenwunde ist unsere Angst, uns in unserem Hexesein völlig offen zu zeigen. Das ist auch einer der Hauptgründe, warum Menschen mich aufsuchen. Sie möchten endlich raus aus der Besenkammer und in die volle Sichtbarkeit, spüren aber, dass sie etwas zurückhält. Und das ist kein Wunder, da bereits so viele Menschen vor uns, die Magie gewirkt haben und mit Ritualen, Kräutern oder mit Amuletten geheilt haben, als sogenannte Quacksalber und Betrüger*innen abgetan wurden.

Deine Definition von Sichtbarkeit: raus aus der Besenkammer

To come out ouf the closet heißt im Englischen, sich zu seiner Homosexualität zu bekennen. Daher nutzt die englischsprachige Community gern den Begriff *broom closet* – Besenkammer –, in Anspielung auf den Hexenbesen, wenn es um das Hexen-Coming-out geht. Somit ist das »raus aus der Besenkammer« metaphorisch eine Aufforderung für Hexen, ihre Identität und ihre Fähigkeiten nicht länger zu verbergen und mutig in die Welt zu treten.

Sichtbarkeit bezieht sich auf den Grad oder die Art und Weise, wie eine Person, eine Gruppe oder ein Thema in der Öffentlichkeit wahrgenommen oder erkannt wird. In unserem magischen Kontext bedeutet das, dass eine Person, die sich zuvor versteckt hat oder verheimlicht, dass sie eine Hexe ist, nun beschließt, öffentlich dazu zu stehen und sich »zu outen«. Dadurch wird die Person sichtbarer und bringt ihre Identität oder Zugehörigkeit zu einer bestimmten Gruppe in die Öffentlichkeit. Dieser Schritt kann verschiedene Motivationen haben, wie Selbstakzeptanz, Selbstausdruck oder auch die Absicht, für mehr Verständnis oder Akzeptanz in der Gesellschaft zu kämpfen.

Während der Zeit der Hexenverfolgung hatten Menschen, die als Hexen bezeichnet wurden, oftmals mit einer Anklage oder sogar dem Tod zu rechnen. Unsere Ahnen, sollten sie Hexe gewesen sein, konnten sich somit nicht offen als solche zeigen. Und genau das kann deine heutige magische Praxis sowie dein ganzes Leben als Hexe oder Magie-Interessierte*r überschatten. Sich in Lebensgefahr zu fühlen oder in Lebensgefahr geraten zu sein, eine Verfolgung oder Gewalttat zu bezeugen, all das war für unsere Ahnen traumatisch. Traumata werden weitergegeben, sowohl durch Warnungen, Erzählungen, Berichte, aber, wie du jetzt weißt, zum Teil auch durch Vererbung.

Konkret bedeutet das, du fühlst dich beispielsweise zu einer spirituellen Tätigkeit (Reiki, Ahnenarbeit, Tarot, Schamanismus etc.) berufen, traust dich aber nicht, dem nachzugehen, weil dich etwas zurückhält. Es fühlt sich *nicht sicher* an. Oder aber du arbeitest bereits in einem spirituellen oder heilerischen Beruf, traust dich aber nicht, dich damit öffentlich zu zeigen. *Was denken die anderen?* Um dir das noch etwas zu verdeutlichen, gebe ich dir hier noch ein Beispiel: Meine Mentorin Alisha Belluga bezeichnete in einer Masterclass eine Kundengruppe liebevoll als *creepy neighbours.* Sie meinte damit Menschen, die alle Inhalte von mir völlig begeistert konsumieren, dies aber heimlich tun. Sie wollen nicht einmal, dass andere Menschen herausfinden, dass sie sich für eine Hexe wie mich begeistern. Denn das, was ich repräsentiere, passt noch nicht zu ihrer aktuellen Realität. Sie haben noch Angst, sich überhaupt als magieinteressiert zu »outen«, daher holen sie sich Input, ohne dies öffentlich zu zeigen. Auch das hat ganz viel mit dem Thema Sicherheit und damit mit der Hexenwunde zu tun.

Die Hexenwunde kann sich also äußern, wenn du dich mit deinem spirituellen Sein (beispielsweise als Hexe oder aber auch als Heiler*in) zeigen möchtest, dich aber nicht so recht traust. Es fühlt sich vielleicht sogar bedrohlich für dich an, anderen dein wahres Selbst zu offenbaren. Gaben wie Medialität, Hellwissen, Intuition, Raumhalten, Divination, Energiearbeit oder auch Kräuterwissen hältst du klein und gehst damit nicht raus, aus Angst vor der Reaktion anderer. Wenn Menschen zu Besuch kommen, versteckst du lieber deine Tarotkarten oder andere magische Utensilien und räumst deinen Altar weg. Deine witchy Outfits und den Schmuck trägst du vielleicht bisher auch nur daheim. Nicht, dass du noch als verrückt abgestempelt wirst! Ich kenne das Gefühl nur zu gut: Früher bin ich oft in die Bibliothek gegangen, um in der Abteilung mit den Büchern über Spiritualität zu stöbern. Während ich den »magischen und okkulten« Sektor erkundete, beschlich mich ein Schamgefühl, dass andere Leute mich sehen und dafür verurteilen könnten. Heutzutage zelebriere ich meine Besuche richtig und lasse mir ausgiebig Zeit, während ich damals schnell und hektisch die Bücher durchsucht habe.

Ein weiterer Klassiker ist das Umlabeln. Viele Menschen verstecken ihre Gaben unter einem anderen Label. Wie viele von uns wählen lieber das Wort »Energiearbeiter« oder »Spirituelle Beraterin« statt des Begriffes der Hexe? Statt offen über deine Runenpraxis zu sprechen, benennst du es lieber als »Kalligrafie« oder betitelst deine Reisen in die Anderswelt als »Meditation«, mit den Begriffen kann ja schließlich jeder etwas anfangen. Versteh mich nicht falsch, das ist völlig okay. Aber interessant ist es dennoch. Meine Familie und Freunde haben mich anfangs auch gefragt, warum ich es mir denn so schwer machen muss und die Bezeichnung »Hexe« für mich wähle. Schließlich klingt »spirituelles Onlinebusiness« doch auch ganz schick. Und ja, da ist was Wahres dran. Wie schon zuvor betrachtet, haftet am Begriff der Hexe eine Menge Unsicherheit und Angst. Ich habe mich jedoch bewusst Hexe genannt, um wieder mehr Aufmerksamkeit auf das Thema zu lenken und gezielt diejenigen Menschen anzusprechen, die diesen Weg mit mir und anderen gemeinsam gehen möchten. Aber ich erlaube mir auch, in Gesprächen abzuwägen, ob ich meinem Gegenüber meine Arbeit als »Hexe« oder doch lieber »Holistisches Onlinebusiness« erkläre. Hierbei vertraue ich auf meine Bauchstimme – wenn der Impuls kommt, dass ich mich der Person öffnen kann, dann tue ich das auch. Und wenn nicht, lasse ich es. Das gilt es zu unterscheiden, denn wir müssen uns nicht unnötig auf Diskussionen mit Menschen einlassen, die sowieso auf einem anderen Energielevel sind – das ist, wie mit dem Kopf gegen die Wand zu rennen. Unnötig und schmerzhaft.

Genau deshalb ist es mein Anliegen, dich mit diesem Buch zu ermutigen, dich mit dir selbst zu verbinden, denn dann spürst du ganz genau, in welchem Maß du dich zeigen magst, und dann brauchst du dich nicht mehr zu verstecken. All die Seiten in dir, die sich für Magie interessieren, haben genauso ihre Berechtigung wie die anderen Seiten und Talente in dir.

Solange du diese Seite von dir verbirgst oder unterdrückst, kannst du nicht vollständig dein authentisches Sein leben. Du dimmst dir dein eigenes strahlendes Licht – aus dem Gefühl der Angst heraus, gesehen zu werden.

Mein Tipp für dich: Immer, wenn sich etwas für dein Nervensystem zu krass anfühlt, umarme dich selbst und wiege dich von einer Seite zur anderen – wie ein Baby. Das wird auch *self-parenting* genannt. Sage dir dabei immer wieder liebevoll »Es ist sicher, ich zu sein.« Spüre, wie sich dein Nervensystem langsam wieder beruhigt.

Fühlst du dich unsicher, hast du häufig (wenn nicht immer) auch Angst davor, die eigene Wahrheit zu sprechen. Was bedeutet es für dich, die eigene Wahrheit auszusprechen? Für mich bedeutet es, einfach ich selbst zu sein, authentisch und unabhängig von der Reaktion anderer. Grenzen zu setzen und auch mal anderen die Stirn zu bieten, wenn sie eine Grenze überschreiten. Es bedeutet, meiner Stimme Ausdruck zu verleihen. Im Human Design und auch in der Chakrenlehre ist der Hals das Energiezentrum, bei dem es um unseren Ausdruck als Mensch geht. Es ist das Zentrum der Manifestation. Wie wir mit anderen Menschen in Dialog gehen, was wir tagtäglich (aus-)sagen, wird unsere Realität. Was passiert also, wenn du aufgrund der Hexenwunde nicht deine Wahrheit sprichst? Du hältst dich klein – die Wurzel ist Angst, denn deine innere verwundete Hexe erinnert dich an die Zeiten, in denen es nicht sicher war, die eigene Wahrheit zu sprechen. Es ist vermeintlich sicherer, still zu sein und Dinge zu ertragen. Viele Menschen, mit denen ich arbeite, trauen sich anfangs nicht, über ihre magischen Tätigkeiten zu sprechen. Manchmal blockiert der Körper so sehr, dass erst einmal überhaupt kein Ton über ihre Lippen will. Sie beschreiben es oft als Kloß im Hals, Fehlen der Stimme oder Fehlen der Worte. Auch in Diskussionen kann es schwerfallen, für sich selbst einzustehen, das Wort zu ergreifen und für sich selbst oder andere die Stimme zu erheben. All das geht auf Kosten deiner eigenen Wahrheit. Du hast die Wahl: Einen kurzen Moment des Diskomforts auszuhalten und deine Wahrheit zu sprechen oder aber zu schweigen und dich damit selbst zu verraten. Das Gefühl, das sich nach einer Selbstverleugnung einschleicht, hält viel länger an als der kurze Moment der Überwindung. Energetisch zieht es dich runter und du fühlst dich vielleicht schwach, ausgelaugt oder machtlos. Ein Gefühl der Taubheit, Schwere oder eben der bekannte Kloß im Hals können sich als Symptom in deinem Körper breitmachen. Teilst du deine Wahrheit hingegen, ehrst du die Weisheit deines Körpers, deines Geistes, deines Herzens und deiner Seele.

Mein Tipp für dich: Übe vorm Spiegel, wie es ist, deine eigene Wahrheit für dich auszusprechen. Je häufiger du das machst, desto selbstsicherer wirst du in Situationen, in denen du vor anderen deine Wahrheit sprechen willst.

Probiere aus, wie sich folgende Sätze laut ausgesprochen für dich anfühlen:

Ich bin praktizierende Hexe.
Ich interessiere mich für Magie, Okkultismus und Hexentum.
Ich lebe im Einklang mit der Natur und den Zyklen.

Urwunde 2: Ich bin nicht gut genug – über Selbstzweifel und das Imposter Syndrom

Was, wenn ich's nicht hinkriege? Kennst du dieses Gefühl? Hast du auch manchmal Angst, deine Fähigkeiten zu überschätzen oder nicht beweisen zu können? Wie sehr vertraust du dir selbst und deinen Fähigkeiten? Hörst du auf deine Intuition oder ist da etwas in dir, das behauptet, das mit dem Empfinden magischer Fähigkeiten sei völliger Quatsch? Und wie oft hast du es im Nachhinein schon bereut, nicht auf deine Intuition gehört zu haben? Vielleicht beschleicht dich auch immer wieder das Gefühl, noch nicht gut genug zu sein auf diesem oder jenem Gebiet. Und so kaufst du noch einen Kurs und noch ein Buch, nur um auf Verstandesebene sicherzugehen, dass du es auch wirklich kannst.

Für viele Hunderte von Jahren wurde Magiepraktizierenden immer wieder gesagt, sie würden nur Illusionen verkaufen, sie seien Scharlatane, teuflisch oder minderwertig. Ihre Fähigkeiten wurden von vielen belächelt, gefürchtet oder verachtet, und diese gesellschaftliche Konditionierung finden wir auch heute noch. In unserer Gesellschaft gilt es, Entscheidungen rational zu treffen, immer basierend auf dem Verstand und am besten wissenschaftlich untermauert, während die Intuition sowie andere sinnliche Fähigkeiten nicht anerkannt werden. Es gilt als vertrauenswürdig, was (am besten von einem offiziellen Institut) zertifiziert wurde, der Verstand kann dann aufatmen. Ärzten und Ärztinnen wird noch immer viel mehr Vertrauen geschenkt als alternativen Heilern. Das macht etwas mit uns. Mit dir. Wenn du aber nicht in dich selbst vertraust, machst du deine eigenen Fähigkeiten klein. Egal, welche magischen Fähigkeiten du besitzt – du verdienst es, dich damit sicher zu fühlen. Du darfst wieder in deine eigenen Fähigkeiten vertrauen. Ganz egal, wie absurd es deinem Verstand zunächst vorkommen mag. Und vielleicht denkst du jetzt sogar: Ich besitze aber gar keine magischen Fähigkeiten! Dann lasse mich dir sagen: Doch, das tust du. Du darfst dich wieder daran erinnern, weg von gesellschaftlicher Konditionierung und deinem Verstand, hin zu deiner Intuition. Erinnere dich an deine innere Stimme und gib ihr mehr Raum.

Oft spüren wir die Hexenwunde besonders dann, wenn wir eigentlich gerade dabei sind, uns kraftvoll in unserem Leben auszudrücken und zu verwirklichen. Irgendwo tief in unserer Seele ist eine Erinnerung abgespeichert, die uns sagt: *Meine spirituelle Berufung kraftvoll auszuüben bedeutet Todesgefahr. Mich in meiner (Hexen-)Kraft zu zeigen, ist lebensgefährlich.*

Mein Tipp für dich: Führe ein Tagebuch. Mache ein Selbstexperiment und halte genau fest, wann du in deine eigenen Fähigkeiten vertraut hast und was das Ergebnis dabei war. So erkennt auch dein Verstand, dass es sicher ist, in dich zu vertrauen. Mehr dazu findest du auch im Kapitel zur Heilung der Hexenwunde.

In vielen von uns schwelt auch die Angst, mit dem Praktizieren von Magie etwas Verbotenes zu tun. Gerade zu Zeiten der Hexenverfolgung wurde ein Bild der Magie gemalt, das grauenvoll und furchterregend war, die Rede war von Satanskult und Orgien. Daher ist es nicht verwunderlich, dass Magie und Hexentum immer noch von vielen Menschen mit Vorurteilen und Angst betrachtet werden. »Ist das nicht gefährlich?« Ein klassisches Beispiel ist die Arbeit mit Kräutern und Pflanzen. Das sogenannte Unkraut, das überall wild wächst, wird gerne als dreckig und gefährlich abgestempelt. Dabei ist es – richtig angewendet – äußerst heilsam. Meine erste Kräuterwanderung mit einer Hexe war so befreiend. Sie offenbarte mir die magische Welt der Pflanzen und Kräuter und ich war beseelt von der Fülle, die mich umgab. Meine ersten Räucherbündel aus Beifuß, Schafgarbe und Salbei statt des fancy Palo-Santo-Holzes (dessen Verwendung übrigens zur Abholzung der Wälder in Nord- und Südamerika beiträgt) waren im wahrsten Sinne bezaubernd.

Viele Junghexen haben zunächst Angst, etwas falsch zu machen und versehentlich einen Dämon anzurufen, und bleiben dabei nur beim Lesen von Büchern. Dabei lass dir eins gesagt sein: Magie und Hexerei sind genauso gefährlich wie Radfahren. Falsch ausgeführt kannst du auf die Nase fallen, denn alles im Leben besitzt die eigenen innewohnenden Risiken, aber prinzipiell ist es easy. Die wahre Magie entsteht dann, wenn du etwas für dich ausprobierst. Dabei ist es völlig okay, auch mal Fehler zu machen. Mehr noch, erst durch Fehler lernen wir, daher ist es sogar essenziell wichtig, Fehler zu machen, denn das bedeutet, dass du deine Angst überwunden und endlich angefangen hast! Nur so lernst du, welche Zauber für dich schon funktionieren und an welcher Stelle du Dinge noch verbessern kannst.

Mein Tipp für dich: Trau dich, sei mutig und probiere Dinge aus! Lege dir hier auch gern ein »Buch der Schatten« an, in dem du deine Zauber und Rituale und die entsprechenden Erfahrungen schriftlich festhältst.

Mit der Zeit wirst du erkennen, dass du intuitiv weißt, welcher Zauber auf welche Art erzeugt wird. Übung macht die Hexenmeisterin! Daher keine falsche Scheu und ran ans Werk!

Symptom Geld

Wenn du dich nicht genug fühlst – nicht erfahren, ausgebildet, magisch genug –, darfst du dann für deine Dienste am Menschen Geld verlangen? Genau, vermutlich fällt es dir schwer, und wahrscheinlich nicht nur, wenn du am Anfang deiner Karriere stehst. Ein weiteres Symptom der Hexenwunde ist also der Umgang bzw. die Einstellung zu Geld.

Wie steht es – ganz ehrlich! – um *deine* Beziehung und Einstellung gegenüber Geld?

Allein schon diese Frage kann einiges triggern, besonders, wenn die Hexenwunde in dir aktiv ist. Frauen, die in der frühen Neuzeit selbstständig ihr eigenes Einkommen durch heilerische oder magische Tätigkeiten bezogen, standen schließlich ganz oben auf der Liste für die Anklagen zur Hexerei, genauso wie die älteren Frauen, die alles verloren hatten und um Almosen betteln mussten. Zu viel Geld zu haben oder aber gar keins war in den Zeiten der Hexenverfolgungen gefährlich. Wirkt diese Gefahr transgenerational in dir weiter, kann sich das auf deine Beziehung zu Geld auswirken. Vielleicht hast du Glaubenssätze wie »Es reicht, wenn einer in der Familie das Einkommen verdient«, »Geld verdienen muss hart sein«, »Reiche Menschen sind schlechte Menschen«, »Für das bisschen Kartenlegen darf ich nichts verlangen« oder »Geld ist mir nicht wichtig«. Das Thema Geld ist ein großes und wichtiges Thema, bei dem viele Menschen nicht gerne hinsehen, da es schmerzliche Emotionen weckt. Deine Seele erinnert sich vielleicht noch daran, dass dir als Frau kein Erfolg gegönnt wurde oder die Menschen mit Reichtum und Macht oftmals genau die waren, die das Urteil über die Hexen sprachen. Das kann dazu führen, dass du unterbewusst abgespeichert hast, dass Geld zu haben gefährlich ist oder Reichtum falsch und böse.

Ich kenne viele Menschen, die mit Energie, Magie und Spiritualität arbeiten und sich nicht trauen, dafür angemessen oder überhaupt Geld zu verlangen. Mehr noch, es wird sogar innerhalb der eigenen Szene oft als verpönt angesehen, für diese Dienste Geld zu verlangen. Der Grund liegt auch hier in der Vergangenheit: Heiler*innen und Hebammen wurden immer wieder auf Grund ihrer Arbeit angegriffen, häufig auch von der Kirche und Ärzten. Und die Arbeit mit Energie wird von vielen Teilen der Gesellschaft auch heute noch belächelt und als Quatsch abgetan. Leider hat das zur Konsequenz, dass viele Menschen innerhalb dieser Berufe wenig bis gar kein Geld für ihre Arbeit nehmen. Es wird oft erwartet, dass sie altruistisch sind und ihre Gabe mit allen teilen. Dabei erzählt jeder Preis eine Geschichte. Wenn jemand deinen Preis (und somit deinen Wert) in Frage stellt, kann sich das verdammt heftig für dein Nervensystem anfühlen. Wenig bis gar kein Geld zu verlangen kann also ein Schutzmechanismus sein, da es sich für dein Nervensystem sicherer anfühlt, was es ja auch (vermeintlich) ist, weil du dich (vermeintlich) nicht angreifbar machst. Aber möchtest du deine wertvollen Gaben wirklich unter Wert in der Welt verteilen?

Auch ich kenne das nur allzu gut. Andere Hexen, die ihr Hobby nicht wie ich zum Beruf gemacht haben, beschwerten sich über meine Preise, obwohl sie gar nicht zu meiner Kundengruppe gehörten. Bei meinem ersten Tarot Reading in Berlin auf Spendenbasis gab mir eine Frau sieben Euro für eine halbe Stunde. Ich war sehr ernüchtert, weil ich erkannte, dass viele Menschen den Wert der energetischen und spirituellen Arbeit noch nicht erkennen, da sie zu sehr mit dem

Konsum und der Absicherung ihrer Existenz beschäftigt sind. Aber es gibt diese Menschen und es geht nicht darum, sie davon zu überzeugen, dass deine Arbeit wertvoll ist, sondern diejenigen zu wählen, die das spüren, wissen und entsprechend wertschätzen.

Da es in diesem Buch um *dich* geht: Solltest du dich für den Weg der Magie, des Hexentums oder der energetischen Arbeit entscheiden, darfst du auch angemessen Geld für deine Arbeit verlangen. Denn sonst steckst du wie in einem Teufelskreis: Deine magische Arbeit bekommt keine Aufmerksamkeit und du fliegst weiter unter dem Radar – eine klassische Selbst-Sabotage à la Hexenwunde. Langfristig verdienst du natürlich auch nicht genug Geld mit deinem Business und musst es wieder aufgeben. Es ist also äußerst wichtig, dass du deinen Wert wahrhaftig anerkennst und verstehst, dass du für deine Arbeit und Expertise auch Geld verlangen darfst. Das Heilen der Hexenwunde hilft dir sehr dabei. Deine magische Praxis ist wertvoll!

Natürlich gibt es leider auch in unserer Szene einige schwarze Schafe, die anstatt ausschließlich zum Wohl des Klienten zu agieren, mit den Ängsten ihrer Kunden spielen oder Schall und Rauch verkaufen. Hier sind die Eigenverantwortung und das Feingefühl eines jeden Einzelnen gefragt – bei der ersten »Red Flag« musst du aussteigen. Red Flags können dabei sein: Hexen, die mit deiner Angst spielen (à la »Ich sehe einen Fluch auf dir lasten!«); Hexen, die dich unter Druck setzten, etwas zu kaufen (»Wenn du nicht *jetzt* an dir arbeitest, wirst du der ewige Loser bleiben.«) oder auch solche, die dir versprechen, dass du reich wirst, deinen Ex zurückbekommst oder deine Traumpartnerin findest.

Mein Tipp für dich: Schreibe dir einmal alle Glaubenssätze auf, die du in Bezug auf das Thema Geld hast. Lass einfach alles raus. Nimm dir einen zweiten Zettel, auf dem du dir das genaue – sehr wohltuende – Gegenteil notierst. Den Zettel mit den alten Glaubenssätzen übergibst du danach ans Feuer.

Urwunde 3: Ich gehöre nicht dazu – bis hier hin und nicht weiter. Über People Pleasing und Grenzensetzen

People Pleasing ist gerade in aller Munde, deshalb möchte ich den Begriff gerne für alle, denen er neu ist, erklären. Mit People Pleasing – es anderen recht machen – ist ein gewisses »Gefälligkeitsverhalten« gemeint, bei dem ständig versucht wird, die Erwartungen und Bedürfnisse anderer Menschen zu erfüllen, um Zustimmung, Anerkennung und Liebe zu erhalten. Im Wesentlichen geht es darum, anderen Menschen zu gefallen, die eigenen Bedürfnisse und Wünsche werden dabei hintangestellt oder gar nicht erst berücksichtigt. Das passiert besonders aus Angst vor Ablehnung. Die Folge: Wegen des übertriebenen Bedürfnisses, anderen zu gefallen, tun wir Dinge, die wir eigentlich gar nicht wollen, und ignorieren dabei unsere eigenen Bedürfnisse und Wünsche. Ganz klassisch: Dir geht es schlecht, du bist aber mit einer Freundin verabredet. Um nicht unzuverlässig zu wirken oder »schlecht dazustehen«, gehst du trotzdem hin, obwohl du in diesem Moment nichts dringender bräuchtest als Ruhe. Ähnlich geht es dir vielleicht auf der Arbeit. Du bist krank, schleppst dich aber trotzdem hin, weil du denkst, dass es deine Vorgesetzten oder das Kollegium von dir erwarten.

Selbst wenn sie es nicht tun, bleibst du nicht zu Hause und nimmst dir damit auch nicht die Zeit zur Genesung. Dazu gehört als menstruierende Person im Übrigen auch, dir Ruhe und Rückzug zu gönnen, wenn du blutest. Wer das nicht tut, baut langfristig Wut, Frustration, Ohnmacht und Unzufriedenheit in sich auf. People Pleasing kann zu Stress, Angstzuständen und Depressionen führen, da der ständige Druck, die Bedürfnisse anderer zu erfüllen, eine hohe psychische Belastung darstellt. Du lebst dann ein Leben für die anderen, nicht für dich.

Auch ich habe lange ein Leben des People Pleasings gelebt und auch heute gibt es noch Momente, in denen ich wieder in die alten Muster verfalle. Zu lange war mir die Rolle des braven, angepassten Mädchens, das es allen recht machen wollte, allzu vertraut. Übrigens zog ich damals in meinem beginnenden Onlinebusiness die exakt passenden Menschen an: Menschen, die jedes Mal und gerne über meine (nicht gesetzten) Grenzen hinwegtrampelten. Als mir das irgendwann schmerzlich bewusst wurde, setzte ich radikal Grenzen. Und siehe da, die Menschen, die das störte, waren exakt dieselben Personen, die zuvor von den nicht gesetzten Grenzen profitiert hatten. Auch hier gilt wieder die goldene Regel:

Wenn jede*r dich mag, nimmt niemand dich ernst! Es ist nicht deine Aufgabe, es allen recht zu machen!

Es liegt in *deiner* Verantwortung und es ist *deine* Aufgabe, gesunde Grenzen zu setzen und zu erkennen, wann jemand diese überschreitet. Niemand wird das für dich übernehmen.

Was hat das nun mit der Hexenwunde zu tun? Zu Zeiten der Hexenverfolgung mussten sich besonders Frauen, aber auch alle Menschen, die irgendwie »anders« waren, extrem anpassen, um keine drastischen Konsequenzen zu spüren zu bekommen. Ihre eigenen Bedürfnisse waren irrelevant, Grenzen wurden weder akzeptiert noch eingehalten. Die Konsequenz für das Ausleben der eigenen Individualität war so manches Mal – sprechen wir es ruhig noch einmal aus – der Tod auf dem Scheiterhaufen. Also hat unser epigenetisches System irgendwann abgespeichert, dass Anpassung sicherer ist, als die eigenen Bedürfnisse durchzusetzen.

Natürlich kann die Tendenz zum People Pleasing auch aus unserer Kindheit stammen. Wer beispielsweise immer wieder angehalten wurde, Rücksicht zu nehmen, nicht zu laut, nicht zu leise, nicht zu fordernd und schon mal gar nicht so »überempfindlich« oder versponnen zu sein, steckt heute unter Umständen sehr schnell zurück oder geht in den vorauseilenden Gehorsam, weil das Unterbewusstsein Alarm vor erneuten schmerzhaften Erfahrungen schlägt. Es geht hier nicht darum, mit dem Finger auf unsere Eltern zu zeigen. Auch sie haben es als Kinder vermutlich nicht anders erfahren und gelernt, und diese »Regeln« haben sie dann an uns weitergegeben. Also liegt der Ursprung noch viel weiter zurück. Unter anderem auch, weil die Generationen vor uns den Zeiten der Hexenverfolgung nochmals näher waren. Um aus diesem Verhaltensmuster auszubrechen, ist es wichtig, dass wir wieder lernen, unsere eigenen Bedürfnisse und Grenzen zu erkennen und zu akzeptieren. Wir dürfen erfahren, dass es sicher ist, wir selbst zu sein. Vielleicht hörst du auch schon immer mal wieder deine innere Stimme, deine Intuition. Ganz leise. Oder auch laut. Mach sie zu deiner Ausrichtung, deinem inneren Kompass. Wie das funktioniert und wie deine Ahnen dich dabei unterstützen können, erfährst du im vierten Kapitel.

Mein Tipp für dich: Reflektiere einmal, wo und wann du Menschen noch über deine Grenzen gehen lässt. Überlege hier auch, in wie viele »Neins« du involviert bist. Sprich, welche Dinge machst du gerade für andere, obwohl du es überhaupt nicht möchtest? Und lasse folgenden Satz auf dich wirken:
Ein Nein zu anderen ist ein Ja zu dir.

Ein Leben außerhalb der Norm – fühlst du dich als Teil einer sozialen Minderheit?

Ein Leben außerhalb der Norm zu leben bedeutet, ein Leben abseits der üblichen gesellschaftlichen Konventionen zu führen. Entscheidungen zu treffen, die von denen der Mehrheit abweichen. Vielleicht fühlst du dich derzeit noch zu laut, zu auffallend, zu crazy, zu anders? Ganz besonders von Frauen wurde und wird leider bis heute verlangt, nicht zu viel zu sein, aber auch nicht zu wenig, nicht zu sexy, aber bitte auch nicht zu bieder, eine gute Mutter zu sein, aber bitte auch nicht zu spießig, intelligent und smart zu sein, aber bitte nicht zu mächtig. Wie soll *frau* sich da bitte noch zurechtfinden? Und auch queere Menschen leiden noch heute unter Diskriminierung, Mobbing und werden oft ausgeschlossen, nur weil sie (vermeintlich) anders sind. Viele Magiepraktizierende fühlen sich nicht als Teil der Gesellschaft, sondern als Freaks, als Outsider. Das kann zu einem Gefühl der Einsamkeit führen. »Ich passe hier einfach nicht rein und niemand versteht mich!« Auch das ist ein Teil der Hexenwunde. Viele Heilerinnen und Hexen haben früher außerhalb des Dorfes gelebt, etwas abgelegen am Waldrand. Sie wurden verspottet, gemieden, gefürchtet oder abgelehnt. Vielleicht wählten sie die Abgelegenheit auch bewusst, um nicht Gefahr zu laufen, genau das erleben zu müssen. Erinnere dich:

das Gefühl, nicht dazuzugehören, ist eine der drei Urwunden des Menschen. Wer außerhalb der Gesellschaft lebte, erhielt keinen Schutz durch die Sippe, was es Angreifern wiederum wesentlich leichter machte, diese Außenseiter anzugreifen. Als Hexe wandeln wir zwischen zwei Welten und werden von vielen schräg angeschaut. Und ja, es wird immer Menschen geben, die dich für verrückt, teuflisch oder völlig daneben halten. Denn seien wir mal ehrlich, Hexe zu sein ist nicht wirklich Mainstream.

Vielleicht spürst du auch schon, dass gewisse Anteile in dir gerne straighter wären, mehr Raum hätten. Dieses Leben erfordert Mut und die Bereitschaft, Risiken einzugehen. Und es wird immer wieder Rückschläge und Herausforderungen geben. Aber authentisch zu sein ermöglicht es dir, dein wahres Selbst auszudrücken. Es gibt dir die Freiheit, dein Leben so zu gestalten, wie du es möchtest. In Eigenverantwortung und Selbstermächtigung. Du darfst akzeptieren, dass du anders bist als die Masse – und gleichzeitig bist du mit allen und allem verbunden. Du darfst erkennen, dass sehr viele Menschen mit der Hexenwunde zu kämpfen haben – du bist also nicht allein. Überlege mal, welche Werte für dich am wichtigsten sind und wie du sie in deinem täglichen Leben umsetzen kannst. In meinem Fall sind Freiheit, Verbundenheit, Spiritualität und Abenteuer sehr wichtige Werte, nach denen ich auch meine Arbeit ausrichte.

Die Freiheit, als Hexe außerhalb der Norm zu leben, bedeutet, dass du deine eigenen Entscheidungen triffst. Du musst dich nicht den Erwartungen anderer Menschen unterwerfen. Wenn du dich dafür entscheidest dein Ding zu machen, kann es natürlich sein, dass du polarisierst und ein Trigger auf zwei Beinen für dein Umfeld bist. Wenn du dich in deinem authentischen Selbst zeigst, werden Menschen ihre Ängste oder Themen auf dich projizieren, und vielleicht lehnen sie an dir ab, was sie sich unterbewusst zutiefst wünschen. Gleichzeitig werden andere Menschen sehen, dass es okay ist, anders zu sein, und dein Sein ermutigt sie, ihren eigenen Weg zu gehen. Den Menschen, die dich umgeben, bleiben zwei Möglichkeiten: Sich ebenfalls auf ein bewussteres Level zu bringen (sie lassen sich von dir inspirieren) oder aber zu versuchen, dich auf ihr unbewusstes Level runterzuziehen. Letzteres ist für manche Menschen wesentlich naheliegender, schließlich fühlt sich ihre Position und Sichtweise für sie sicher an. Bist du dir deiner Werte bewusst, wirst du dich nicht runterziehen lassen. Sei dir daher im Klaren, dass du auf dieser Reise Menschen in deinem Umfeld verlieren wirst. Das mag anfangs Angst erzeugen und auch schmerzhaft sein, langfristig betrachtet ist dieser Shift aber ein Zugewinn. Je mehr du *du selbst* wirst, je größer deine Selbstliebe wird, je höher du schwingst, desto mehr Menschen ziehst du in dein Leben, die auf einer ähnlichen Frequenz unterwegs sind. Du lädst dadurch Menschen in dein Leben ein, die ähnlich denken wie du. Like minded people unterstützen sich gegenseitig bei ihren Entscheidungen. Das ist unfassbar inspirierend.

Mein Tipp für dich: Mach dich auf die Suche nach Gleichgesinnten! Suche dir eine Hexencommunity oder einen Coven, in dem du dich fallen lassen kannst. Mach dir bewusst, dass in allem Dualität herrscht. Wo Licht ist, da ist auch Schatten. Wenn du diesen Weg antrittst, dann nimmst du all die schönen Dinge genauso an wie die Herausforderungen. Das ist Teil des Weges und deines Transformationsprozesses. Trau dich aus deiner Komfortzone heraus und umgib dich mit Menschen, die weiter sind als du. So lernst und wächst du.

Die verletzte Weiblichkeit – die Schwesternschaftswunde

Die Hexenwunde hat sehr viele Gesichter und ist – ähnlich wie wir Hexen – sehr facettenreich. Ein Thema, das häufig Hand in Hand mit der Hexenwunde geht, ist die verletzte Weiblichkeit. Und natürlich hat sie auch Auswirkungen auf die Sexualität und die Beziehungen unter Frauen – hier kommt die Schwesternschaftswunde ins Spiel.

Du hast im vorhergehenden Kapitel erfahren, wie Geschlechterrollen, soziale Normen und historische Strukturen dazu führen, dass Menschen diskriminiert und ausgegrenzt werden. Die Hexenwunde betrifft alle Menschen, ich möchte an dieser Stelle aber auch noch einmal darauf schauen, wie diese Faktoren insbesondere auch das Konzept der Weiblichkeit und die Beziehungen zwischen Frauen beeinflusst haben.

Schauen wir in der Zeit zurück, wird schnell deutlich, dass es seinerzeit geschlechtsbezogene Erwartungen und gesellschaftliche Normen gab, die der Frau eine untergeordnete, wenn nicht gar minderwertige Position zuordneten. Wenn Macht missbräuchlich angewendet wird, es Unterdrückung, Diskriminierung oder internalisierte sexistische Überzeugungen gibt, wenn Frauen Erfahrungen machen, die zu emotionalen Verletzungen führen, spricht man in der feministischen Soziologie von »verletzter Weiblichkeit«. Die Idee der verletzten Weiblichkeit betont, wie Frauen in einer Gesellschaft, die oft patriarchalen Strukturen unterliegt, emotional und psychisch belastet werden.

Mein Weg zum Hexentum ging über die Heilung meiner verletzten Weiblichkeit. Ich war lange Zeit von meiner

Ur-Weiblichkeit abgeschnitten. Ich lebte aus meinem Verstand heraus, ohne jegliche Anbindung an meine Intuition oder an meinen Körper. Wenn ich krank war (was zu dieser Zeit oft vorkam), warf ich mir einfach eine Tablette ein, ohne auch nur irgendeinen Gedanken daran zu verschwenden, warum ich diese Krankheit bekommen hatte oder was sie mir sagen wollte. Mit meinem Menstruationsblut hatte ich keine wirklichen Berührungspunkte, meinen Zyklus kannte ich nicht, meine Periode empfand ich als nervig, und mit einer Schmerztablette intus ging es auf die nächste Party. Als ich begann, meine Weiblichkeit wiederzuentdecken, trat meine damalige Mentorin Inga Laumann in mein Leben. Sie arbeitet sehr intuitiv und kraftvoll mit Weiblichkeitsthemen rund um die Gebärmutter. Die Kraft der wilden Frau, die Verbindung mit meiner Intuition. Ich setzte die Pille ab, verstand zum ersten Mal meinen Zyklus und sah mein Blut plötzlich als etwas Heiliges. Mehr und mehr verstand ich die Kraft der Schwesternschaft und die Energie, die freigesetzt wird, wenn Frauen sich im Kreis verbinden. Die Heilung meiner verletzten Weiblichkeit war damals auch mein Eintritt in die Hexenwelt. Ich erkannte zum ersten Mal die Macht meiner Gebärmutter als heiligen Ort. Die Gebärmutter nicht nur als biologisches Organ zu betrachten, sondern auch als symbolischen Raum, der mit Macht, Schöpfung, Weiblichkeit und Spiritualität verbunden ist, führte dazu, dass ich meine Selbstbestimmung und die Wertschätzung meines Körpers in seiner Ganzheit, sowohl auf biologischer als auch auf spiritueller Ebene, zurückgewann.

Nach dem, was du über die historische Rolle und Position der Frau erfahren hast, verstehst du jetzt vielleicht, wie viel davon heute noch in uns aktiv ist, den weiblichen Körper als defizitär, schamhaft oder untergeordnet zu empfinden. Das geschieht meist unterbewusst, und genauso war es auch bei mir. Der Prozess meiner Auseinandersetzung und Heilung und die Wiederherstellung der tiefen Verbindung mit meiner eigenen Weiblichkeit waren für mich ein Akt der Selbstermächtigung. Damit einher ging mein Eintritt in die Hexenwelt, denn ich begann, mich während meines Heilungsprozesses mit spirituellen oder magischen Praktiken zu beschäftigen. In vielen Kulturen und spirituellen Traditionen ist die Weiblichkeit eine Quelle der Magie und der spirituellen Kraft, und genauso fühlte es sich für mich an. Die Heilung meiner Weiblichkeit war für mich eine spirituelle und transformative Reise. Ich erlebte, wie meine Verbindung zur spirituellen Welt und zur Magie, die in mir und um mich herum existiert, immer tiefer wurde.

Mir ist es wichtig, dir deutlich zu machen, dass die Heilung der Weiblichkeit, wie auch damit einhergehend das Thema der verletzten Weiblichkeit, nicht nur Frauen betrifft. Ich respektiere und ehre zutiefst, dass das menschliche Geschlecht ein großes Spektrum beinhaltet und nicht nur die Aufteilung der Menschheit in männlich und weiblich. Jeder Mensch hat weibliche und männliche Anteile, und es ist außerdem mehr als wahrscheinlich, dass du in einem früheren Leben ein anderes Geschlecht hattest. Darüber hinaus leidet nicht nur das Individuum, sondern das Kollektiv unter der verletzten Weiblichkeit, da auch hier Verletzungen epigenetisch wirken und unser System nicht mehr im Gleichgewicht ist. Das passiert, wenn die Balance zwischen Yin und Yang gestört wird und das göttliche Weibliche verletzt statt geehrt wird. Das sehen wir übrigens leider auch am Zustand unseres Heimatplaneten Mutter Erde.

Dir im Kontext dieses Buches eine vertiefende Anleitung zu geben, wie du deine verletzte Weiblichkeit heilst, würde den

Rahmen sprengen. Wenn du den Impuls verspürst, mehr zu diesem Thema zu erfahren, dann lies gerne das Buch *Psychotherapie im Raum der Göttin. Weibliches Bewusstsein und Heilung* von Gertrude R. Croissier. Du findest es auch in den Lesetipps am Ende dieses Buches.

Neid, Hass und Mangel unter Frauen – die Schwesternschaftswunde

Kannst du dir vorstellen, wie schwer es sein kann, wenn du dich mit anderen Frauen verbinden willst, aber deine verletzte Weiblichkeit in dir noch wirkt? Frauen wurden abgewertet und der Zusammenhalt von Frauen, die diese Wunde hätten gemeinsam heilen könne, wurde massiv geschwächt. Der Begriff »Schwesterschaftswunde« bezieht sich auf eine Form des Traumas, das durch patriarchale Normen und Erwartungen in Bezug auf Frauen entsteht. Er beschreibt die Idee, dass Frauen aufgrund von Unterdrückung und Diskriminierung durch die Gesellschaft oft dazu neigen, einander zu bekämpfen oder zu kritisieren, anstatt einander zu unterstützen, sich zu verbinden und sich selbst und einander dadurch zu stärken. Ähnlich wie auch die Hexenwunde beschreibt dieser Begriff das kollektive Trauma und den Schmerz innerhalb der Gemeinschaft der Frauen, der im Laufe der Geschichte durch die Unterdrückung und Verfolgung von Frauen verursacht wurde. So hängen diese beide Begriffe stark zusammen, da die Hexenverfolgungen im Mittelalter und der Frühen Neuzeit sich auch auf die Beziehungen zwischen Frauen untereinander auswirkten. Die Schwesternschaftswunde ist deshalb ein Konzept, das auf die historischen Entwicklungen und Ereignisse verweist, die die Beziehungen zwischen Frauen beeinträchtigt haben. Gleichzeitig weist es auf die Notwendigkeit hin, diese Bindungen wiederherzustellen und zu stärken, um Geschlechtergerechtigkeit und weibliches Empowerment voranzutreiben.

Vor der Ausbreitung des Patriarchats und anderer hierarchischer Gesellschaftsstrukturen hatten Frauen oft engere und unterstützende Verbindungen untereinander. Diese Bindungen basierten auf Gemeinschaft, Solidarität und weiblichem Empowerment. Die feministische Anthropologie stellt die Theorie auf, dass in frühen menschlichen Gesellschaften Frauen möglicherweise enge soziale Netzwerke hatten, in gemeinschaftlichen Gruppen arbeiteten und sich gegenseitig unterstützten. Sie waren durch ein festes Band miteinander verbunden – sie kooperierten in jedem Aspekt des Lebens miteinander. Sie nähten, wuschen Wäsche und gebaren Kinder umgeben von anderen Frauen. Diese Gruppen boten Frauen Schutz, Support, Nähe, Freundschaft und die Möglichkeit, Wissen und Erfahrungen auszutauschen. Frauen hatten demnach gesellschaftlich gesehen also ein stabiles Standing.

Den Zusammenhalt zwischen Frauen zu schwächen, war eins der Ziele der Hexenverfolgung. In den Hexenprozessen wurden beschuldigte Frauen unter Folter gezwungen, einander anzuprangern, Freundinnen verrieten Freundinnen, Töchter verrieten Mütter. Es wurde sie gelehrt, dass sie sich vor dem Scheiterhaufen retten könnten, indem sie Komplizinnen im Krieg gegen die Hexen wurden und die Führungsrolle der Männer akzeptierten.[80] Dies schuf eine Atmosphäre des Misstrauens und der Angst unter Frauen und führte dazu, dass sie sich gegenseitig verrieten oder denunzierten. Dieser Bruch in den Beziehungen zwischen Frauen schwächt die weibliche Gemeinschaft in vielen Fällen bis heute. Die Schwesternschaftswunde zeigt sich in verschiedensten Gewändern, wie zum Beispiel in Konkurrenzdenken und Misstrauen unter Frauen, Gefühlen von Eifersucht, Schwierigkeiten, gesunde weibliche Beziehungen aufzubauen oder aufrechtzuerhalten, sowie im Gefühl, von anderen Frauen abgelehnt oder nicht verstanden zu werden. Oft haben Frauen das Gefühl, dass sie die Ellbogen ausfahren, also sich gegeneinander durchsetzen oder sogar gegenseitig bekämpfen müssen, um in einer noch immer von Männern dominierten Welt erfolgreich zu sein. Genau das macht es ihnen schwer, sich auf gemeinsame Ziele zu fokussieren und einander zu unterstützen.

Die Idee der Schwesternschaftswunde bezieht sich normalerweise auf die Erfahrung von Frauen, deren Leiden auf geschlechtsspezifische Diskriminierung und gegenseitige Unterdrückung zurückgeht. Für nicht-binäre Menschen und Transpersonen kann das wesentlich komplexer sein. Da nicht-binäre und Transpersonen Geschlechtsidentitäten haben, die nicht ausschließlich als »Frau« oder »Mann« definiert sind, können sie unterschiedliche Erfahrungen mit Geschlechterdiskriminierung und Unterdrückung gemacht haben.

Es ist wichtig zu beachten, dass nicht alle nicht-binären und Transpersonen sich mit dem Konzept der Schwesternschaftswunde identifizieren oder es für ihre Erfahrungen als relevant erachten. Bei Diskussionen über Geschlechterdiskriminierung und Unterdrückung sollten wir daher die Vielfalt von Geschlechtsidentitäten und -erfahrungen berücksichtigen und eine inklusive Herangehensweise fördern, die die einzigartigen Bedürfnisse und Erfahrungen von nicht-binären und Transpersonen einschließt.

Es ist mir ein großes Anliegen, an dieser Stelle noch einmal zu erwähnen, dass alle Menschen, unabhängig von ihrer Geschlechtsidentität, von patriarchalen Normen und Geschlechterstereotypen beeinflusst werden können und dass Unterstützung und Solidarität innerhalb der Hexencommunity notwendig sind, um Diskriminierung und Vorurteile zu bekämpfen.

Wie sind *deine* Beziehungen zu Frauen? Hast du schon einmal die Erfahrung gemacht, ausgegrenzt zu werden oder vielleicht selbst eine andere Frau ausgegrenzt zu haben? Wenn ja, was war das Gefühl, das dich dazu gebracht hat? Meine Klientinnen berichten mir, dass es manchmal die Angst war, selbst hinten runterzufallen, wenn sie beim Mobbing nicht mitmachten, die Angst, in eine unterlegene Position zu geraten und zum Beispiel weniger zu verdienen, oder das Gefühl, mehr verdient zu haben und für den Erhalt des eigenen Werts zu drastischeren Mitteln greifen zu müssen.

Auch ich kenne die Schwesternschaftswunde sehr gut. Das Gefühl, hintergangen, ausgenutzt und verraten zu werden, meist sogar von Frauen, die mir sehr nahe waren. Aber das gehört meiner Vergangenheit an. Heute entscheide ich aktiv, wen ich in mein Leben lasse. Die Frauen in meinem Umfeld sind mutig, innovativ, frei, transparent, ehrlich, wild und inspirierend.

Um die Schwesternschaftswunde zu heilen, ist es wichtig, dass Frauen (und generell alle Hexen, egal welchen Geschlechts) sich gegenseitig unterstützen und untereinander Vertrauen aufbauen. Sie dürfen lernen, sich selbst und andere Hexen zu akzeptieren und zu feiern, ohne sich gegenseitig zu be- und verurteilen. Die Unterstützung anderer Hexen kann eine starke transformative Kraft beinhalten, die es uns ermöglicht, alte Wunden zu heilen und uns in unserer eigenen Identität zu stärken. Sich immer wieder neu zu entscheiden, sich nicht von alten Wunden dominieren zu lassen, sondern ihr Aufflammen als Hinweis auf das zu erkennen, was geheilt werden möchte, die Emotionen zuzulassen und anzunehmen, sie als Lernerfahrung zu betrachten – das ermöglicht die Heilung dieser Wunde.

Ich bin jeden Tag dankbar für all die kraftvollen Menschen um mich herum. Für jeden Menschen, der mich auf meinem Weg begleitet. Ich durfte lernen, dass nicht jeder meiner Kontakte für ein gesundes und schönes Miteinander bereit ist. Und das ist vollkommen okay.

Mein Tipp für dich: Verteile viel mehr Komplimente! Feiere die Menschen um dich! Wenn du etwas an einer anderen Person bewunderst, sag es ihr. Wenn du möchtest, bitte um einen Ratschlag, wie du das, was du an der anderen Person bewunderst, für dich erreichen kannst. Praktiziere bewusst gesundes Hexentum.

Die Rolle der Sexualität

»Alles [geschieht] durch fleischliche Begierde,
die bei [den Frauen] unersättlich ist.«
MALLEUS MALEFICARUM[81]

Die Rolle der »ungezügelten Sexualität« der Frau wurde bereits durch Eva und den Sündenfall geebnet. Frauen wurden wegen »lüsternen Verhaltens« als Hexe angeklagt. Die weibliche Sexualität galt als etwas Diabolisches, wurde als unkontrollierbare Kraft angesehen, löste Angst aus und wurden abgewertet – und sie galt als gefährlich für den Mann.

Auch heute werden Frauen, die sexuell aktiv sind, noch immer gerne als »Schlampe« bezeichnet, während Männer eher der lässige »Playboy« sind. Und auch queere Menschen fühlen häufig die Unterdrückung ihrer Sexualität oder bekommen vermittelt, dass es nicht richtig oder sicher sei, ihre Sexualität offen auszuleben. Frauenkörper werden besonders in den Medien zu Objekten der Begierde gemacht und damit ausgebeutet. Die Palette ist breit und zieht sich von Werbespots über Videospiele und Pornos. Die Nacktheit der Frau wird ausgenutzt, um Profit daraus zu schlagen. In vielen Videospielen und Pornos wird Sexualität mit Gewalt verbunden, die Frau wird zum Objekt, als zu unterwerfend oder als unterwürfig dargestellt. Gewalt liegt auch in der Darstellung der krassen Domina. Es wird ein völlig verschobenes Bild der Frau gezeichnet. Von einer natürlichen Art und Weise der Sexualität befinden wir uns damit extrem weit weg.

Viele Menschen – insbesondere Frauen – tragen dadurch, wenn es um ihre eigene Sexualität geht, ein Schamgefühl in sich. Sind verunsichert darüber, wie sie zu »sein haben«. Was ist richtig oder falsch? Was erwünscht oder unerwünscht? Sind Fantasien schlecht? Es ist ganz natürlich, sexuelle Fantasien zu haben. Alles, was sich in deinem Kopf abspielt, dir gute Gefühle beschert und keinen Druck auf eine andere Person ausübt, ist meiner Meinung nach ausschließlich deine Angelegenheit. Und vielleicht hat das, was gesellschaftlich oder durch die Herkunftsfamilie vermittelt wird, deiner neugierigen, unschuldigen Lust einen Dämpfer verpasst. Dadurch können Gefühle wie Schuld, Scham oder auch Ekel in Bezug auf Sexualität entstehen. Sie können aber auch eine

Auswirkung der Hexenwunde sein. Es ist mir wichtig, an dieser Stelle ein Verständnis dafür zu schaffen, dass es nicht ausschließlich die heutige Erziehung und die Rezeption der Weiblichkeit bzw. der Sexualität in den Medien ist, sondern dass ein viel älterer Schmerz dahinterstehen kann. Die Unterdrückung der weiblichen und die Diffamierung sogenannter andersartiger Sexualität haben eine lange Geschichte.

Dadurch, dass die Lust der Frau, aber auch diejenige queerer Menschen, über einen so langen Zeitraum ganz bewusst unterdrückt wurde, dadurch, dass Frauen noch immer unterdrückt, als Objekte behandelt und missbraucht werden, ist meines Erachtens die Heiligkeit der Sexualität verlorengegangen. Was fühlst du, wenn du das liest? Fühlst du dich frei in deinem Sein, in deinem sexuellen Ausdruck, in der Art, wie du liebst? Durch deine heilige Sexualität gelingt dir der Zugang zu deiner Kreativität, deiner Kraft, deiner Ausstrahlung und deiner ganz individuellen Macht. Für mich als menstruierende Frau gelang mir das durch die Verbindung mit meiner Gebärmutter. Hier schöpfe ich Urkraft und verbinde mich wieder mit mir selbst. Die Gebärmutter ist für mich die Mutter der Schöpfung.

Ich habe gelernt, meinen Körper wieder zu spüren. *Mich* zu spüren. Meine Bedürfnisse, meine Wünsche, meine Macht und meine Lust. Ein schönes Element, das dabei helfen kann, wieder in Kontakt mit dir und deinem Körper zu kommen, ist das sinnliche Tanzen – ganz besonders hier auch der Beckentanz, der genau dieses Zentrum feiert und uns wieder tief mit uns selbst und unseren weiblichen Vorfahren verbindet. Tanzen bringt uns zurück in unseren Körper. Wenn du dich dafür interessierst, schau dich mal im Internet nach Kursen für Beckentanz, Bauchtanz oder Shakti Dance um.

Ich habe eine Kundin, die heute Tanzen und Magie verbindet. Lange Zeit hatte sie die beiden Bereiche als getrennt wahrgenommen, aber dann verstand sie, dass wir, indem wir wieder unseren Körper spüren, sinnlich und in Verbindung mit uns selbst, wieder zurück in die heilige Urkraft kommen. Als ihr diese Verbindung klar wurde, sprudelte sie förmlich über vor Ideen. Sie kreierte neue Programme mit einer unglaublichen Freude und Leichtigkeit. Hier entstand pure Magie.

Mein Tipp für dich: Nimm dir Zeit für Selfpleasure. Tanze intuitiv zu Musik, die dich tief in deinem Inneren berührt. Verwöhne dich, berühre dich und beobachte, was dir so richtig guttut.

Wie ging es dir mit dem Thema Sexualität? Fühlst du dich inspiriert, vielleicht sogar befreit oder schwelt da noch etwas in deiner Tiefe, das sich unangenehm schwer anfühlt? Hast du innerlich die Augen verdreht, als ich den Beckentanz erwähnt habe? Wäre es dir peinlich, ihn auszuprobieren? Manchmal sind es auch Gefühle wie Peinlichkeit, Schuld oder Scham, die sich bemerkbar machen, wenn wir am Schorf der Hexenwunde kratzen. Das, was wir fühlen, kann ein eigenes Schuldgefühl sein oder eine generational weitergegebene Schuld – so oder so sind wir in diesem Gefühlszustand nicht in unserer vollen Kraft. Wir sind in der Opferrolle, denn wir geben jemand oder etwas die Macht, über uns zu urteilen. Manchmal geben wir einer Person oder den »Umständen« die Schuld, warum wir bestimmte Dinge nicht in Angriff nehmen, fühlen oder aushalten können. Es liegt in unserer, in deiner und meiner Verantwortung, das aufzulösen, was uns klein hält. Hol dir also deine Selbstermächtigung zurück!

Das Drama-Dreieck: warum dich Schuldzuweisungen nicht weiterbringen

Ein wunderbarer Schritt, wieder mit unserer Selbstwirksamkeit in Kontakt zu kommen, ist, zu erkennen, in welcher Rolle wir uns gerade befinden. Hier ist das psychologische Konzept des Drama-Dreiecks hilfreich. Das Drama-Dreieck beschreibt die Dynamik von Beziehungen und Konflikten. Es wurde erstmals in den 1960er-Jahren von Stephen Karpman eingeführt. Das Drama-Dreieck besteht aus drei Rollen: dem Opfer, dem Täter und dem Retter/der Heldin. In einem Konflikt kann eine Person in eine dieser Rollen schlüpfen, während die andere Person in eine andere Position geht. Zum Beispiel kann eine Person sich als Opfer fühlen und jemand anderem die Schuld für ihre Probleme geben (Täterrolle), während jemand anderes versucht, die Situation zu lösen und die Person zu retten (Retterrolle). Das Drama-Dreieck führt, wer hätte es gedacht, zu D R A M A. Daher ist es unser Ziel, einmal mehr aus dem Drama auszusteigen. Die drei Zauberworte sind hierbei:

Bewusstsein
Eigenverantwortung und
Selbstermächtigung

Sei dir deiner Gedanken bewusst. Reflektiere dich und beobachte, was du gerade gedacht hast, wenn dich etwas hilflos oder wütend macht.

Es ist nicht das, was geschieht, das unbequeme Gefühle in dir auslöst, sondern die Bedeutung, die du der Situation gibst.

Es liegt in deiner Verantwortung, zu schauen, woher diese Bedeutung kommt, und sie gegebenenfalls zu transformieren. Genau in diesem Moment holst du dir deine Macht zurück. Du übernimmst die Verantwortung für dich und dein Wohlbefinden.

Sobald du nämlich jemand anderen für dein Verhalten oder deine Situation verantwortlich machst, gibst du die Verantwortung ab.

Spielen wir das Ganze doch einmal an einem Beispiel durch.

Beispiel: »Die Menschen in meinem Umfeld sind schuld, dass ich mich nicht als Hexe zeigen kann. Die verstehen das nicht!«

Ja, viele Menschen verstehen das nicht. Sie haben es vermutlich nie in Betracht gezogen, sich mit Magie zu beschäftigen, sich von ihren Altlasten zu befreien, sich zu einem machtvollen, intuitiven, naturverbundenen Wesen zu transformieren. Und das ist okay. Es geht nämlich nicht um die anderen, sondern um dich. Nehmen wir mal an, du willst dich mutig zu deinem Hexentum bekennen, weißt aber, dass deine ältere Schwester alles Übersinnliche total albern findet. Du denkst also, dass du dich nicht outen kannst, und gibst deiner Schwester die Schuld dafür. Du schiebst eine Riesenwut auf sie. So, und nun beobachtest du deine Gedanken:

»Immer macht die sich lustig.«

»Ich komme immer schlechter weg als sie.«

»Papa hat sowieso schon immer nur ihr recht gegeben, meine Meinung zählt nicht!«

Und so weiter.

Fällt dir etwas auf? Ja, deine Schwester kann deine Beweggründe womöglich nicht nachvollziehen, aber wenn du deine Entscheidung davon abhängig machst, was sie vielleicht denkt oder sagt, hast du schon verloren, bevor du begonnen hast. Du machst deine Entscheidung abhängig von den Erfahrungen, die du in der Vergangenheit gemacht hast. Diese Erfahrungen waren unangenehm und deshalb schiebt sich dein Unterbewusstsein dazwischen und »erinnert« dich daran, dass du, wenn du deine eigene Meinung vertrittst, mit Ärger rechnen kannst. Wie gesagt, das Ganze geschieht unbewusst, und deshalb hilft es total, die eigenen Gedanken zu beobachten.

Mein Tipp für dich: Trage dein Journal bei dir und schreibe täglich, sobald dich etwas hemmt, ärgert, hilflos macht, das Gefühl auf und dazu den Gedanken, der dir dazu durch den Kopf schießt. Mehr nicht.
Beispiel: WUT! -> »Die hört mir einfach nie richtig zu!«
Nach ein paar Tagen schaust du dir mal an, was in deinem Kopf so los ist, und du wirst erkennen, was dich triggert.

Ob es Gefühle in unserer direkten Vergangenheit sind, auf die unser Unterbewusstsein reagiert oder die gesellschaftlich oder epigenetisch weitergegebenen Verletzungen – unser Körper zeigt uns an, wo noch ein Schmerzpunkt liegt. Genau dieser Schmerz wird auch oft beim Thema Hexenwunde getriggert. Wir spüren unterbewusst die Gefahr, die Angst, den Schmerz und geraten in die Opferrolle. Du kannst nicht beeinflussen, wie sich andere wegen dem, was du sagst oder bist, verhalten. Du kannst aber durchaus entscheiden, wie du dich daraufhin fühlen willst.

Bestimmt kennst du dieses Gefühl, einer Situation vermeintlich hilflos oder machtlos gegenüberzustehen und nicht zu wissen, warum. Du fühlst dich dann vielleicht wütend, ohnmächtig, traurig. Das ist okay und es ist wichtig, diese Gefühle zuzulassen, aber langfristig bringt es dich nicht weiter, jemandem die Schuld zu geben. Du darfst aus der Opferrolle wieder rein in die Schöpferkraft kommen. Aus schamanischer Sicht waren wir schon oft in anderen Reinkarnationen hier auf der Erde. Unsere Seelen haben sich verabredet, erneut zusammenzutreffen, um gewisse Erfahrungen zu machen. Das heißt, wir waren mit all den Rollen, die wir eingenommen haben, sicherlich alle sowohl schon einmal Täter wie auch Opfer. Deswegen geht es, wenn es um die Heilung der Hexenwunde geht, auch viel um Vergebung. Vergebung für uns selbst sowie Vergebung für alles, was war. Nur so kann langfristige Heilung entstehen. Diese Heilung bietet dir so viele Möglichkeiten, dich als Hexe frei zu entfalten und deine Hexenkraft in die Welt zu tragen, voller Stolz und Freude. Im vierten Kapitel wirst du erfahren, wie genau du dich von schweren Gefühlen befreist, dein Potenzial (wieder) fließen lässt und Vergebung in dein Leben einlädst.

Durch meine Präsenz auf Social Media habe auch ich schon jede Menge Hass und Wut abbekommen. Ich hatte einen Post für mein 1:1-Mentoring verfasst, in dem ich erklärte, warum wir (eine Kundin und ich) gerade noch kein »perfect match« seien. Dabei ging es auch darum, dass ich mit Menschen arbeiten möchte, die bereit sind, in sich selbst zu investieren, also ums Thema finanzielle Eigenverantwortung. Auch hier wurde einmal mehr die Hexenwunde getriggert, dieses Mal zum Thema Geld. Extrem viele Menschen innerhalb meiner Community gingen damals auf die Barrikaden, ich bekam wütende Kommentare und Privatnachrichten, es entbrannte eine vehemente Diskussion unter meinem Post. So weit, so gut. Ich wusste, dass dieser Post sehr polarisierend war, und wollte mein Publikum bewusst etwas bewegen. In den folgenden Tagen verlor ich knapp 100 Follower*innen. Ob ich es bereue? Kein bisschen. Es hat mir einmal mehr gezeigt, wie wichtig es ist, klare Grenzen zu setzen. Manchmal sogar etwas radikal zu sein. Raus aus dem People Pleasing und rein in die Freiheit. Aber die Story geht noch weiter.

Die ganze Diskussion, das Echauffieren ging so weit, dass eine andere bekannte Hexe ein Live-Video zu meinem Post veröffentlichte, in dem sie sagte, wie ätzend sie mich und meine Aussage finde. Ich selbst konnte an diesem Live nicht teilnehmen, da sie mich zuvor blockiert hatte. Ich erfuhr erst über andere Hexen davon, die mich darauf aufmerksam machten und mir auch berichteten, dass die Kommentare im Livestream wohl sehr unter die Gürtellinie gingen. Und da war es plötzlich wieder: das Gefühl, ausgeschlossen zu sein. Ich fühlte mich wie an einen Pranger gekettet, während alle anderen voller Wut verfaultes Gemüse auf mich schmissen. Ich fühlte mich als Zielscheibe der Frustration und Wut anderer. Mein erster Impuls: Freeze. Schockstarre. Erst einmal ging gar nichts. Ich war völlig überfordert. Nach dieser Phase überkam mich die Wut. Ich wollte mich verteidigen und die Dinge klarstellen. Bis mir plötzlich klar wurde: Ich befand mich wieder mittendrin im Drama-Dreieck. Indem ich mich zum Opfer und die anderen zu Bösewichten gemacht hatte, war ich ganz klassisch in meinem Drama gefangen. Die Hexenwunde hatte mich wieder. Ich beschloss, eine Nacht drüber zu schlafen und die Dinge sacken zu lassen. Am nächsten Tag konnte ich schon wieder wesentlich klarer sehen. Ich erkannte, dass es ganz besonders die Hexenwunde, aber auch die Schwesternschaftswunde waren, die in mir in diesem Fall getriggert wurden, denn es waren wirklich nur Frauen, die mich angegriffen hatten, mit all dem Lästern, dem Ausgrenzen, mit dem Finger auf mich zeigen und da war auch jede Menge Konkurrenz. Und ich entschied mich, aus dem Spiel auszusteigen, nicht auf die Anfeindungen zu reagieren, die Anfeindungen zu »nutzen«, um die sich in mir zeigenden Wunden zu erkennen und zu heilen und mein Business in *meinem* Sinne weiterzuführen. Die beste Entscheidung ever.

Ein weiterer Benefit des Shitstorms: Ich erkannte, dass nicht nur in mir die Hexenwunde und die Schwesternschaftswunde aktiv arbeiteten, sondern dass auch innerhalb unserer Community diese Wunden noch sehr tief waren. Ein Grund mehr, mich auf den Weg zu machen. Aber eins ist dabei ganz wichtig: Nicht alle Menschen sind bereit dafür, und auch das ist völlig okay. Ich möchte auch niemanden »retten« oder »bekehren«, denn dann wären wir wieder im Drama-Dreieck und die andere Person das Opfer. Nein, nur du selbst entscheidest für dich, ob du bereit bist, dein Leben auf eine neue Stufe zu shiften.

Mein Tipp für dich: Wenn du dich angegriffen oder verurteilt fühlst und Wut oder Frustration in dir aufsteigen spürst, gehe bewusst in das sich zeigende Gefühl hinein. Lass es da sein. Und dann schüttele dich einmal so richtig! Tanze wild (z. B. zur Musik aus der Playlist), lass alles raus, schreie, bewege dich wie verrückt, geh deinen Impulsen nach.

Die Hexenwunde im Überblick

Du hast gelesen und erkannt, wie vielfältig sich die Hexenwunde, bewusst wie auch unbewusst, in deinem Leben zeigen kann. Ich möchte dir hier noch einmal zusammenfassend einen Überblick geben, der, wie ich finde, sehr nachdenklich stimmt. Gleichzeitig zeigt er auf, wie viele Chancen und Möglichkeiten es gibt, die Symptome der Hexenwunde zu erkennen und das blockierte Potenzial wieder freizusetzen. Für ein selbstbestimmtes, freies und so magisches Leben!

Wie ich schon dargestellt habe, können wir modernen Hexen von heute, die wir uns mit den historischen und kulturellen Aspekten der Hexenverfolgung und der Hexenwunde auseinandersetzen, mitunter verschiedene psychologische und soziale Auswirkungen bei uns beobachten. Hier gebe ich dir noch einmal einen Überblick, wie sich die Hexenwunde auf mich ausgewirkt hat und sich auch vielleicht auf dich auswirken könnte:

- Identitätskonflikte: Als Hexe war (und bin) natürlich auch ich mit Identitätskonflikten konfrontiert, da ich eine spirituelle und magische Praxis verfolge, die in der Vergangenheit mit Verfolgung und Stigmatisierung in Verbindung gebracht wurde. Da habe ich mich so manches Mal gefragt, ob ich auf dem richtigen Weg bin, und auch ich durfte wieder lernen, meiner Intuition zu vertrauen und meinen Impulsen zu folgen.
- Angst und Vorurteile: Als Hexe hatte ich besonders zu meinen Anfangszeiten, und auch immer mal wieder kurz zwischendurch, Angst vor Vorurteilen und Diskriminierung, insbesondere als ich begonnen habe, meine Arbeit und meine Praktiken öffentlich zu machen. Ich erfahre immer wieder, dass die Hexenverfolgung negative Stereotype über Hexen geschaffen hat, die bis heute bestehen. Je mehr Vertrauen ich in meine Fähigkeiten gewinne, desto nachsichtiger und stabiler bin ich gegenüber Skepsis und Ablehnung.

- Misstrauen in zwischenmenschlichen Beziehungen: Die Geschichte zeigt, dass durch die Diffamierung von Hexen und Frauen im Allgemeinen massive Spaltungen und Misstrauen entstanden sind. Als moderne Hexe ist es mir ein Anliegen, denjenigen unterstützend zur Seite zu stehen, die Schwierigkeiten haben, Vertrauen in andere Frauen, in die magische Gemeinschaft oder in die Gesellschaft insgesamt zu fassen.
- Selbstwertprobleme: Der Widerstand gegenüber Hexenpraktiken war in der Zeit der Hexenverfolgung immens. Es ist für mich absolut nachvollziehbar, dass diese Stigmatisierung zu Selbstwertproblemen führen kann. Auch moderne Hexen können heute mit Ablehnung konfrontiert sein. Wisse immer: Du bist genau richtig, wie du bist. Vertraue deiner Intuition und folge deiner Freude, denn sie zeigt dir den Weg.
- Angst vor sozialer Isolation: Eines der Grundbedürfnisse des Menschen ist die soziale Zugehörigkeit. Wie ich schon erwähnt habe, lebten Heilende oder Hexen früher oft am Rande der Gemeinschaft, sowohl sozial wie auch räumlich gesehen. Deshalb beinhaltet die Hexenwunde auch die Befürchtung sozialer Isolation, wenn du als Hexe oder angehende Hexe spirituellen oder magischen Praktiken folgst. Das führt direkt zum nächsten Punkt.
- Hemmung der Selbstentfaltung: Die Hexenwunde könnte dazu führen, dass moderne Hexen zögern, ihre magische Reise zu verfolgen und sich selbst auszudrücken, aus Angst vor negativen Reaktionen.
- Stigmatisierung von Alternativspiritualität: Die Hexenverfolgung hat auch zur Stigmatisierung von alternativen spirituellen Praktiken beigetragen. Egal, welcher Strömung oder Tradition du folgst, es kann immer die Angst vor Diskriminierung oder Unverständnis mitschwingen.

> Sei dir deiner sicher. Das Unverständnis haben diejenigen, die sich nicht mit der Materie auseinandersetzen. Häufig geschieht Unverständnis aus Angst. Vielleicht magst du diesen Menschen von der Hexenwunde erzählen, denn auch sie können, als Nicht-Hexen, davon betroffen sein.

Es ist wichtig zu beachten, dass nicht alle modernen Hexen diese Symptome gleichermaßen erleben, denn viele Hexen finden Unterstützung und Austausch in ihrer spirituellen Praxis oder Gemeinschaft. Ich möchte dir in diesem Buch einen Weg in diese Gemeinschaft zeigen und dich dabei unterstützen, dein gesundes Maß an Selbstbewusstsein zu entwickeln. Ein unterstützendes soziales Umfeld ist Gold wert und hilft dir, die Auswirkungen der Hexenwunde zu heilen. Ja, es gibt Herausforderungen, aber wir modernen Hexen tragen auch dazu bei, Vorurteile und Diskriminierung abzubauen, indem wir uns die Geschichte der Hexenverfolgung bewusst machen und das Wissen um diese dunkle Vergangenheit all jenen zugänglich machen, die dafür offen und bereit sind. Wir unterstützen Solidaritätsbemühungen unter Frauen und feministische Anliegen, wie auch die Gleichberechtigung aller Lebensformen und Identitäten, um die historischen Wunden zu heilen und das Bewusstsein für Geschlechtergerechtigkeit zu fördern.

4 EINFÜHRUNG IN DIE AHNENARBEIT

»In jeder Ahnenlinie braucht es die erste mutige Person, die bereit ist, Kontakt aufzunehmen und sich den Themen der Ahnenlinie zu stellen. Um dann aus der unfassbaren Kraft und Energie des Ahnenfelds zu schöpfen.«
MELISSA KIRCHGÄSSNER

Ich weiß, dass die Arbeit mit den Ahnen für viele ein sehr persönliches und manchmal sogar schmerzhaftes Thema sein kann. Ich möchte dich dazu ermutigen, dich auf diese Arbeit einzulassen und die spirituelle Verbindung zu deinen Ahnen zu erkunden. Du kannst die Heilarbeit mit den Ahnen nutzen, um dich selbst und die Gemeinschaft zu heilen. Auf jeden Fall aber bereicherst du deine Hexenpraxis.

Vielleicht hast du dich noch nie mit deiner Ahnenlinie beschäftigt und vielleicht fragst du dich, ob deine Ahnen überhaupt Berührungspunkte mit der Hexenverfolgung hatten. Wenn deine Vorfahren in Deutschland oder der Schweiz gelebt haben, haben sie sehr wahrscheinlich etwas mitbekommen. Das heißt nicht, dass jemand aus deiner Ahnenlinie Hexe gewesen sein oder als Hexe auf dem Scheiterhaufen verbrannt worden sein muss. Allein die Angst, als Hexe angesehen und womöglich denunziert zu werden, sein Tun verbergen zu müssen, einen Hexenprozess mitzubekommen oder gar Zeuge einer Hinrichtung gewesen oder auch Täter gewesen zu sein – all diese Erfahrungen können epigenetisch gespeichert und an die folgenden Generationen weitergegeben werden. Durch die Heilung deiner Ahnenlinie hast du die Chance, Frieden in dein System zu bringen.

Was wäre, wenn mit dir eine neue Ära eingeleitet wird? Dieses Zitat habe ich (so ähnlich auf Englisch) vor einiger Zeit bei einem Interview gehört. Dabei ging es um das Thema Finanzen und Wohlstand. Die Person, die interviewt wurde, hatte die alten Familienmuster hinter sich gelassen und es als erste der Familie geschafft, finanziell frei zu werden. Als ich das hörte, war ich fasziniert. Denn das Zitat passt nicht nur auf finanzielle Themen, sondern auf absolut alles. Wenn wir uns bewusst machen, dass wir die Macht in uns tragen, alte Muster aufzulösen und endlich aus epigenetischen und energetischen Wiederholungen auszubrechen, beginnt der erste Schritt in Richtung Freiheit.

Der Kontakt mit unseren Ahnen macht es uns möglich, alte Traumata, die teilweise über viele Generationen vererbt wurden, endlich aufzulösen und den Energiefluss der Ahnenreihe wiederherzustellen. Wenn wir uns mit unseren Ahnen verbinden, erfahren wir Klarheit. Durch die Heilung der Ahnenlinie schaffen wir Vergebung und Frieden. Und das Schöne daran ist: Wenn wir unsere Ahnenlinie heilen, dann tun wir das nicht nur für uns, sondern für all die, die vor uns waren, und für alle, die nach uns kommen werden. Auf individueller, aber auch auf kollektiver Ebene. Denn wir sind alle miteinander verbunden.

Vielleicht hast du in diesem Zusammenhang schon einmal etwas vom morphischen Feld gehört. Der Begriff »morphisches Feld« wurde bereits in den 1980er-Jahren vom britischen Biologen Rupert Sheldrake geprägt. Er beschreibt damit eine hypothetische informelle Verbindung, die alle Mitglieder einer bestimmten Art miteinander teilen und die dazu dient, Verhaltensmuster und Formen innerhalb dieser Art zu beeinflussen. Sheldrake postuliert, dass diese Felder eine Art kollektives Gedächtnis darstellen, das die individuelle Entwicklung von Lebewesen beeinflusst. Die Idee beinhaltet eine nicht-physische Verbindung auf der Ebene von Informationen und Strukturen. Ja, Sheldrakes Konzept wird von einigen Menschen in der wissenschaftlichen Gemeinschaft kritisiert und entspricht bestimmt nicht den Mainstream-Wissenschaftsstandards. Im Bereich der Magie ist die Beweislage der Wissenschaft dünn. Vielleicht werden wir eines Tages auch wissenschaftlich beweisen können, wie genau kollektive Erinnerungen und die Verbindung zu den Ahnen funktionieren. Die Epigenetik ist ein erster Schritt in diese Richtung. Meine Erfahrungen aus der Ahnenarbeit zeigen für mich ganz klar, dass alles miteinander verbunden ist. In deinem Alltag kann das so aussehen, dass du an jemanden denkst, und diese Person dich kurze Zeit später anruft. So sind wir auch mit unseren Ahnen verbunden. Im morphischen Feld speisen sie unsere Erfahrung, denn sie sind unsere Wurzeln.

Daher passt hier auch so wunderbar das Bild des Stammbaums: Wir dürfen zuerst die Wurzeln, also unsere Vorfahren, heilen und ehren, damit unser Baum schöne und kräftige Äste und Blätter bis hin zu Früchten bekommt. Es fängt immer bei uns und mit unserer Entscheidung für uns an. Bist du mutig und machst dich auf den Weg?

Übernimmst du die Eigenverantwortung für dein Leben und kommst in den Schöpfermodus? Das Feld, das sich dir öffnen wird, ist es wert. Die Kraft der eigenen Ahnenlinie zu spüren, ist pure Magie und Leichtigkeit. *Be a good ancestor* – ja, sei ein guter Ahne/eine gute Ahnin für all die, die nach dir kommen. Denn alles, was du auflöst, tust du nicht nur für dich, sondern für die komplette Linie.

Wir tragen die Informationen vieler Generationen in unserem Zellengedächtnis sowie unserem Unterbewusstsein. Diese Informationen steuern unsere Gefühle, Gedanken und Handlungen. Die durch Unterdrückung, Verfolgung, Folter und Gewalt erzeugte Angst wurde von Generation zu Generation weitergegeben, verankerte sich im kollektiven Unterbewussten und wirkt bis heute in uns nach. Du weißt jetzt, wie du die Symptome der Hexenwunde erkennst, und sicherlich hast du mittlerweile ein gutes Gefühl dafür gewonnen, welche Symptome bei dir wirken.

Auch ich habe während der Recherche zu diesem Buch noch einmal den intensiven Kontakt mit meinen Ahnen gesucht. Ahnenarbeit ist heilig für mich und ich hoffe, dass sie es im Laufe dieses Buches auch für dich sein darf. Das kann sich für dich noch unstimmig anhören, vielleicht kennst du deine Ahnen kaum oder du hältst nicht so viel von deiner Familie. Aber wisse: Egal, welche Schwierigkeiten du mit deiner Familie hast oder hattest, es gibt immer Ahnen, die voller Liebe für dich sind und dir ihr Licht senden wollen. Ahnenarbeit kann dir zu mehr Kraft, Ganzheit und Heilung im Leben verhelfen. Es sind so viele Ahnen mehr als die, die du bereits zu kennen vermagst. Was durch unsere Ahnenlinie fließt, ist auch so viel mehr als »nur« Genetik. Hier sind die Schicksale aller verwoben, die Träume, das Leid, die Angst und das

Glück. Du bist heute hier, weil du *trotz* der Erlebnisse deiner Ahnenlinie heute hier bist. Lass das einmal in dir wirken. All die Leben, all die Schicksale, all die Freude und das Leid, alles, was dazu geführt hat, dass du heute lebst. Allein das ist schon ein Privileg und Zeichen der Kraft. Du hast es deinen Ahnen zu verdanken, dass du heute existierst. Das ist schon Grund genug, um Demut und Dankbarkeit zu empfinden, denn das Geschenk des Lebens ist keineswegs selbstverständlich.

Die liebevolle Verbindung mit unseren Ahnen ist ein Kernstück der Heilung der Hexenwunde. Solange wir die Muster unserer Vorfahren wiederholen, können wir nie ganz bei uns selbst ankommen. Daher zeige ich dir nun in diesem Kapitel, wie du die Ahnenarbeit für dich nutzen kannst, um die Vergangenheit loszulassen und damit völlig in der Gegenwart anzukommen. Du erfährst die Grundlagen der Ahnenarbeit und lernst, wie du mit deinen Ahnen in Kontakt trittst und dich mit ihnen und ihrer Kraft verbindest. Du errichtest deinen (vielleicht ersten) Ahnenaltar und weihst ihn ein. Ein weiterer wichtiger Schritt in Richtung Heilung!

Um ein Gespür dafür zu bekommen, wer deine Ahnen überhaupt waren, darfst du auch neugierig im Familienstammbaum forschen und in deiner Familie nachfragen. Bist du jemandem besonders ähnlich? Gibt es gewisse Muster oder Eigenarten, die sich wiederholen? Vielleicht hast du dich schon einmal damit auseinandergesetzt, eine Genealogie-App genutzt oder sogar einen Ahnenforscher konsultiert. Falls nicht, mach dich einfach neugierig und offen auf den Weg. Die Übung »Der Stammbaum« ist dabei total hilfreich.

Übung: Der Stammbaum

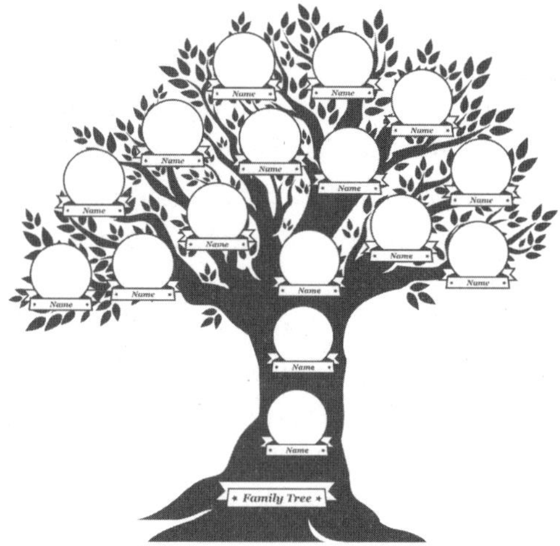

Male einen Lebensbaum auf ein großes Blatt Papier. Beginne mit deinem Namen und schreibe dann die Namen deiner Eltern auf die nächsten zwei Zweige. Von jedem dieser Zweige ausgehend zeichnest du je zwei weitere Zweige für deine Großeltern mütterlicher- und väterlicherseits. Gehe erst einmal so weit, wie du ohne großen Aufwand Informationen in Erfahrung bringen kannst, z. B. bis zur dritten Generation (deine Urgroßeltern).

Dann schreibe zu jedem Beteiligten alles auf, was du über sie oder ihn weißt. Fange zunächst mit den Traumata an: Frühe Tode, Kriegserlebnisse, Erkrankungen, Fehlgeburten. Mache dann weiter mit schönen Erlebnissen, die prägend waren. Alle wunderbaren Eigenschaften, die sie oder er hatte oder hat. Nimm dir für diesen Teil viel Zeit und sei offen.

Du kannst das Blatt später falten und in dein Journal integrieren oder deinen fertigen Stammbaum noch einmal darin abzeichnen.

Du darfst dich erst einmal langsam an das Thema herantasten. Denn die wenigsten Menschen haben gelernt, mit ihren Vorfahren in Kontakt zu treten. Vielleicht gibt es Erzählungen innerhalb deiner Familie, die dich immer wieder begleiten und die du von klein auf gehört hast. Unsere Angehörigen wissen oft wesentlich mehr über unsere Vorfahren, als sie zunächst preisgeben. Manchmal erinnern auch alte Fotos an diese Menschen. Wenn du adoptiert bist, kannst du diese Fragen auch an deine Adoptivfamilie stellen, denn durch die Adoption wirst du Teil des Familiensystems – auch energetisch. Das heißt, dass du auch von den Erfahrungen der Ahnenlinie deiner neuen Familie beeinflusst sein kannst. Wenn du deine Herkunftsfamilie nicht kennst, kann es hilfreich sein, dich mit dem Kulturkreis zu verbinden, aus dem du stammst. Hier kannst du dich auf die Suche nach Mythen und Erzählungen begeben, die dir dabei helfen können, dich energetisch zu verbinden.

In jeder Linie braucht es die eine mutige Person, die bereit ist, sich den Themen der Ahnenlinie zu stellen und Versöhnung in die Wunden zu bringen. Dabei ist jede Familie auch immer ein System. Das bedeutet, wenn wir etwas an unserer jetzigen Position im System verändern, wird das gesamte System aufgefordert, sich anzupassen. In gewisser Weise wie bei einer Kettenreaktion. Das kann sehr lösend und befreiend sein, aber im ersten Schritt auch auf heftige Widerstände innerhalb der eigenen Linie stoßen. Vielleicht willst du dein Leben ändern, hast eine außergewöhnliche Idee, wirst aber von Mitgliedern deiner eigenen Familie kleingehalten oder dafür angefeindet. Als ich vor circa neun Jahren das erste Mal von daheim auszog, nach Köln, das etwa drei Stunden Autofahrt entfernt lag, stellten sich auch in meiner Familie ein paar Familienmitglieder quer. Tränen, Wut, Schuld – einige Karten wurden ausgespielt. Aber ich wusste, dass dies *mein* Weg war. Die Frage ist also: Bist du bereit, deinen Weg zu gehen?

Warum Ahnenarbeit?

Ohne unsere Vorfahren wären wir nicht hier. Das ist eine sehr einfache Wahrheit, die wir in der westlichen Gesellschaft jedoch gerne vergessen. Für viele Völker, die noch Magie praktizieren, steht die Ehrung der Vorfahren im Mittelpunkt des Gemeinschaftslebens. Ohne die Gaben und Segnungen unserer Ahnen hätten wir nichts von dem, was wir heute genießen. Ihr Blut fließt durch unsere Adern, sie haben ihre Talente an uns weitergegeben, sie haben uns das Geschenk des Lebens gemacht, sie sind unser Stammbaum, die Wurzeln unserer Existenz. Unsere Gesellschaft hat dieses Bewusstsein weitgehend verloren. Viele von uns wollen den Blick lieber in die Zukunft richten und mit der Vergangenheit nichts mehr zu tun haben. Wenn du dieses Buch liest, gehörst du nicht zu diesen Menschen, denn du hast dich bereits freiwillig mit der Geschichte der Hexenverfolgung und damit mit der Geschichte deiner Ahnen, der Zeit, in der sie lebten, und womöglich mit konkreten Begebenheiten beschäftigt. Doch allzu oft vergessen Menschen, wie wichtig die eigenen Wurzeln sind. Unsere Ahnen bilden ein eigenes Energiefeld, in das wir eingebettet sind. Wenn diese Energie frei fließen kann, spüren wir das wie eine Stärkung im Rücken. Nach Stefan Limmer macht das Ahnenfeld ein Drittel der uns zur Verfügung stehenden Energie und Kraft aus[82] – das ist eine ganze Menge! Zudem nährt es unsere Aura, versorgt unsere Energiezentren (auch Chakren genannt) und verbindet uns mit der Weisheit unserer Vorfahren. Ist dieser

Energiefluss blockiert, können wir uns leer, kraftlos, antriebslos oder auch in einem Schmerzkörper gefangen fühlen.

Die Ahnenarbeit kann uns dabei helfen, aktuelle Themen, Muster und Herausforderungen durch die Verbindung mit der Vergangenheit zu transformieren, sodass wir losgelöst in die Zukunft gehen können.

Der Kontakt mit unseren Ahnen macht es uns möglich, alte Traumata, die wie auch die Hexenwunde teilweise über viele Generationen vererbt wurden, endlich aufzulösen und den Energiefluss der Ahnenreihe wiederherzustellen. Wenn wir uns mit unseren Ahnen verbinden, erfahren wir Klarheit, durch die Heilung der Ahnenlinie schaffen wir Vergebung und Frieden. Und das Schöne daran ist: Wenn wir unsere Ahnenlinie heilen, dann tun wir das nicht nur für uns, sondern auch für all jene, die vor uns waren, und für alle, die nach uns kommen werden. Das geschieht auf individueller wie auf kollektiver Ebene, denn wir sind alle miteinander verbunden. Daher passt hier auch so wunderbar das Bild des Stammbaumes: Wir dürfen zuerst die Wurzeln, also unsere Vorfahren, heilen und ehren, damit unser Baum schöne und kräftige Äste und Blätter bis hin zu Früchten bekommt.

Ahnenkulte

Neben der klassischen Ahnenforschung gibt es weltweit unzählige Traditionen, in denen nicht erst nach den Ahnen gesucht werden muss. In diesen Traditionen sind die Ahnen als Teil des Alltags sehr präsent und nicht selten werden ihnen regelmäßig Gaben geopfert. Ich durfte beispielsweise den *Día de los muertos,* also den Tag der Toten, in Mexiko erleben. Die Familie, bei der ich wohnte, hatte einen ganzen Raum (!) nur dem Altar ihrer Vorfahren gewidmet. Ich war überwältigt und dankbar, eine aktive Ahnenkultur miterleben zu dürfen. Es gibt Kulturen, beispielsweise in den lateinamerikanischen Anden oder auch in vielen Teilen Afrikas, in denen die Vorfahren aktiv um Rat gefragt werden. Dort besteht eine lange Tradition, die Ahnen in das spirituelle Gemeinschaftsleben miteinzubeziehen und sie zu ehren. Auch im südöstlichen Teil Asiens spielt der Ahnenkult eine zentrale Rolle und die Menschen dort haben viele verschiedene Rituale, um ihre Ahnen zu ehren. In Thailand existiert ein ähnliches Geisterfest wie in China oder Japan. In Vietnam, Thailand und Kambodscha haben noch heute viele Menschen einen Hausaltar. In Indonesien und Malaysia wird ein Ahnenkult teilweise neben der Staatsreligion Islam praktiziert. Und auch beim nordischen Schamanismus gehen wir davon aus, dass die Ahnen um uns sind und sie gleichzeitig ihren eigenen Ort haben, eine »Ahnenhalle«.

Wir haben vergessen, dass die Ahnen einst völlig natürlich zu uns gehörten. Aber auch in unserem modernen Leben existieren noch die Überreste unserer einst paganen Welt und dem Ahnenkult, wie z. B. an Allerheiligen am ersten November. An diesem Tag gehen viele Menschen auf den Friedhof und besuchen die Verstorbenen. Ja, indem wir unsere Ahnen besuchen, gedenken wir ihnen. Aber sie dürfen auch wieder in unser Leben Einzug halten und Teil unseres magischen Alltags werden. Erinnere dich, verbinde dich.

Wir Hexen feiern zu Samhain, in der Nacht vom 31. Oktober bis zum 2. November den Abschluss des Jahres und den Beginn der dunklen Jahreszeit. Samhain trägt auch den Beinamen »Hexenneujahr«, denn es ist das letzte der keltischen Jahreskreisfeste. Und auch Halloween (*All Hallow's Eve)* hat hier seine Wurzeln. Diesen Brauch, den wir heute als buntes Gruselfest für Kinder kennen, brachten irische Migranten im 19. Jahrhundert in die Vereinigten Staaten. Auch beim All Hallow's Eve geht es primär um die Erinnerung an die Toten und die Ehrung der Ahnen. An diesem Tag sind die Schleier zur Anderswelt besonders dünn und wir kommen dadurch noch leichter in den Kontakt mit ihnen. Die Ehrung der Vorfahren ist auch Mittelpunkt von Samhain. Du siehst, dass in sehr vielen Teilen der Welt die Verbindung mit den Ahnen präsent ist. Und auch wir dürfen uns wieder daran erinnern und liebevoll in Kontakt kommen, denn die Verbindung ist Teil unserer spirituellen DNA. Es ist auch dein Geburtsrecht, diese wieder für dich zu aktivieren.

Wer sind unsere Ahnen?

Meist sprechen wir nicht von Verwandten, sondern von Ahnen, wenn die Zeit, in der unsere Vorfahren lebten, schon mehrere Generationen zurückliegen. Wie beim Bild des Stammbaums kannst du dir vorstellen, dass sie als Ursprung unserer Linie nicht nur unser genetisches, sondern auch unser seelisches Erbe beeinflussen. Das große Interesse an Ahnenforschung und Ahnenkulten betont ihre Bedeutung für unsere Identität. In diesem Kapitel gebe ich dir einen Überblick über die Ahnenlandschaft und dann wird's praktisch!

In meiner Praxis als Hexe unterscheide ich zwischen Ahnen des Blutes und jenen des Platzes.

Ahnen deines Blutes

Deine Ahnen deines Blutes sind diejenigen Vorfahren, mit denen du deinen genetischen Stammbaum teilst. Einige von ihnen kennst du wahrscheinlich selbst noch, die meisten jedoch nicht. Ihr Blut fließt durch deine Adern, genauso wie auch all die epigenetischen Muster – die gesamte Bandbreite an genetischem Erbmaterial: dein Aussehen, aber auch deine Verhaltensmuster. Mit diesen Ahnen können wir meistens am einfachsten eine Verbindung herstellen, da sie uns am nächsten sind. Deine blutsverwandten Ahnen stammen insgesamt aus zwei Linien: der Ahnenlinie deiner Mutter und der deines Vaters. Es gibt allerdings auch Fälle, in denen der offizielle Vater eigentlich gar nicht der Erzeuger war. Das passiert tatsächlich häufiger, als wir denken, weswegen viele in der Genealogie gerne mit DNA-Tests arbeiten, um »echte« Vorfahren zu finden. Aber egal, ob »echter« Erzeuger oder nicht, es geht bei den Ahnen des Blutes um die Menschen, die dich erschaffen und aufgezogen haben und dich somit zu einem Teil ihres Familiensystems gemacht haben. Diese blutsverwandten Ahnen können wir nochmals in zwei Kategorien aufteilen.

Die friedvollen und die nicht so friedvollen Ahnen

Die friedvollen Ahnen, auch geläuterte Ahnen genannt, sind, wie der Name schon vermuten lässt, mit sich und ihrem vergangenen Leben im Reinen. Sie haben ihren Platz in der Ahnenreihe anerkannt und sehen sich als Bindeglied zwischen den Generationen. Diese lichtvollen und mitfühlenden Ahnen sind bereit, dir in deinem Leben zu helfen. Von ihnen fließt die Kraft der Liebe, des Mitgefühls und der Heilung zu dir. Deine geläuterten Ahnen unterstützen dich, du kannst mit ihnen hinderliche Familienmuster auflösen und damit sowohl dich als natürlich auch die nächste Generation ein Stückchen mehr heilen.

Und dann gibt es noch die nicht so friedvollen Ahnen, die noch mit ihrem vergangenen Leben hadern und in einer negativen Energie verhaftet sind. Sie tragen noch Schuld, Scham, Angst, Bedauern oder auch Rache in sich. Ich würde sie nicht als »böse« bezeichnen, da sie nicht von Grund auf schlecht sind. Aber der Kontakt mit ihnen ist mit Vorsicht zu genießen, denn sie wollen oftmals nicht ins Licht gehen und wehren sich, weil es für sie noch etwas zu klären gibt. Auch in ihnen steckt ganz tief der Wunsch nach Erlösung, doch der Weg dorthin kann manchmal länger dauern. Ich hatte beispielsweise schon einige Klientinnen, bei denen der Ahne, der noch nicht ins Licht gehen wollte, mehrfach (bei Terminen via Zoom) in die Leitung gefunkt ist und die Kommunikation schon den ganzen Tag vor unserer Session gestört hat. Als er oder auch sie dann ins Licht ging, war plötzlich alles wieder ruhig und technisch ganz einfach. Es kann auch sein, dass du epigenetische Muster von deinen weniger friedvollen Ahnen übernommen hast, wie beispielsweise tiefe Trauer oder heftige Wut, die immer wieder aufflammt, ohne dass es für dich einen erklärbaren Grund gäbe. Letztendlich blockieren genau diese Ahnen häufig den Energiefluss, weshalb in der Arbeit mit ihnen das größte Heilungspotenzial steckt.

Merke: Wenn du mit der Ahnenarbeit beginnst, ist es wichtig, erst einmal nur die friedvollen, unterstützenden Ahnen zu rufen. Ein Fundament mit ihnen ist der Grundstein, um dann mit den nicht so friedvollen Ahnen zu arbeiten.

Ich bin adoptiert, was tun?

Viele Menschen, die adoptiert wurden, denken, dass sie keine Ahnenarbeit machen können. Das ist ein Irrglaube, denn auch du hast viele Vorfahren, auch wenn du vielleicht derzeit noch nicht so viel über sie weißt. Für die Ahnenarbeit ist es nicht essenziell, dass du deine Wurzeln genau kennst. Natürlich wünsche ich dir von Herzen, dass du deine Ursprungsfamilie ausfindig machen kannst, wenn es dein Wunsch ist. Aber es ist für diese Arbeit nicht notwendig. Denn glaub mir, deine Ahnen kennen dich und warten schon sehnsüchtig darauf, dich empfangen zu dürfen.

Ahnen des Platzes

Diese Ahnen beziehen sich auf bestimmte Orte, wie beispielsweise dein Eigenheim. Es kann sein, dass es dort einen Vorfahren gibt, der zuvor hier gelebt hat und dem du gern deine Ehre erweisen möchtest. Es kann sich hier auch um Orte handeln, zu denen du eine tiefe Verbindung spürst, ohne genau zu wissen warum. Oder auch um Kraftorte, bei denen du dich energetisch auftankst. Die Ahnen des Platzes müssen nicht zwangsläufig mit dir verwandt sein, sondern stehen stellvertretend für die Energie des Ortes und die Vorfahren, die hier schon vor Ewigkeiten heilige Rituale und Zeremonien abgehalten haben. Ich war im Herbst ein paar Tage im Harz und habe mich dort total in die Natur und die Energie verliebt. Gemeinsam mit meinem Mann war ich am Fünffingerfelsen, einer eigentümlichen Felsformation, der nachgesagt wird, dass die Menschen seit jeher von ihr angezogen werden. Es wird vermutet, dass der Fünffingerfelsen bereits in prähistorischer Zeit ein Versammlungsort für rituelle Zwecke war, historisch ist das aber nicht belegt. Energetisch habe ich es aus vollem Herzen gespürt. Und so habe ich ein kleines Ritual für die Ahnen des Platzes gemacht, mich bei ihnen mit einer Opfergabe bedankt und einen rituellen Gegenstand energetisch aufgeladen.

Hier ist dieses Gebet entstanden. Wenn du möchtest, kannst du es gern das nächste Mal sprechen, wenn du an einem Platz bist, an dem es sich für dich gut anfühlt.

Gebet für die Ahnen des Platzes

An den heiligen Plätzen unserer Vorfahren
Für die Ahnen des Platzes
All die, die schon vor Hunderten von Jahren
die Heiligkeit von Mutter Erde gefeiert haben
All die, die sich hier versammelten und Rituale abhielten
Ich danke euch für die Energie und Kraft dieses Ortes
Ich fühlte mich hier sicher, geborgen und zu Hause.
Ahé.

Über die sieben Generationen

Viele Schamanen und Heilerarbeiterinnen sprechen von den klassischen sieben Generationen, die uns beeinflussen und noch aktiv auf unser Leben einwirken. Eine Generation umfasst im Schnitt zwischen 25 Jahre (mütterlich) und 30 Jahre (väterlich), sodass wir nach dieser Rechnung bei sieben Generationen im Schnitt etwa auf 200 Jahre kommen. In meinem Fall ginge die siebte Generation zurück bis etwa 1780. Wir erinnern uns: 1782 fand in der Schweiz die letzte offizielle Hexenverbrennung statt.

In meiner Arbeit mit den Ahnen meiner Kundinnen und Kunden ist mir aber bewusst geworden, dass die Energie unserer Ahnen so viel weiter zurückreicht als sieben Generationen. Bevor ich mich aktiv mit der Hexenwunde befasste, befand ich mich schon tief in der Ahnenarbeit. Meine Ahnen waren es, die mir den Weg zeigten. Ich spürte, dass mehr als sieben Generationen durch mich fließen und dass es Ahnen in meiner Linie gibt, die zu den Zeiten der Hexenverfolgung gelebt haben. Und auch bei der Arbeit mit meinen Kunden kamen bei Sieben-Generationen-Aufstellungen häufig Blockaden im »Systemstein«, einem symbolischen Gegenstand, der stellvertretend für alle Ahnen vor der siebten Generation steht. Ein Zufall? Definitiv nicht.

Eine Sieben-Generationen-Aufstellung ist eine Form der Ahnenarbeit, die die Verbindungen zwischen dir und deinen Vorfahren bis zur siebten Generation zurückverfolgt. Dies kann helfen, tief verwurzelte familiäre Dynamiken, Muster und Blockaden aufzudecken, die möglicherweise bis in die Gegenwart fortbestehen. Ich hatte aber sehr viele Kunden und Kundinnen, die schon die Blockade vor dem Systemstein lösen mussten. Viele treffen dabei auf eine Hexe in ihrer Ahnenlinie.

Du kannst eine Sieben-Generationen-Aufstellung buchen, du kannst dich aber auch sehr gut erst einmal allein auf den Weg machen. Ich möchte dich mit diesem Buch zur Ahnenarbeit ermutigen, denn sie ist sehr kraftvoll. Durch die Arbeit mit deiner Ahnenlinie bekommst du auch Informationen, die dir mehr Klarheit schenken über deine aktuelle Familie.

Zur Geschichte meiner Ahnen zu Zeiten der Hexenverfolgung

Ich habe mich im Rahmen dieses Buches mithilfe einer Ahnenforscherin ein wenig meiner Genealogie gewidmet, sprich einen Stammbaum erstellt und erweitert. Für mich ist der Kontakt zu meinen Ahnen zuvor rein spirituell gewesen und ließ sich maximal auf die Geschichten zurückführen, die meine noch lebenden Verwandten erzählen. Für dieses Buch gehe ich daher von den Regionen aus, von denen ich weiß, dass meine Vorfahren dort mindestens bis zur vierten Generation gelebt haben. Die Seite meiner Mutter kam aus der Region Süd- und Vorderpfalz, die Seite meines Vaters aus der Region Kurpfalz Richtung Baden-Württemberg. Es war erst einmal ein Schock für mich, herauszufinden, dass ich in Speyer, der Stadt, in der der *Hexenhammer* gedruckt wurde, den Großteil meiner Jugend verbracht hatte. Bei der weiteren Recherche erfuhr ich dann, dass die »Freie Reichsstadt Speyer« gar kein Zentrum der Hexenverfolgung gewesen war. Dort wurde nur eine Hexe (im Jahr 1581) verbrannt.[83] In der Südpfalz hingegen, der Region meiner Vorfahren mütterlicherseits, fanden von 1576 bis 1659 Hexenverfolgungen statt, bei denen rund 18 Frauen und ein Mann wegen des Hexereidelikts zum Feuertod verurteilt wurden. Daher ist es für mich nicht verwunderlich, dass die Hexenwunde in mir lange Zeit brannte. Auch wenn ich während meiner Recherchen noch nichts Konkretes hinsichtlich etwaiger Hexen in meiner Ahnenlinie herausfinden konnte, habe ich dennoch ein Gefühl für die Region, in der meine Vorfahren lebten, gewinnen können. Wir dürfen nicht vergessen, dass nicht nur Opfer der Hexenverfolgung die Hexenwunde weitergegeben haben, sondern auch Zeugen, Zeitzeugen, Personen in medizinischen Berufen und auch Mittäterinnen und Täter.

Im nächsten Schritt lade ich dich nun ein, dir etwas Zeit für eine Übung zu deiner Ahnenforschung zu nehmen. Dazu habe ich dir nachfolgend einige Fragen in Bezug auf deine Ahnenlinie aufgelistet. Nachdem du schon erste Erkenntnisse zum Thema Ähnlichkeiten, Vorlieben und schöne Geschichten gesammelt hast, kannst du nun tiefer gehen, indem du diese Fragen beantwortest.

Bei der Ahnenforschung geht es für mich nicht um einen wissenschaftlichen Anspruch, sondern nur darum, dass du ein gewisses Gefühl für deine Vorfahren bekommst. Natürlich kannst du dann noch weitergehen mit DNA-Tests, Onlineplattformen oder Stammbüchern, wenn du merkst, dass die Beschäftigung mit dieser Thematik mit dir in Resonanz geht. Aber wisse, dass das nicht notwendig für den Kontakt mit deinen Ahnen ist.

Tiefergehende Fragen zur intensiveren Ahnenforschung

- Kenne ich die **Geschichte meiner Ahnenlinie?** Welche Informationen besitze ich über die vergangenen Generationen meiner Familie?
- Gibt es Berichte über **traumatische Ereignisse,** die möglicherweise überliefert wurden?
- Welche Auswirkungen hatten traumatische Ereignisse auf meine Familie? Gibt es Geschichten, Verhaltensmuster oder Reaktionen, die sich möglicherweise über **Generationen hinweg fortgesetzt/wiederholt** haben?
- Wie wurden diese Erfahrungen in meiner Familie **verarbeitet?** Gab es offene Gespräche darüber oder wurden die Erinnerungen möglicherweise verdrängt?

- Gibt es bestimmte **Verhaltensmuster, Ängste oder psychologische Herausforderungen** in meiner Familie, die möglicherweise auf kollektive Traumata zurückgeführt werden könnten?
- Inwiefern spüre ich persönlich eine **Verbindung zu meinen Vorfahren** und ihren Erfahrungen? Gibt es Emotionen, die ich empfinde, ohne dass ich eine klare Ursache dafür nennen kann?
- Gibt es **bestimmte Themen, die mich auf unbewusste Weise stark beschäftigen** und die möglicherweise mit der Vergangenheit meiner Ahnenlinie in Verbindung stehen?
- Haben meine Vorfahren in einer **Region** gelebt, in **der Hexenjagden** stattfanden?
- Wie ist die Einstellung meiner Familie zum **Thema Magie, Spiritualität und Religion?**

Liebevoller Kontakt mit deinen friedvollen Ahnen

Nach dieser Reflexion bist du schon einen wichtigen Schritt in Richtung Ahnenarbeit gegangen. Wenn du mit deinen Ahnen in Kontakt treten möchtest, ist es wichtig, sie erst einmal in dein Leben einzuladen, denn um sie in deinen Alltag zu integrieren, brauchen sie einen Platz in deinem Leben. Wenn du einen liebevollen Kontakt mit deinen Ahnen pflegen möchtest, dann darfst du ihnen einen Raum geben. Wenn du zeitlich wie auch räumlich mit ihnen verbunden bist, werden sie dir als Berater und Unterstützer dienen. Ich zeige dir hier einige Beispiele, wie du mit deinen geläuterten Ahnen, also denen, die bereits ins Licht gegangen sind, in Kontakt treten kannst.

Botschaften deiner Ahnen

Auch wenn du es vielleicht noch nicht so für dich wahrnimmst, bekommst du ständig über deine Ahnen Nachrichten aus der Anderswelt zugesandt. Es gibt viele Arten, mit unseren Vorfahren zu kommunizieren, aber zunächst einmal möchte ich dich einladen, dich überhaupt dem Gedanken zu öffnen, dass deine Ahnen dir Botschaften senden. Vielleicht hattest du auch schon einmal Kontakt mit einem deiner Ahnen, ohne es bewusst als solchen wahrgenommen zu haben. Vielleicht ist dir beispielsweise deine Oma im Traum erschienen oder du konntest den Geruch deines Großvaters im Raum wahrnehmen. All das ist Ahnenkontakt. Manche Menschen empfangen auch Bilder, Symbole oder Zeichen. Wir dürfen uns jedoch von der Vorstellung lösen, dass wir den Vorfahren klar vor uns sehen, oder dass er uns wie ein Geist in Ghost Busters erscheint. Das hat etwas zu viel Hollywood-Charakter. Der Ahnenkontakt ist meist wesentlich subtiler, aber geht unter die Haut. Manche Menschen hören auch ein Raunen oder den Zuspruch ihrer Ahnen. Das kommt darauf an, welche Hellsinne bei dir besonders ausgeprägt sind. Auch hier gilt es, in deine magischen Fähigkeiten zu vertrauen.

Olfaktorische Botschaften

Ein Klassiker unter den Kontakten und besonders auch für Menschen mit dem ausgeprägten Sinn des Hellriechens ist der Geruch unsrer bereits verstorbenen Vorfahren, der plötzlich da ist. Viele meiner Kunden berichten, dass dies der erste Kontakt war, den sie wahrnehmen konnten, nachdem sie sich darauf eingelassen hatten und die Tür zur Anderswelt somit einen Spalt breit geöffnet war. Das Parfüm der Oma in der Küche oder das Aftershave des Urgroßvaters im Badezimmer – all das sind Wege, mit denen unsere Vorfahren uns zeigen, dass sie präsent sind. Manchmal ist es auch die pure Präsenz der Energie, die du wahrnimmst. Oder das Lachen einer geliebten Person. Sei offen und empfange.

Botschaften durch Träume

Ein ganz wundervolles Beispiel ist das von meinem Mann, der aus Argentinien kommt, aber väterlicherseits deutsche Vorfahren hat. Seine deutschen Großeltern waren bereits verstorben, sind ihm aber am Morgen unserer Hochzeit im Traum erschienen. Ganz schick gekleidet und unfassbar stolz haben sie ihm gratuliert. Er war zutiefst berührt und dankbar für ihre Botschaft.

Zeichen durch Federn

In der magischen Welt gelten Federn als Zeichen aus der Anderswelt. Oftmals nehmen wir es als völlig normal hin und denken nicht einmal daran, dass eine Feder, die vor uns auf dem Gehweg liegt, eine Botschaft sein könnte. Um mit deinen Vorfahren kommunizieren zu können, ist es wichtig, für ihre Botschaften empfänglich zu sein, die sehr sanft sein können. Und natürlich musst du auch anfangen, Fragen zu stellen. Also öffne dich gern für die Möglichkeit, dass dir jemand in der Anderswelt eine Botschaft senden möchte, wenn du das nächste Mal eine Feder siehst.

Wenn die Technik verrückt spielt

Es kommt auch gerne mal vor, dass Vorfahren sich in die Technik einschleusen. Dann flackert plötzlich das Licht, die Leitung ist belegt oder ein Song wird aus dem Nichts gespielt. Auch das sind oft Botschaften aus der Anderswelt, in denen deine Ahnen mit dir kommunizieren möchten. Du brauchst keine Angst davor zu haben, denn sie wollen nur deine Aufmerksamkeit erlangen.

Bitte beachte: Es ist wichtig, allen Beteiligten in unserem Ahnensystem den nötigen Respekt zu gewähren. Es steht uns nicht zu, zu werten oder zu verurteilen. Wir dürfen uns vor dem Schicksal unserer Vorfahren verneigen und ihnen Achtung sowie Wertschätzung entgegenbringen.

Mit deinen Ahnen in Kontakt treten

Ahnen können spontan mit uns in Kontakt gehen, aber auch wir können aktiv den Kontakt mit ihnen suchen. Daher habe ich dir im nächsten Schritt einige Möglichkeiten aufgelistet, wie du mit deinen friedvollen Ahnen in liebevollen Kontakt treten kannst. Das macht die Kommunikation einfacher und klarer, da wir in diesem Moment bewusst sind.

Gräber besuchen und pflegen

Eine Möglichkeit, deine Ahnen zu ehren, ist der Besuch und die Pflege ihres Grabes auf dem Friedhof. Erinnere dich an sie. Du kannst ihnen Geschenke wie beispielsweise Blumen, getrocknete Kräuter oder frisches Wasser ans Grab bringen und das Grab ein wenig pflegen (Blätter wegsammeln etc.). Das kann sehr meditativ und intensiv sein. Ich pflege die Tradition, um Samhain mit meiner Oma und meiner Mama auf den Friedhof zu gehen und dort die Gräber zu pflegen sowie eine Kerze für unsere Verstorbenen anzuzünden. Das ist immer eine ganz wundervolle und magische Erfahrung, denn auch hier kannst du den liebevollen Kontakt suchen und dich im Geiste mit deinen Vorfahren verbinden.

Der Ahnenaltar

Der Ahnenaltar ist ein Ort, an dem du deiner Ahnen gedenkst und gezielt mit ihnen in Kontakt treten kannst. Der Altar zeigt ihnen, dass du ihnen einen Platz in deinem Leben einräumst, und gleichzeitig erinnert er dich daran, dass sie bei dir sind. Dabei soll der Ahnenaltar kein Ort der Trauer sein, sondern ein Treffpunkt. An diesem Ort ist Platz für alle Gefühle. Dankbarkeit, Freude, Liebe und Glück, Anerkennung, Vergebung und Wertschätzung, aber auch Wut, Schuld, Trauer und Scham finden hier ihren Raum. Es ist ein wahrlich magischer Ort.

Gestaltung deines Ahnenaltars

Richte einen Platz auf einem Tischchen oder einer Kommode ein. Du kannst dort Blumen, Kerzen sowie Kräuter und Kristalle und, wenn du möchtest, Fotos von deinen verstorbenen Familienmitgliedern aufstellen. Du kannst auch Erbstücke oder andere Gegenstände integrieren, die dich an sie erinnern. Wenn du die vorhergehende Übung gemacht hast, weißt du vielleicht, was sie gern gegessen oder getrunken haben, und kannst auch das als kleine Opfergabe auf deinen Altar stellen. Wenn sie gerne geraucht haben, kannst du ihren Lieblingstabak hinstellen. Wenn deine Tante Lia zum Beispiel gern pfälzische Rieslingschorle getrunken hat, biete ihr ein Glas davon an. Deiner Fantasie sind keine Grenzen gesetzt. Alles, was sich für dich richtig anfühlt, ist gut. Auch bei der Farbwahl sei gern offen. Und vielleicht kommt im Laufe der Zeit noch etwas dazu.

Typische Opfergaben sind:

- weiße Blumen,
- (hochprozentiger) Alkohol,
- Räucherwerk,
- weiße Speisen,
- Süßigkeiten oder Kuchen,
- alles, was deine Ahnen zu ihren Lebzeiten besonders mochten,
- Speisen vom Familientisch,
- Blütenwasser oder Parfüm,
- etwas von deinem Lieblingsgetränk.

Dabei ist es wichtig, es mit den Gaben nicht zu übertreiben. Mehr als der materielle Wert zählen ohnehin deine Mühe, deine Energie und die Aufmerksamkeit, die du ihnen schenkst.

Die Einweihung

Wenn du deinen Ahnenaltar nun gestaltet hast, darf die Einweihung nicht fehlen. Dazu kannst du feierlich ein kleines Ritual vollziehen, denn Einweihungsrituale sind unglaublich stark und wirksam. Auch hier darfst du deiner Intuition freien Lauf lassen und spüren, was sich richtig für dich anfühlt.

Du kannst dich gerne mit zum Beispiel einer Meditation mit deinen Ahnen verbinden. Bevor du das tust, ist es allerdings unerlässlich, für dich vorab das Feld zu klären. Wenn du dich durch eine Trance, Meditation oder Ähnliches auf die Reise in andere Welten begibst, öffnest du deinen Geist und machst dein Bewusstsein so anfälliger für Fremdenergien aus dem Umfeld. Deswegen sind die energetische Reinigung und Schutz wichtig. Das Öffnen eines Rituals vor der Reise ist daher sehr entscheidend und es gibt ein paar Dinge zu beachten. Im Hexenjargon wird es auch »Raumöffnung« genannt. Damit ist kein physischer Raum gemeint, sondern der energetische.

Vor einem jeden Ritual führst du am besten die Übung »Reinigung und Schutz« durch.

Übung: Reinigung und Schutz – die Eröffnung eines heiligen Raumes

Für die Reinigung kannst du zuerst dein Zimmer und dich selbst einmal räuchern (z. B. mit Beifuss), Kerzen aufstellen und Musik anmachen. Alternativ kannst du auch ein Auraspray verwenden oder eine Salzdusche nehmen.

Dann visualisierst du vor deinem inneren Auge, wie die Musik, das Licht und der Rauch (das Spray) den Ort vor negativen Energien schützt und reinigt. Dabei kannst du die Worte sprechen: »Dieser Ort ist gereinigt und geschützt.«

Hilfreich sind auch Schutzsymbole wie Pentagramme. Falls du mit Gottheiten arbeitest, kannst du auch diese um Schutz bitten.

Eine ganz klassische Art für Schutz ist das Ziehen eines symbolischen Kreises, was gleichzeitig auch die Eröffnung eines Rituals ist. Dafür nutzen vielen Hexen traditionell einen Zauberstab oder das Athame, eine Zeremonienklinge. Du kannst aber auch einen Kristall oder deinen Finger nehmen – wähle das, was sich für dich gut anfühlt.

Stelle dich dann mit dem Blick nach Norden, visualisiere eine goldene Lichtkugel in deiner Mitte. Lasse das Licht in deine Hand fließen und anschließend auf deinen Stab. Sprich nun:

Ich begrüße die Mächte der Erde im Norden.
Schützt diesen Kreis.

Dann kannst du ein Pentagramm in die Luft zeichnen. Visualisiere, wie es leuchtet und du geschützt bist. Dann ziehst du das Licht in den Osten und sagst:

Ich begrüße die Mächte der Luft im Osten.
Schützt diesen Kreis.

Zeichne ein Pentagramm in die Luft und visualisiere wieder den leuchtenden Schutz. Geh weiter im Kreis und ziehe den Bogen nach Süden.
Sprich:

Ich begrüße die Mächte des Feuers im Süden.
Schützt diesen Kreis.

Spüre das Feuerelement, ziehe wieder dein Pentagramm und geh dann in den Westen.
Dort sprich:

Ich begrüße die Mächte des Wassers im Westen.
Schützt diesen Kreis.

Zeichne wieder das Pentagramm, fühle die Energie des Wassers, ziehe den Bogen und schließe damit den Kreis.
Wenn du magst, kannst du noch deine Krafttiere, dein spirituelles Team oder sonstige Energien einladen, die sich in dem Moment für dich intuitiv richtig anfühlen.

PS: Wenn du nicht genau weißt, wo die Himmelsrichtungen sind, kannst du auch nach Gefühl gehen oder eine App als digitalen Kompass verwenden.

Ritual zur Einweihung des Ahnenaltars

Jetzt beginnst du mit dem eigentlichen Ritual. Du kannst dich dabei an folgende Reihenfolge halten:

1. Visualisierung

Denke an deine Vorfahren. Setze dir gern eine Intention, beispielsweise so etwas wie »in Verbindung treten« oder »wertschätzender Austausch«, und schau dir deinen Altar und seine Beigaben liebevoll an. Fühle dich in die Bestimmung dieses Ortes hinein. Fühle und visualisiere die Präsenz deiner Ahnen.

2. Zauberspruch zur Einweihung

Dann kannst du folgende Worte sprechen und dabei eine Kerze anzünden:

Ich bin das Erbe all meiner Ahnen und
danke meiner Ahnenlinie, dass ich hier sein darf.
Ich öffne den Raum für liebevolle Begegnungen
mit meinen Ahnen. Möge dieser Ahnenaltar
ein Ort der liebevollen Begegnung sein.
Ahé / Blessed be / So sei es.

3. Kommunikation

Nachdem du den Altar nun geweiht hast, kannst du mit deinen Ahnen in Kontakt kommen. Setze dich mit Blick zum Altar hin, dabei kannst du dir auch eine Tasse deines Lieblingsgetränks (es sollte sich davon auch etwas auf dem Altar befinden) nehmen. Beginne nun zu sprechen, als würden deine Ahnen mit dir zusammen am Tisch sitzen. Erzähle ihnen von dir, wie es dir gerade geht, was in deinem Inneren so vor sich geht. Sprich dir einfach alles von der Seele und geh deinen Impulsen nach.

Dabei darfst du ihre Namen laut aussprechen, ihnen alles Gute wünschen und ihnen danken, dass sie Teil deines Lebens sowie deiner Ahnenlinie sind. Und dann schau, was passiert. Lass dir hier wirklich Zeit. Deine geläuterten Ahnen lieben dich bedingungslos, daher brauchst du keine Angst zu haben. Wenn du ihre Hilfe benötigst, dann bitte sie um Hilfe. Plaudere einfach laut drauflos und lass es fließen. Es ist dabei egal, ob du sie spürst oder nicht – sie sind da, ganz sicher. Nimm dir dabei einen Augenblick Zeit, um sie immer mehr zu spüren. Spüre, wie weit deine Ahnenlinie zurückreicht. So viele Jahrtausende zurück … All das Leid, all die Freude. Spüre die Liebe und das Mitgefühl. Vielleicht sitzt du aber auch nur still im Kerzenschein und trinkst dein Getränk.

Wenn du spürst, dass es reicht, beende das Ritual, indem du deinen Ahnen dankst und sie dann wieder entlässt. Die Opfergaben (Speisen, Getränke) lässt du über Nacht auf dem Altar zurück und entsorgst sie erst am nächsten oder übernächsten Tag. Am besten in der Natur, in ein Loch im Garten oder in die Biotonne. Das Wasser, eventuelles Blütenwasser und den hochprozentigen Alkohol kannst du jetzt mischen und damit die Türschwellen bzw. den Eingangsbereich deiner Wohnung wischen. Das dient der energetischen Reinigung.

Natürlich kannst du die Bestandteile des Rituals ändern und ergänzen. Du kannst trommeln, singen oder tanzen. Alles ist möglich. Mach es zu *deinem* Ritual. Wenn du willst, kann dein Ahnenaltar von nun an der Ort sein, an dem du mit deinen Ahnen besonders gut in Kontakt treten kannst. Es ist ein Ort der Begegnung. Du kannst hier gerne von Zeit zu Zeit räuchern, Blumen hinstellen oder einfach mit deinen Ahnen sprechen. Ich gehe meist alle zwei Tage an meinem Altar vorbei und verbinde mich kurz mit meinen Ahnen, spreche mit ihnen, stelle ihnen frische Gaben hin und tanke mich auf.

Das Ahnendinner

In den meisten Kulturen mit existierendem Ahnenkult werden den Vorfahren regelmäßig oder einmal im Jahr kleinere Opfergaben gebracht in Form von Essen, Getränken, Kerzen, Blumen oder auch Tabak. Eine solche Ahnenfeier kann für die Verbindung zwischen euch sehr kraftvoll sein. Dieses Ritual besteht aus einer Einladung an die mitfühlenden und geläuterten Ahnen zu dir an den Essenstisch. Wir decken gerne zu bestimmten Jahreskreisfesten oder auch Geburtstagen den Tisch für die Ahnen mit und essen ganz bewusst gemeinsam mit ihnen.

Ahnen und Tarot

Eine tolle Form der Kommunikation mit deinen Ahnen ist über das Tarot. Das Befragen der Karten kann uns wichtige Hinweise und Impulse im Hinblick auf unsere Ahnenlinie geben. Du kannst zum Beispiel Fragen an deine Ahnen stellen und die Antworten durch die Karten empfangen.

Für den Anfang wähle eine Karte, die dich besonders an deine Ahnen erinnert, und mache sie zu deiner »Ahnenkarte«. Suche dir hierfür intuitiv deine Ahnenkarte aus dem Tarotdeck heraus – unabhängig von der ursprünglichen Bedeutung, sondern wirklich, weil die Karte als solche dich über dein Gefühl mit deinen Ahnen verbindet. Lade bei der Auswahl auch gern die Energie deiner Ahnen mit ein. Diese Karte ist fortan deine Ahnenkarte.

Immer, wenn du eine Botschaft von deinen Ahnen möchtest, kannst du sie fragen, indem du die Karten mischst und dann im Tarotstapel schaust, welche Karte hinter deiner Ahnenkarte liegt – das darf die Botschaft sein.

In meinem Fall war lange Zeit der »Eremit« meine Ahnenkarte, da er ein Mensch ist, der Licht ins Dunkle bringt. In dieser Karte habe ich mich selbst erkannt, mit dem Auftrag, meine Ahnen ins Licht zu schicken. Heute ist meine Ahnenkarte die »10 der Münzen«, da dieses Motiv (aus meiner Sicht) einen Stammbaum repräsentiert und all die Generationen in Fülle miteinander verbunden sind. Einige meiner Klientinnen haben aber die »6 der Kelche« gewählt, da diese Karte so märchenhaft wirkt und mit der Vergangenheit zusammenhängt. Oder auch die »4 der Stäbe«, weil das erste Mal Ahnenmagie sich wie ein freudiges »nach Hause kommen« anfühlt. Du siehst, es gibt viele Möglichkeiten und du darfst dich inspirieren lassen, aber letztendlich entscheidet bei der Wahl der für dich stimmigen Karten auch hier wieder deine Intuition, gepaart mit der Energie deiner Ahnen.

Es gibt hier kein Richtig und kein Falsch. Und auch kein »es muss sofort klappen«. Manchmal darf die Intuition sich erst einmal wieder entfalten. Wie du mit deiner Intuition arbeitest und sie stärkst, erfährst du im nächsten Kapitel.

5
DIE HEILUNG DER HEXENWUNDE

In diesem Kapitel zeige ich dir, wie du die Hexenwunde mithilfe von Journaling, Ritualen und vor allem mit der wundervollen Kraft der vertieften Ahnenarbeit heilen kannst.

Ich habe ein paar tiefgehende Übungen für dich, mit denen du dich zuerst wieder mit dir selbst verbindest, anschließend mit dem großen Ganzen und dann mit deiner Ahnenlinie. Lass dich bezaubern, wie viel Heilung nicht nur für dich in diesen Übungen liegt, sondern auch für all diejenigen, die vor dir da waren. Und letztendlich ebnest du auch allen, die dir folgen werden den Weg. Lass uns loslegen und die fünf Schritte gehen, die dich wieder in deine volle Kraft bringen und dein Potenzial freischalten.

Disclaimer: Ich habe die fünf Schritte durchnummeriert. Das heißt aber nicht, dass sie nur funktionieren, wenn du sie der Reihenfolge nach durchläufst. Wie immer ist hier die Devise: höre auf deine Intuition. Und wenn genau sie deine Schwachstelle ist, beginne doch einfach mit Schritt zwei. Was ich damit sagen möchte, ist: Lass dich leiten. Es gibt hier kein richtiges und kein falsches Vorgehen, sondern ausschließlich das dir ureigene.

Damit du ein erstes Gefühl gewinnen kannst, siehst du hier eine Übersicht über die konkreten Schritte, die ich dir anschließend detailliert erläutere.

Die fünf Schritte zur Heilung der Hexenwunde:

1. Schritt: Deine Definition von Sichtbarkeit und Outing bestimmen
2. Schritt: Den Kanal zu Intuition und Hellsinnen (wieder) herstellen
3. Schritt: Deine eigenen Fähigkeiten anerkennen und darin vertrauen
4. Schritt: Deep Dive in die Hexenwunde: Ahnenarbeit
5. Schritt: Rein in die Sichtbarkeit!

Du fragst dich jetzt vielleicht: »Wird das auch für mich funktionieren?«

Aus meiner Klientenpraxis weiß ich, dass einige Menschen anfangs glauben, dass die Heilung der Hexenwunde für sie nicht möglich ist. Unser Verstand findet gerne Ausreden, warum es für andere garantiert viel leichter ist als für uns. Vielleicht hast auch du Zweifel. Ahnenarbeit, in deine magischen Fähigkeiten vertrauen – no matter what. Dich so zu zeigen, wie du bist – nothing to prove.

Auch wenn es bisher etwas schwergängig für dich lief, hast du schon einmal darüber nachgedacht, dass du all die Erfahrungen gesammelt hast, damit es vielleicht gerade *jetzt* für dich möglich ist? Es ist mehr als verständlich, Zweifel zu haben, wenn du dich auf den Weg der Heilung begibst, besonders wenn es um die Hexenwunde geht. Zweifel und Unsicherheit sind unsere treuen Begleiter, wenn wir uns auf neue Abenteuer einlassen. Die Wahrheit ist: Zweifel sind völlig normal. Bestimmt jede Person, die vor einer Veränderung stand, hat ihre Bekanntschaft gemacht.

»Ja, aber …«, denkst du jetzt vielleicht. »Wird die Heilung auch für mich funktionieren?« Dazu teile ich etwas mit dir aus meinem Leben. Bis vor circa fünf Jahren wusste ich nicht, dass ich eine Hexe bin. Ich habe ein weitestgehend »normales« Leben geführt (mehr oder weniger) und hätte niemals gedacht, dass es mich dorthin verschlägt, wo ich heute bin. Mein Weg bis in mein heutiges Business verlief im Zickzack über die tiefe Verbindung mit mir selbst, die Heilung der Schwesternschaftswunde durch etliche Frauenkreise, durch viel Heilung und die tiefe Akzeptanz meines Körpers, die Verbindung und Wiederherstellung meiner Intuition und das Erwachen meiner magischen Fähigkeiten. Meine damalige Mentorin hat mich dabei durch tiefe Prozesse begleitet, ich durfte von ihr Rituale empfangen und in etlichen Schwitzhütten-Zeremonien so viel loslassen. Durch sie habe ich den ersten Kontakt mit meinen Ahnen herstellen können. Ich kam immer mehr in meiner eigenen Essenz an. Ich konnte immer mehr entdecken, was mein eigener Weg ist.

Jeder Weg ist einzigartig und individuell. Jede meiner Kundinnen hat ihre ganz eigene Story. Und dennoch merke ich einfach so sehr, wie essenziell die Ahnenarbeit und die Heilung der Hexenwunde ist. Wird es also auch für dich funktionieren? Das kann dir niemand beantworten außer dir selbst. Wie schnell es geht, hängt davon ab, wie sehr du für dich die Entscheidung triffst, etwas verändern zu wollen.

Davon, wie sehr du bereit bist, an dich selbst zu glauben, an deine Fähigkeiten und an die Magie, die in dir steckt. Vertraue darauf, dass der Prozess funktioniert, wenn du bereit bist, dich selbst zu lieben und zu akzeptieren, genau so, wie du bist. Du bist einzigartig und kostbar, und deine Reise verdient es, gefeiert zu werden.

Bedenke dabei, dass jede Hexe, die ihre Wunden geheilt hat, an einem Punkt ihres Lebens genauso unsicher war wie du jetzt. Die Reise beginnt mit dem Glauben an dich selbst und die Magie, die in dir steckt. Lass uns aufhören, an unseren Fähigkeiten zu zweifeln, und stattdessen in die unendliche Kraft der Hexe in uns vertrauen. Die Heilung beginnt in deinem Herzen und deinem Geist, und sie kann für dich genauso wunderbar sein wie für alle anderen. Ich lade dich jetzt ein, gemeinsam mit mir den ersten Schritt zu gehen.

Schritt 1: deine Definition von Sichtbarkeit und Outing bestimmen

Nachdem du dir die Geschichte der Hexenverfolgung angeschaut hast und die Symptome der Hexenwunde kennst, darfst du nun in die Reflexion gehen. In diesem Buch geht es um dich. Dein Leben, deine Gefühle, deine Verbindung zur Anderswelt. Vielleicht bist du gerade an einem Punkt in deinem Leben, an dem du dir mehr Mut, Kraft und auch Energie wünschst. Da ist ein riesiges Interesse am Hexentum, aber gleichzeitig auch eine gewisse Angst, die dich zurückhält, tiefer einzutauchen. Was wäre, wenn diese Zurückhaltung nichts mit den Erfolgen in deinem Leben zu tun hat, sondern vielmehr ein Gefühl ist, das tief in dir verwurzelt schon lange dein stiller Begleiter ist? Ein Gefühl, das du bisher nicht so recht benennen konntest, was dich aber gerade definitiv ausbremst oder sogar zunehmend nervt und belästigt. Vielleicht ist es durch das Lesen dieses Buches sogar lauter geworden.

Diese Gefühle, die da in dir schlummern, diese Weichenstellungen, die dafür sorgen, dass du immer wieder abbiegst, statt geradeaus auf dein Wunschziel zuzusteuern, werden auch Glaubenssätze genannt. Im ersten Schritt wollen wir also deine Glaubenssätze zum Thema Magie, Hexe und dem Ausleben deiner Freiheit aufdecken. In unserem Alltag halten wir selten inne, um unsere innere Stimme oder auch unsere Verbindung zu spüren und wahrzunehmen. Jetzt ist es an der Zeit, genau das zu tun. Gönn dir diese Zeit, tauch ein. Du wirst es genießen und vielleicht etwas über dich erfahren, was du bisher noch nicht wusstest. Dieser Moment ist heilig – und du bist nicht allein. Ich habe dir dazu einige Fragen aufgelistet, die du bitte so ehrlich wie möglich für dich beantwortest. Nimm dir einige Blätter Papier oder dein schönes Notizbuch, suche dir einen ruhigen Platz, an dem du dich gut für eine Weile entspannen kannst, und dann lass dich auf den Prozess ein. Es gibt kein Richtig und kein Falsch. Vertraue deiner Intuition, denk nicht allzu lange nach und notiere nach dem Lesen der Frage sofort die allererste Antwort, die kommt. Das Ganze ist eine Momentaufnahme und deine Antwort wird in ein paar Tagen schon wieder anders ausfallen. Also, trust the process! Ich habe diese Übung schon mit vielen meiner Klientinnen gemacht und es ist jedes Mal aufs Neue ein so kraftvoller Prozess. Zu erkennen, wie aufgeladen der Begriff der Hexe ist und was du tief in dir damit verbindest. Lass alles fließen. Wisse, dass dich genau das noch tiefer zum Kern deiner Essenz bringt.

Journaling

- Welche Themen kommen beim Begriff Hexe in mir hoch?
- Was empfinde ich beim Gedanken daran, eine Hexe zu sein?
- Wonach sehne ich mich gerade in meinem Leben von Herzen am meisten?
- Wenn ich wüsste, dass mir nichts passieren kann, wie würde ich mein Leben leben?
- Welche Herausforderungen und Ängste empfinde ich aktuell, wenn es um das Thema Hexerei und Magie geht?
- Was will gerade noch von mir gesehen werden?

Nachdem du nun diese Fragen durchgegangen bist, tauchen wir direkt mit einem Clearing tiefer in den Prozess ein.

Meditation »Clearing«

Vielleicht spürst du, dass du dir deiner Motivation noch nicht so ganz klar bist oder dass du nicht an dein Innerstes herankommst? Das ist ganz normal, denn die Hexenwunde hat gesellschaftlich lange gewirkt. Ihre Schichten abzutragen geschieht leider nicht mit einem Wisch des Zauberstabs. Vermutlich gibt es alte Energien oder gestaute Emotionen, die dir den Zugang etwas erschweren. Als Hilfestellung habe ich dir an dieser Stelle ein Clearing bereitgestellt. Ein Clearing ist eine effektive Methode, um alte Glaubenssätze und Blockaden zu erkennen und aufzulösen. Es regelmäßig zu wiederholen kann dir dabei helfen, langfristige Veränderungen zu bewirken. Wenn du tiefergehende Blockaden hast oder Unterstützung benötigst, könnte es hilfreich sein, mit einem Therapeuten, Mentor oder Coach zusammenzuarbeiten, der in diesem Bereich erfahren ist.

Vorbereitung

Finde einen ruhigen und ungestörten Ort, an dem du dich für die Meditation entspannen kannst. Setze dich bequem hin oder lege dich hin. Achte darauf, dass du dich wohlfühlst und, solltest du sitzen, eine aufrechte Haltung einnimmst.

Durchführung

Beginne mit einigen tiefen Atemzügen, um dich zu zentrieren, und beobachte deine Atmung, um in den gegenwärtigen Moment zu kommen.

Höre dir nun mein für dich aufgenommenes Clearing an.

Meditation »Clearing«
https://theherstorywitch.de/meditationen-die-hexenwunde-buch/
Passwort: Hexenwunde

Abschluss

Wenn du bereit bist, bringe langsam deine Aufmerksamkeit zurück in den Raum und öffne sanft die Augen. Nimm dir einen Moment Zeit, um deine Erfahrungen zu reflektieren. Du kannst auch dein Journal verwenden, um deine Erkenntnisse und Gefühle festzuhalten. Wie hat die Meditation auf dich gewirkt? Notiere dir auch gern, wie du dich vorher und danach gefühlt hast.

Wie geht es dir jetzt? Was hast du über dich erfahren? Hast du vielleicht festgestellt, dass da dieses diffuse Unwohlsein ist, das dich davon abhält, dich als Hexe zu zeigen? Oder ruft alles in dir freudig JA, das bin *ich*! So oder so kannst du jetzt den nächsten Schritt gehen und dich mit dem Gefühl anfreunden, immer sichtbarer zu werden. Sichtbar als du selbst, völlig authentisch. Ohne die Rollen, die du vielleicht angenommen hast. Nur du, dein wahres Ich.

Als Nächstes definiere in deinem Journal, wie dein »aus der Besenkammer herauskommen« für dich sein darf. Was ist deine Motivation dahinter? Dein innerer Antrieb? Als ich vor circa drei Jahren meinen Hexenaccount auf Instagram eröffnet habe, war das ein riesiger Schritt für mich. Meine Motivation war damals: gleichgesinnte Hexen zu finden und mich auszutauschen. Dass daraus eines Tages ein Hexenbusiness wird, hätte ich zunächst nicht gedacht.

Definiere – und sei auch hierbei ganz ehrlich mit dir –, wie sich für dich Sichtbarkeit anfühlt.

Journaling

- Wem möchte ich mich zeigen? Ist es vielleicht erst einmal nur der engste Kreis?
- Oder zeige ich mich doch schon im weiteren Kreis?
- Was ist es, das mich antreibt, endlich (wenn auch nur erst einmal im engsten Kreis) in die Sichtbarkeit zu gehen?
- Wie möchte ich wahrgenommen werden? Was möchte ich verkörpern?
- Vielleicht möchte ich auch meine spirituelle Gabe mit anderen teilen? Wenn ja, welche Gabe ist das?

Was hast du beim Beantworten der Fragen über dich erfahren? Ist nach dem Clearing vielleicht eine feine Sehnsucht spürbar, dich zu zeigen? Oder entsteht da gerade eine ganz neue, viel stärkere Version deiner selbst? Wenn du merkst, dass etwas in dir sich noch sperrig anfühlt, beobachte wohlwollend den Verlauf deines Prozesses und wiederhole gerne in den nächsten Tagen das Clearing. Es kann auch spannend sein, die Fragen in einem halben Jahr noch einmal zu wiederholen – ohne die alten Antworten vorher zu lesen!

Tarot Spread

Du weißt noch nicht wirklich, was deine Gabe ist? Eine wunderbare Art, Impulse zu empfangen, die dich einen Schritt weiter bringen, ist es, ein Tarot Spread zu legen. Vielleicht hast du diese Praxis längst zu deiner eigenen gemacht, vielleicht bist du auch noch nicht damit vertraut. Zur Erklärung: Ein Tarotdeck besteht aus 78 Karten, die in zwei Hauptkategorien unterteilt sind: die 22 großen Arkana (auch Trumpfkarten genannt) und die 56 kleinen Arkana. Orakelkarten dagegen haben keine festgelegte Anzahl von Karten oder eine spezifische Kategorisierung wie beim Tarot. Sie bieten klare, einfache Botschaften oder Hinweise, die oft leichter zu interpretieren sind. Tarot wie auch Orakelkarten bieten dir die Möglichkeit zur Selbstreflexion, Inspiration und intuitiven Führung. Die Wahl zwischen ihnen hängt von den persönlichen Vorlieben, der Art der Fragen und der gewünschten Tiefe der Lesung ab.

Ein *Tarot Spread* ist eine spezifische Anordnung von Tarot- oder Orakelkarten, die verwendet wird, um bestimmte Fragen zu beantworten, Einsichten zu gewinnen oder tieferes Verständnis zu erlangen. Jede Karte in einem Spread repräsentiert eine bestimmte Bedeutung oder Energie, und ihre

Position in der Anordnung trägt zur Gesamtbotschaft bei. Tarot Spreads können je nach der Art der Frage oder des Themas variieren. Hier kannst du auch Fragen an deine Ahnen stellen, um mehr Einsicht zu erlangen.

Wenn du bisher keine Erfahrung mit Tarot hast und auch kein Deck daheim, dann starte gern mit Orakelkarten. Wenn du ein Tarotdeck hast und dich mit der Interpretation noch nicht sicher fühlst, bitte ich dich, es dennoch zu nutzen und erst einmal intuitiv für dich aufzuschreiben, was du mit der Karte verbindest und welche Gefühle hochkommen – ohne eine Wertung. Danach kannst du gern nachschauen, was die »offizielle« Bedeutung ist. Probiere, hier wirklich offen zu sein für die Botschaften, die du empfangen darfst.

Ich habe dir einen Spread vorbereitet, der dich nun auf deinem Weg der Heilung begleiten darf. Beginne damit, dass du deine Karten verdeckt mischst. Ziehe dann intuitiv drei Karten und lege sie verdeckt in der angegebenen Reihenfolge vor dir auf den Tisch. Wenn du alle drei Karten gezogen und hingelegt hast, drehe die Karten um.

1. Deine Gabe
2. Deine Herausforderung
3. Wie du deine Magie in die Welt bringst

Karte 1 – deine Gabe:
Diese Karte repräsentiert eine natürliche Begabung, Stärke oder Fähigkeit, die du besitzt. Sie kann darauf hinweisen, was du von Natur aus in dir trägst und wie du diese Gabe nutzen kannst, um dein Potenzial zu entfalten und anderen sowie dir selbst zu dienen.

Karte 2 – deine Herausforderung:
Diese Karte zeigt eine Hürde, ein Hindernis oder eine Schwierigkeit auf, der/dem du möglicherweise auf deinem Weg begegnest. Sie hilft dir zu verstehen, welche Aspekte deines Lebens du überwinden oder bewältigen darfst, um dein volles Potenzial zu entfalten. Sie kann auch auf bestimmte innere oder äußere Konflikte hinweisen, die du angehen solltest.

Karte 3 – wie du deine Magie in die Welt bringst:
Diese Karte bietet Einsicht darüber, wie du deine einzigartigen Fähigkeiten und Energien in die Welt hinaustragen kannst. Sie zeigt dir möglicherweise, wie du deine Begabungen in deine Handlungen, Beziehungen oder kreativen Prozesse integrieren kannst, um positiven Einfluss zu nehmen und deinen Platz in der Welt zu finden.

Bei der Interpretation eines Tarot Spreads ist es wichtig zu beachten, dass die Bedeutung der Karten nicht in Stein gemeißelt ist. Sie kann je nach dem Deck, deiner Intuition und der Fragestellung variieren. Tarotkarten dienen oft als Werkzeuge zur Selbstreflexion, zur Entwicklung von Einsicht und zur Inspiration, um in verschiedenen Lebensbereichen tiefer zu verstehen. Dabei sagen sie dir niemals die konkrete Zukunft voraus, sondern geben Impulse. Feste Interpretationen würden bedeuten, dass wir nicht selbstermächtigt wären. Aber letztendlich sind *wir* die Schöpferinnen und Schöpfer unseres Lebens.

Kerzenzauber: Kraft und Schutz auf deiner Reise zur Hexenwunde

Kerzenzauber sind wichtige Elemente in der Praxis der Hexerei und des Hexenhandwerks. Diese Art der Magie kann sehr kraftvoll sein und wird oft eingesetzt, um bestimmte Ziele oder Absichten zu manifestieren. Bei der Kerzenmagie geht es darum, die Energie und die Symbolik der Kerze zu nutzen, um die eigenen Wünsche und Absichten zu verstärken.

Auch hier ist es wieder wichtig, dass du eine ruhige und entspannte Umgebung wählst, in der du dich auf deine Magie konzentrieren kannst. Du solltest deine Absichten klar definieren und eine klare Vorstellung davon haben, was du erreichen möchtest.

Wenn du dich mit der Kerzenmagie vertraut machst, wirst du feststellen, dass du mit der richtigen Technik und dem richtigen Wissen die Energie der Kerze nutzen kannst, um dein Leben auf positive Weise zu beeinflussen und zu transformieren.

Hey Hexe, wie geht es dir mittlerweile? Bist du bereit für einen kleinen Zauber? … Keine Angst! Dieser Zauber ist sehr kraftvoll und dient ausschließlich dazu, dich auf deiner Reise zur Hexenwunde mit energetischer Unterstützung und Stärke zu versorgen. Du kannst ihn zu Neu- oder auch Vollmond machen.

Feuer symbolisiert Transformation und genau das ist dein Ziel: die Transformation zur selbstbewussten Hexe, die ihre Gaben spürt und lebt. Feuer verbindet unsere physische Welt mit der spirituellen Welt und Kerzenzauber können symbolisch, spirituell und psychologisch bedeutsam sein, da sie die Verbindung zwischen dem Inneren und dem Äußeren repräsentieren.

Was du dafür brauchst:

* mindestens eine Stunde, in der du ungestört bist,
* eine weiße, lila oder schwarze Stumpenkerze (kein Teelicht),
* Zimtpulver,
* Lavendel oder Kamille als getrocknete Pflanze oder in Ölform,
* Kokosöl,
* ein kleines Messer zum Einritzen der Symbole.

Bevor du mit dem Ritual beginnst, führe bitte wieder das Ritual »Reinigung und Schutz« (siehe Seite 177) durch. Es ist essenziell für den Beginn eines jeden Zaubers. In der Magie nennen wir das auch »den heiligen Raum öffnen«.

Mache dir gern sanfte Musik an, um dich in die richtige Stimmung zu versetzen. Schließe deine Augen und atme einmal tief ein und wieder aus. Fokussiere dich auf deinen Atem. Wenn du dich bereit fühlst, geht es nun ans Zaubern.

Präpariere zuerst die Kerze mit einigen Symbolen, die im Hexentum wichtig sind.

Zunächst ritze ich bei meinen Kerzenzaubern immer das Pentagramm in den Boden der Kerze. Du kannst dafür ein kleines Messer, aber auch eine Nadel oder einen anderen spitzen Gegenstand deiner Wahl benutzen. Wichtig ist, dass du dabei achtsam bist und auf deine Finger achtgibst!

Das Pentagramm ist ein fünfeckiger Stern, der oft von Hexen als Schutzsymbol verwendet wird. Es symbolisiert die fünf Elemente – Erde, Luft, Feuer, Wasser und Geist.

In die Mitte der Kerze ritzt du nun das Symbol der Dreifaltigen Mondin: Der Mond steht für Intuition, Emotionen und das Unbewusste. Er wird oft mit weiblicher Energie, Hingabe und Empfänglichkeit in Verbindung gebracht. Er ist ein wichtiges Symbol in der Hexerei, da er mit den Zyklen der Natur und der Weiblichkeit in Verbindung gebracht wird. Die verschiedenen Phasen des Mondes, wie Vollmond, Neumond und Halbmond, werden oft als Symbole für verschiedene Aspekte von Veränderung, Transformation und Intuition verwendet.

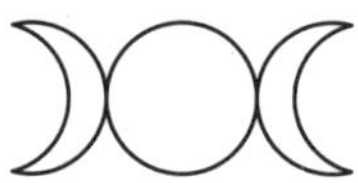

Runen[84] sind alte germanische Schriftzeichen und werden in der Hexerei für Divination, Schutz und Kommunikation mit den Gottheiten verwendet. Jede Rune hat ihre eigene Bedeutung und wird oft in Zaubern, Riten oder Beschwörungen verwendet. Für diesen Zauber verwenden wir die Schutzrune Algiz:

ᛉ

Ritze die Rune auch in den Korpus der Kerze.

Dann salbe die Kerze mit deinem Öl ein und reibe den Zimt und Lavendel (oder Kamille) hinein.
Spüre dabei, wie du die Magie der Kerze auflädst.

Wenn du möchtest, kannst du vor dem Zauberspruch auch noch tanzen. Damit erhöhst du deine energetische Frequenz (auch bekannt als Energy Shift). Zudem stärkt das Tanzen deine Körperpräsenz und hellt die Stimmung auf. Mehr noch, Tanzen kann eine direkte Verbindung zum Universum herstellen, wenn es dich in Trance bringt (Stichwort *Ecstatic Dance*). Es heißt, schon im antiken Griechenland hätten die Menschen die Gottheiten mit Gesang und Tanz angerufen. Für die alten Ägypter war das Leben an sich ein ewiger Tanz und rituelle Tänze fester Bestandteil ihrer Kultur.[85] Daher binde ich das Tanzen immer in meine Zeremonien mit ein, da es ein sehr kraftvolles und energetisierendes Tool ist. Du kannst damit die Kerze und somit auch deinen Zauber energetisch aufladen.

Im nächsten Schritt sprich folgenden Zauberspruch:

Das Blut der Hexen fließt durch mich,
wie der Kerze heller Schein Licht.
Mögen meine Ahnen mich stützen
und dieser Kerzenzauber mich schützen.
Ahé.

Dann zünde die Kerze an. Nun lasse sie komplett abbrennen, damit der Zauber sich entfalten kann. Achte darauf, dass die Kerze auf einem feuerfesten Untergrund steht. Wenn du den Raum verlässt, puste sie aus und zünde sie später mit der Intention an, den Zauber wirken zu lassen. Danach schließe wieder den Raum und bedanke dich bei all den

Energiewesen, die du vielleicht im Ritual »Reinigung und Schutz« zu deiner Unterstützung gerufen hast.

Schritt 2: den Kanal zur Intuition und zu den Hellsinnen (wieder-)herstellen

Intuition ist die Fähigkeit, ohne bewusste rationale Überlegung zu erkennen, was für dich wahr oder richtig ist. Sie beinhaltet ein inneres Wissen, das sich oft als Gefühl, Eingebung oder Ahnung manifestiert.

Die Intuition wird auch als Stimme der Seele bezeichnet.

Intuition kann auf verschiedene Arten auftreten und es gibt unterschiedliche Arten von Intuition. Wir Hexen betrachten unsere Intuition als ein mächtiges Werkzeug, um tiefere Einsichten zu gewinnen, Verbindungen zur spirituellen Welt herzustellen und in unserem magischen Wirken effektiv zu sein. Die Intuition ermöglicht es uns, uns mit den feineren Energien und spirituellen Dimensionen zu verbinden. Dies kann bei der Durchführung von Ritualen, Meditationen und anderen magischen Praktiken sehr hilfreich sein. Viele Hexen verwenden Symbole, Zeichen und Tarotkarten, um Botschaften aus der spirituellen Welt zu empfangen. Die Intuition hilft dabei, diese Symbole zu deuten und die verborgene Bedeutung hinter ihnen zu erkennen. Ein Beispiel: Ich nutze sehr gerne Tarotkarten, um Botschaften zu empfangen, und deute diese intuitiv. Das heißt, ich grübele nicht lange und lese nicht im Handbuch nach, sondern lasse mich von dem Bild auf der Karte oder der gelegten Konstellation inspirieren. Dabei folge ich meinem ersten Impuls. Bereits nach einem Wimpernschlag beginnt sich die Ratio einzuschalten, mit »guten« Gründen, warum dieser Impuls nicht sinnvoll ist oder du viel dringender etwas anderes tun solltest. Achte mal darauf, was dir als Erstes in den Sinn kommt und wie dein Gefühl dazu ist. Und dann achte darauf, wie schnell der Verstand seine Meinung loswerden will.

Unsere Intuition ist so wichtig für unsere Entscheidungsfindung – auch in magischen Angelegenheiten. Sie hilft dabei, die richtigen Zutaten, Rituale oder Praktiken auszuwählen, um bestimmte Ziele zu erreichen. Außerdem spielt sie eine wichtige Rolle bei der Entwicklung neuer magischer Praktiken, Rituale und Zauber. Neues entsteht nicht durch Grübelei, sondern durch Inspiration. Kreativität braucht Raum und innere Ruhe. Wir leben in einer Welt, in der wir selten in der Stille weilen, vielmehr sind wir meist abgeschnitten von der Natur und der geistigen Welt. Dazu kommt, dass wir gelernt haben, nachzudenken, uns bitte mal zu konzentrieren und nicht »rumzufantasieren«. Magie und Intuition werden häufig als »Quatsch« abgetan. Ich möchte dich dazu einladen, all diese Glaubenssätze über Bord zu werfen, und dich dazu ermutigen, immer mehr auf deine Intuition zu hören, denn sie ist für uns Hexen eines unserer wichtigsten Werkzeuge.

Merke: Intuition ist wichtig für Hexen, da sie uns hilft, unsere Leben auf unsere eigene einzigartige Weise zu gestalten und um unsere Verbindung zur eigenen Weisheit und Spiritualität zu vertiefen. Wenn Hexen ihre Intuition nutzen, können sie besser verstehen, was für sie richtig und wahr ist und wie sie ihre Praxis am besten gestalten können.
Etwas zu wissen, ohne zu wissen, warum du es weißt – das ist Intuition!

Formen der Intuition

1. Körperliche Intuition: Diese Art von Intuition zeigt sich durch körperliche Empfindungen. Du kannst ein Kribbeln, Ziehen oder Drücken im Körper spüren, das dir sagt, dass etwas genau richtig ist, so gar nicht stimmt oder aber, dass du auf etwas achten solltest. Ein Beispiel ist dein Bauchgefühl, wenn du neue Menschen kennenlernst, einen neuen Job hast oder eine Wohnung suchst. Achte auf deine erste (manchmal winzige und kaum merkliche) körperliche Empfindung. Wenn du kontinuierlich auf diese Körpersignale hörst, kannst du die Reaktionen immer besser wahrnehmen und verstehen. Nutze auch hierbei gerne dein Journal und notiere dir, was du als Allerallerstes gespürt hast. So bekommst du immer besseren Zugang zu deinem Körper und zu dir selbst.

Übung: Körpertest

Die »Körpertest«-Übung ist eine Technik, mit der du deine körperliche Intuition schärfst und eine tiefere Verbindung zum eigenen Körper herstellst. Diese Übung wird von verschiedenen Traditionen, einschließlich der Hexerei, verwendet, um die Fähigkeit zu entwickeln, feine Energieveränderungen im Körper wahrzunehmen und zu interpretieren. Hier ist eine grundlegende Beschreibung der Körpertest-Übung:

Vorbereitung

Finde einen ruhigen und ungestörten Ort, an dem du dich aufrecht hinstellen kannst. Bringe deine Füße nebeneinander. Dein Körper ist dabei nicht statisch, sondern locker wie ein Pendel.

Atme ein paar Mal tief ein und aus, um dich zu entspannen und im Moment anzukommen.

Durchführung
Schließe nun deine Augen und bringe deine Aufmerksamkeit auf deinen Körper. Spüre die Stellen, an denen deine Füße den Boden berühren.
Zuerst ermittelst du, wie dein Körper dir Ja und Nein signalisiert. Stelle eine Frage, auf die du bereits die Antwort kennst und zu der die Antwort ganz klar Ja lautet. Die Frage könnte lauten:

»Ist mein Name [hier dein Name]?«

Deine Intention sollte darauf ausgerichtet sein, eine klare und präzise Antwort zu erhalten. Verifiziere die Reaktion, indem du nun eine Frage stellst, deren Antwort definitiv Nein lautet.

Frage z. B.: »Ist mein Name Lord Voldemort?«

Achte wieder auf die feine Reaktion deines Körpers und stelle sicher, dass du entspannt und locker stehst. Achte auf subtile Bewegungen oder Empfindungen in deinem Körper. Dies könnten sein: ein leichtes Kippen nach vorne oder nach hinten, eine sanfte Neigung deines Oberkörpers oder andere feine Bewegungen. Oftmals sind es kleine Nuancen, die sich an den Füßen bemerkbar machen. Interpretiere die Bewegung deines Körpers als Antwort auf deine Frage.

Diese Übung kann innere Gefühlsmuster sichtbar machen: Denn die Sehnsucht, das Ja, ist oftmals ein Öffnen, ein nach vorne Neigen, ein sich zu etwas hingezogen Fühlen. Wenn sich also dein Körper nach vorne bewegt, könnte das ein Ja sein. Neigt er sich nach hinten, könnte das ein Nein bedeuten. Aber es kann bei dir auch andersherum sein, daher teste es zunächst mit Fragen, bei denen du die Antwort schon kennst.

Das Ganze erfordert Übung und Geduld, da nicht immer sofort klare Ja- oder Nein-Botschaften auftauchen müssen. Mit der Zeit kannst du mehr Sensibilität für die subtilen Energien und Empfindungen in deinem Körper entwickeln und dadurch deine Intuition stärken. Indem du ein Tagebuch mit deinen Ergebnissen führst, erkennt auch dein Verstand mit der Zeit, dass du auf dein intuitives Köpergefühl hören und vertrauen kannst. Ich weiß mittlerweile genau, was mein Körper mir signalisiert, weshalb ich diese Übung sehr gerne nutze, um ihn zu fragen, ob mir in diesem Moment z. B. ein Lebensmittel guttut oder nicht. Es verbindet mich mit meinem Körpergefühl und schafft mehr Vertrauen. Ich nahm beispielsweise bei meiner Umstellung auf eine vegane Lebensweise ein Nahrungsergänzungmittel zu mir, das ich nicht vertrug. Um herauszufinden, welches es war, machte ich den Körpertest, fand es heraus und weg waren meine Beschwerden. Und genau darum geht es in der Magie und bei der Heilung der Hexenwunde: dich wieder daran zu erinnern, dass du alle Antworten bereits in dir trägst. Zu oft suchen wir die Antworten im Außen, weil wir unserem Körpergefühl nicht vertrauen. Dabei ist eine gute Körperpräsenz und Erdung in der Energiearbeit das Allerwichtigste. Nur wenn wir es schaffen, uns kraftvoll zu erden und präsent in unserem Körper zu sein, können wir bewusst Energie lenken.

Nachdem du die Übung abgeschlossen hast, nimm dir einen Moment Zeit, um deine Erfahrungen zu reflektieren. Notiere oder merke dir, welche Empfindungen oder Gedanken während der Übung aufgetaucht sind. Folgende Journaling-Fragen helfen dir dabei:

Journaling

- Habe ich vor dem Ausprobieren der Technik geglaubt, dass mein Körper antwortet? Und wie war es hinterher?
- Wie sehr vertraue ich generell meinem Körper?
- Wie viel Spaß hat es mir gemacht, in meinem Körper einen neuen Verbündeten zu finden?
- Bin ich mein Körper?
- Wer entscheidet, was ich meinem Körper zumute und was nicht?
- Höre ich auf meine Intuition oder ist da etwas in mir, das behauptet, das sei völliger Quatsch?
- Wie oft habe ich mein Bauchgefühl schon ignoriert?
- Und wie oft habe ich es im Nachhinein bereut, nicht auf meine Intuition gehört zu haben?
- Wann bin ich meiner inneren Stimme gefolgt und es war die perfekte Entscheidung?
- Wie hat sich das für mich angefühlt?

2. Überbewusstsein – der intuitive Zustand

Diese Art von Intuition gibt dir einen Hinweis darauf, was du tun oder wo du hingehen solltest. Diese Impulse erhältst du im intuitiven Zustand »von oben« durch Gedankenblitze oder Botschaften in Träumen, und du erreichst diesen intuitiven Zustand, wenn dein Geist, zum Beispiel in einer Meditation, ruhig und offen ist.

Im intuitiven Zustand sind wir im aktuellen Moment, ganz bei uns. Frei von Stress und Gedanken. Wir sind weder in der Vergangenheit noch in der Zukunft. Unser analytischer Verstand hat einem Moment Sendepause. Es gibt zwei Zustände im Körper: Überlebensmodus und Schöpfertum.

Wenn wir Stress haben, können wir keine Impulse von oben empfangen, wir haben keine Zeit für Schöpfungsprozesse. Unter Stress denken wir immer über das Gleiche nach und sind gefangen. Wir verfallen in Wettkampf, Manipulation, Hoffen und Wünschen, die Devise lautet dann *try harder.* Unsere Aufmerksamkeit liegt im Außen und auf der Zeit. Im intuitiven Zustand öffnen wir unser Bewusstsein, sind präsent im Moment und fühlen Ausdehnung, Verbundenheit, Freude, Energie, Wachstum und Kreativität. Wir stärken die eigene Körperpräsenz.

Merke: Bist du im Kontrollmodus, bist du offline vom Universum. Du kannst keine wichtigen Impulse von oben empfangen. Wenn du angebunden bist, in innerer Einkehr, empfängst du sanfte Impulse, z. B. innere Bilder.

Ich habe dir eine Meditation zur Stärkung der Körperpräsenz und zur Öffnung des dritten Auges aufgenommen. Das dritte Auge ist der Punkt zwischen deinen Augenbrauen und verbindet dich mit dem Universum. Hier liegt deine spirituelle Wahrnehmungsfähigkeit. Das dritte Auge ist der Sitz deiner Intuition und deiner inneren Weisheit, das Visionboard deiner Seele. Mache diese Meditation gern zu deiner Morgenroutine. Genieße den Zustand der Erdung und Anbindung in dem Wissen, dass du hier in deinem Urzustand bist. Das kann dir helfen, dich für deinen Tag kraftvoll auszurichten.

Meditation »Intuitiver Zustand«
https://theherstorywitch.de/meditationen-die-hexenwunde-buch/
Passwort: Hexenwunde

Nutze die Kraft deines intuitiven Zustands, denn mit deinem Inneren gestaltest du dein Außen. Um in die Eigenermächtigung zu kommen, ist es daher essenziell, radikal die Verantwortung für dein Leben zu übernehmen. *Du* erschaffst *dein* Leben, du bist die Schöpferin bzw. der Schöpfer deiner Realität.

Die Intuition stärken

Um deine Intuition zu stärken, ist es ganz wichtig, dass du ihr zunächst einmal Raum gibst. Das bedeutet konkret: Altes loslassen! Entrümpeln! Deinen Kalender entschlacken. Me-Time bewusst einplanen. Zum Beispiel kannst du zu Vollmond in einer Feuerzeremonie alles Alte loslassen, was dir nicht mehr dient.

Ich erachte zudem eine regelmäßige Meditationspraxis als sehr wichtig. Sie hilft dir, deine Intuition zu stärken und deine Wahrnehmung zu schärfen. Im meditativen Zustand bist du in der Gegenwart und weniger abgelenkt von stressigen Gedanken. Sei achtsam für deine Gedanken, Gefühle und Körperempfindungen, um ein tieferes Verständnis für deine Intuition zu entwickeln. Lebe im JETZT.

Auch kreative Tätigkeiten können dir helfen, deine Intuition zu stärken, da sie deine Wahrnehmung und Vorstellungskraft stimulieren. Schreibe, male, tanze oder arbeite mit anderen kreativen Medien. Dabei geht es nicht darum, die Kreativität zu nutzen, um erfolgreich zu sein – wenn du das denkst, grüßt dein Ego. Der Seele ist es wichtig, dass das schöpferische Bewusstsein zum Ausdruck gebracht wird. Wenn du dich in der Tätigkeit verlierst, ist die Seele im Zustand des reinen Schöpfergeistes.

Ein weiterer schöner Weg, den ich allen Menschen empfehle, ist: Verbringe Zeit in der Natur. Die Natur ist ein so kraftvoller Ort, um deine Intuition zu stärken und dich mit deiner eigenen Weisheit zu verbinden. Hier kannst du zudem deine Energien neu auftanken. Ganz wichtig ist, dich ohne Ablenkung, also ohne zu telefonieren oder einen Podcast oder Musik zu hören, in der Natur zu bewegen. Lass deine Gedanken davongaloppieren und deinen Geist leer werden. Du wirst fasziniert sein, wie schnell deine Intuition sich meldet.

Um einen Einblick in dein Unterbewusstsein zu bekommen, kannst du ein Traumtagebuch führen. Träume können eine wichtige Quelle für intuitive Einsichten sein. Auch schön zum Empfangen von Botschaften sind Divinationstechniken wie Tarot oder Orakelkarten.

Intuition stärken zusammengefasst

- Achte auf deine Körpersignale. Sie geben dir Hinweise zu Menschen, Orten und Situationen.
- Achte auch auf deine Gedanken, die plötzlich außerhalb des Kontextes auftauchen, auch sie können wichtige Hinweise und Impulse sein.
- Meditation und Achtsamkeit: Innere Ruhe ist die Voraussetzung dafür, dass du deine Intuition spüren kannst. Das erreichst du durch Meditieren und Achtsamkeit. Für deinen Geist ist das wie ein Vollmondbad für eine Hexe. Mhh.
- Führe ein Tagebuch, um Impulse festzuhalten. Gerade anfangs offenbaren sich manche Impulse erst auf den zweiten Blick. Und schreibe deine Träume auf. Die eigenen Träume aufzuschreiben und zu deuten hilft enorm,

um die eigene Intuition zu entwickeln oder zu stärken. Am besten direkt morgens nach dem Aufwachen.

- Webe Zauber! Bei Zaubern kannst du die Zutaten auch intuitiv auswählen. Lass dich von deinen Sinnen leiten. Kreiere doch mal einen Zauber zur Stärkung deiner Intuition.
- Übe dich in Divination. Mit Divination schaffen wir einen klaren Kanal zwischen uns und dem Universum und wir können das Unterbewusste besser erforschen. Ich nutze dafür gerne Tarot oder Orakelkarten.
- Durch die Verbundenheit mit dir selbst und mit anderen (Empathie) erzeugst du Mitgefühl. Auch dadurch erweiterst du dein intuitives Erleben.
- Auch die Kreativität ist ein Kanal zur Stärkung der Intuition und umgekehrt: Wer sich auf seine Intuition verlässt, ist kreativer.

Deine magischen Gaben – die Hellsinne trainieren

Während das Konzept der Intuition mittlerweile sehr gesellschaftsfähig ist, möchte ich dir weitere magische Fähigkeiten vorstellen, die noch immer gerne mit einer hochgezogenen Augenbraue quittiert werden. Wir Hexen besitzen Hellsinne. Hellsinne sind Fähigkeiten oder Sinneswahrnehmungen, die über die normalen fünf Sinne (Sehen, Hören, Fühlen, Schmecken, Riechen) hinausgehen und dir eine erweiterte Wahrnehmung schenken. Sie ermöglichen es dir, Informationen aus der spirituellen Welt oder feineren Dimensionen zu empfangen, und geben dir Einsichten oder Visionen, die nicht auf rationalen Überlegungen basieren.

Du kannst plötzlich Bilder oder Symbole sehen, die dir eine wichtige Botschaft übermitteln. Oder aber du fühlst die Energie um dich herum und kannst damit arbeiten, um spirituelle oder energetische Arbeit zu leisten. Hellsinne schenken dir eine große Verbundenheit zu dir selbst und zum Leben und sie schenken dir Vertrauen ins Leben. Während meiner Zeremonien für meinen Coven lasse ich mich gerne von ihnen leiten. Das heißt, ich verbinde mich nach oben mit dem Universum und empfange von dort Impulse und Nachrichten, die mich durch die Zeremonie leiten. Ich bin geführt und getragen und erhalte von hier auch die Impulse, aus denen dann eine Meditation entsteht.

Hellsinne aktivieren deine Schöpferkraft. Du erkennst dich selbst als Schöpferin oder Schöpfer deiner Realität und lernst immer besser, Energien zu lenken und zu transformieren. Dennoch sind die Hellsinne, wie auch unsere Intuition, häufig erst einmal blockiert. Den Grund dafür haben wir auf den letzten Seiten kennengelernt – die Hexenwunde mit all ihren Ängsten und Facetten. Um wirklich wieder mit deinen magischen Fähigkeiten vertraut zu werden, mache dir zunächst bewusst, welche der Hellsinne bei dir gerade am aktivsten sind, und trainiere diese langsam. Wenn du merkst, dass du nicht weiterkommst, überspringe gerne ein paar Schritte und ziehe das Kapitel zur Heilung der Hexenwunde vor. Dann arbeite wieder weiter an deinen Hellsinnen. Du wirst sehen, dass diese wechselseitige Arbeit deine Hellsinne ebenso stärkt wie dein Vertrauen in deine eigenen Fähigkeiten. Vertraue darauf, dass du den Zugang bekommst, wenn es soweit ist. Manchmal haben wir noch Blockaden, die uns schützen, zu viel zu sehen, zu hören, zu spüren oder zu wissen. Es ist ein Wachstumsprozess und mit jedem Learning kommst du deinen Hellsinnen ein Stück näher.

Besitzt jeder Mensch Hellsinne?

Wir alle werden mit Hellsinnen geboren und bei Kindern sind diese Sinne sehr wach. Im Laufe unseres Lebens neigen wir jedoch dazu, sie immer mehr verkümmern zu lassen. Die Welt um uns herum ist so laut und schnell geworden, dass wir unsere Sinne einfach drosseln müssen, wenn wir weiter in ihr leben wollen. Dazu kommt, dass Eltern, deren Sinne gedrosselt sind, Hellsinne in ihren Kindern weder sehen noch verstehen. In unserer kopflastigen, technisierten Welt haben diese wundervollen Fähigkeiten an Bedeutung verloren.

Es liegt also an uns, unsere Hellsinne wieder zu erkennen und zu aktivieren. Menschen, die komplett von ihrem Verstand gesteuert sind, fällt es meist erst einmal schwerer, einen Zugang zu bekommen. Auch unser Seelenweg spielt dabei eine Rolle. Vielleicht ist es auch einfach in diesem Leben nicht wichtig, diese Fähigkeiten zu entwickeln, da eine andere Aufgabe im Vordergrund steht. Wenn du dieses Buch liest, kannst du davon ausgehen, dass sich deine Seele ganz gewiss an deine Hellsinne erinnern und diese auch aktivieren möchte. Hellsinne haben auch etwas mit dem Grad des Bewusstseins zu tun. Manche Hellsinne werden deshalb vielleicht erst zu einem späteren Zeitpunkt, wenn du verbundener mit dir bist, vollständig (re-)aktiviert.

Übung: Das Meer beschreiben

Stell dir einmal vor, du müsstest einer Person das Meer beschreiben, die noch nie in ihrem Leben davon gehört oder es gesehen hat.
Nimm dir dafür circa drei Minuten Zeit und schreibe alles auf. Lies erst weiter, wenn du deine Liste beendet hast!

Nun lies, was du geschrieben hast, und achte darauf, wo dein Fokus bei der Beschreibung liegt. Eher auf den Geräuschen, wie dem Meeresrauschen oder dem Kreischen der Möwen? Oder hast du dich mehr auf die visuellen Details in Form von Bildern fokussiert? Oder hast du vielleicht sogar in erster Linie das Gefühl beschrieben, wie es ist, am Meer zu sein?

Es kann sehr gut sein, dass dort, wo dein Fokus liegt, die entsprechenden Hellsinne bei dir ausgeprägt sind. Das können übrigens auch mehrere sein.

Übersicht über die Hellsinne

Im Folgenden will ich dir nun eine Übersicht über die Hellsinne und jeweils kleine Übungen dazu geben. Dabei fokussieren wir uns auf das Hellsehen, Hellhören, Hellfühlen und Hellwissen.

Zunächst aber lade ich dich zu einem kleinen Test ein. Ich habe dir einige Fragen vorbereitet. Gehe diese alle der Reihe nach durch. Dort, wo du die meisten Häkchen setzt, sind deine medialen Fähigkeiten aktuell am stärksten ausgeprägt.

Hellsehen

- Kannst du dir vor deinem inneren Auge Dinge gut vorstellen und visualisieren? Also beispielsweise bei einer geführten Meditation Bilder empfangen?
- Träumst du in bunten und lebhaften Bildern?
- Denke an eine bestimmte Person oder Situation. Siehst du nun automatisch Bilder oder einen Film vor dir?
- Siehst du manchmal einen flimmernden Schatten um Menschen, Tiere oder Objekte?

Hellfühlen

- ✶ Bist du sehr empathisch?
- ✶ Fällt es dir leicht, Gefühle von anderen Menschen wahrzunehmen?
- ✶ Saugst du diese manchmal sogar ungewollt auf? Beispiel: Du triffst dich mit einem Freund, der traurig ist, und danach fühlst du dich auch traurig.
- ✶ Empfindest du es oft als anstrengend und fühlst du dich ausgelaugt, wenn du eine Zeit lang unter vielen Menschen bist?

Hellhören

- ✶ Hörst du manchmal so etwas wie eine innere Warnung, wenn du davor bist, dich in eine gefährliche Situation zu begeben?
- ✶ Hörst du manchmal ein Rauschen oder Klingeln in deinem Ohr, das sonst niemand wahrnehmen kann?
- ✶ Hast du manchmal plötzlich Worte oder Ratschläge in deinem Kopf, ohne dass du weißt, woher sie kommen?
- ✶ Hast du schon einmal Töne, Stimmen oder sonstige Geräusche gehört, obwohl sie sonst niemand gehört hat?

Hellwissen

- ✶ Hast du häufig so etwas wie ein inner knowing, ein inneres Wissen über den Ausgang einer Situation?
- ✶ Hattest du schon mal eine Vorahnung, die sich als richtig herausgestellt hat?
- ✶ Hast du öfters Eingebungen und Impulse »von oben«, die plötzlich auftreten?
- ✶ Wenn du dir vor deinem inneren Auge eine Frage stellst, bekommst du dann ein innerliches Ja oder Nein oder sogar eine Antwort auf eine spezifische Frage?

Nachdem du nun herausgefunden hast, welche Hellsinne gerade bei dir am aktivsten sind, möchte ich dir nun eine Erklärung zu den unterschiedlichen magischen Fähigkeiten geben.

Hellsichtigkeit

Hellsehen bezieht sich auf die Fähigkeit, Informationen über Bilder zu bekommen. Dabei siehst du Bilder, Visionen oder Farben, entweder vor deinem »inneren Auge«, also mental oder sogar physisch. Es gibt – wie bei allen Hellsinnen – eine sehr große Varianz, wie Hellsichtigkeit erlebt werden kann. Dazu zählen auch innere Bilder beim Reisen innerhalb von Meditationen oder generell bei Reisen in die Anderswelt (beispielsweise in Trance). Beim Hellsehen können manche Menschen auch Energie hellsichtig wahrnehmen und deshalb die Aura anderer Menschen sehen. Dafür braucht es oftmals aber ein wenig Übung, daher lasse dich anfangs nicht entmutigen. Manche Menschen empfangen auch Informationen über Träume. Dabei ist es so, dass jede*r die Nachrichten auf eigene Art und Weise empfängt und eine eigene Symbolsprache haben kann, die im realen Leben zunächst keinen Sinn ergibt, weil vielleicht ein Bild erscheint, allerdings ohne Ton.

Mein Tipp für dich: Erforsche und notiere die empfangenen Bilder erst einmal – oftmals ergibt sich der Sinn nach einer Weile.

Übung: Trainieren deiner Hellsichtigkeit

Stell dir ein Objekt vor und visualisiere dann einen Farbwechsel. Fokussiere dich zuerst auf die Vorstellung einer Farbe. Manchmal siehst du diese Farbe dann auch schon direkt. Du kannst dabei die Farben der Chakren durchgehen.

Hellfühligkeit

Hellfühlen bedeutet, emotionale oder energetische Empfindungen wahrzunehmen, die über die normalen körperlichen Sinne hinausgehen. Hellfühlige Menschen können die Emotionen oder Energien von Orten, Menschen oder Situationen spüren. Dieser Hellsinn spielt sich eher auf körperlicher Ebene ab (meist im Bereich des Solarplexus), während sich die anderen drei auf der oberen, geistigen Ebene befinden. Es geht hier viel auch um das sogenannte Bauchgefühl und das Spüren gewisser Energien.

Aber Achtung: Wenn du hellfühlig bist, kann es vorkommen, dass sich die Energien anderer Menschen (und auch die von Tieren oder Pflanzen) wie deine eigenen anfühlen. Daher ist es als hellfühlige Person ganz wichtig, dich immer energetisch zu reinigen (mit Auraspray, ätherischen Ölen wie Lavendel oder Rosmarin, Salz, Klang oder Räucherungen mit z. B. Beifuß) und vor allem: Grenzen setzen! Ein toller Pluspunkt: Diese Menschen können sehr gut über ihre Gefühle manifestieren, indem sie den Wunsch mit der Emotion verbinden.

Übung: Trainieren deiner Hellfühligkeit

Spüre in deine Umgebung hinein. Aus schamanischer Sicht ist alles beseelt. Besuche Kraftorte, deren Energie besonders hoch ist. Fühle dich in ein Tier hinein, das dir begegnet. Spüre die Energien.

Hellhörigkeit

Wenn du hellhörig bist, nimmst du Klänge, Stimmen oder Botschaften wahr, die nicht über deine organischen Ohren hörbar sind. Du kannst Hellhörigkeit auch daran erkennen, dass du sehr sensibel auf Geräusche reagierst. Bei Betroffenen der sogenannten Misophonie entstehen bei bestimmten Geräuschen Emotionen wie Wut oder Ekel. Ich kenne das von mir, wenn eine Person im Coworking Space isst, stört mich das schon. Und ganz besonders, wenn sie mit dem Besteck kratzt. Daher ist »Noise-Canceling« für mich ein wahrer Segen.

Hellhörige Personen können Informationen aus der geistigen Welt oder durch subtile Energien hören. Oftmals empfangen sie diese auch in Form von (gehörten) Gedanken. Gerade Musiker*innen sind stark mit dieser Fähigkeit verbunden, da sie oft die Musik erst in sich selbst hören, und sie dann spielen oder zu Papier bringen. Wir können durch diese Fähigkeit auch mit unseren inneren Anteilen sprechen und hören dann in unserem Geist kürzere oder längere Dialoge. (Ein Beispiel wären Kommentare unseres inneren Kindes oder des inneren Kritikers.)

Übung: Trainieren deiner Hellhörigkeit

Frage dich beim Hellhören immer wieder: Wie sind die Sätze formuliert? Welche Qualität und welche Energie stehen hinter den Gedanken? Die Botschaften der geistigen Welt sind oft klar und kurz, um nicht zu sagen einsilbig, manchmal auch aber sehr poetisch. Meist jedenfalls hören sie sich nicht nach dir selbst an. Es ist immer eine gewisse Tiefe darin und du erkennst daran, dass es Botschaften sind, dass du etwas Unerwartetes erfährst. Mach Spaziergänge in der Natur und bitte um eine Antwort auf eine Frage.

Es kann also sein, dass du beispielsweise über das Hellhören innerhalb deiner Gedanken mit deinen Ahnen kommunizierst – ich mache das häufig.

Hellwissen

Hellwissen ist die Form der intuitiven Wahrnehmung. Es bezieht sich auf die Fähigkeit, Wissen oder Informationen zu erhalten, ohne dass sie durch rationale Überlegungen, Erfahrung oder äußere Quellen vermittelt werden. Hellwissen ist oft schwer zu erklären, da es sich um ein inneres Wissen handelt, das plötzlich auftaucht, ohne dass eine offensichtliche Erklärung dafür vorhanden ist. Es ist, als ob diese Informationen direkt in unserem Geist auftauchen. Das Gefühl ist die Erkenntnis einer tiefen Wahrheit. Beim Hellwissen weißt du etwas Bestimmtes einfach. Das kann spontan geschehen oder bei Channelings mit der geistigen Welt, die dir Wissen in Form von Downloads übermitteln.

Hellwissen wird oft als eine Form der Intuition betrachtet, die tiefer geht als rationales Denken oder rationale Analyse. Es kann auch mit anderen Formen der intuitiven Wahrnehmung wie Hellsehen, Hellhören oder Hellfühlen einhergehen. Die Herausforderung ist hier, den Eingebungen zu vertrauen, denn oft hinterfragen wir diese. Gerade am Anfang sind wir unseren Hellsinnen oder unserer Intuition gegenüber noch misstrauisch.

Übung: Trainieren deines Hellwissens

Verbinde dich über dein Kronenchakra nach oben. Öffne dein drittes Auge, indem du beispielsweise eine geführte Meditation machst. Frage nach einer Botschaft vor dem Einschlafen und schreibe diese am nächsten Tag direkt nach dem Aufwachen auf.

Daher meine Einladung an dich: Öffne dich für die Welt der Hellsinne. Vertraue deinen magischen Fähigkeiten und wisse: Jeder noch so kleine Schritt bringt dich auf dem Weg der Hexe weiter. All diese Fähigkeiten kannst du wie einen Muskel trainieren. Besonders wichtig ist es, dass du deine besonderen Fähigkeiten als solche anerkennst, denn oftmals empfinden wir als normal, was für andere besonders ist. Um Zugriff auf deine Hellsinne zu bekommen, ist eine regelmäßige Meditationspraxis das A und O. Auch hier empfehle ich dir die Meditation zur Stärkung der Körperpräsenz und zur Öffnung des dritten Auges.

Meditation »Intuitiver Zustand«
https://theherstorywitch.de/meditationen-die-hexenwunde-buch/
Passwort: Hexenwunde

Wichtig beim Trainieren deiner Hellsinne ist eine gesunde Erdung vor deiner Praxis und ganz besonders auch danach. Daher gehe nach diesen Übungen immer wieder in die Natur, verbinde dich durch Bewegung mit deinem Körper, geh barfuß, iss Wurzelgemüse.

Schritt 3: deine Fähigkeiten anerkennen und darin vertrauen

»Der Schlüssel ist das Vertrauen in
uns selbst und unsere intuitiven Fähigkeiten.«
MELISSA KIRCHGÄSSNER

Während eines Besuchs in Argentinien, der Heimat meines Mannes, durfte ich einmal mehr am eigenen Körper erfahren, was passiert, wenn ich nicht auf meine Intuition höre.

Wir hatten damals mit Freunden meines Mannes bei einem Bekannten in der Hauptstadt Buenos Aires übernachtet. Meine Intuition sagte mir, wir sollten direkt nach dem Frühstück gehen, da ich spürte, dass meine Periode kam und ich dann meine Ruhe brauche. Leider ließ ich mich damals aus People-Pleasing-Gründen darauf ein, noch eine Weile zu bleiben. Besagter Bekannter war dann plötzlich ganze drei Stunden spurlos verschwunden und nicht erreichbar (er hatte nur kurz zur Bank gewollt), während wir anderen auf ihn warteten. Das Ergebnis: Wir mussten in einem überfüllten Bus im Feierabendverkehr (es war Freitagnachmittag) ganze drei Stunden zurückfahren, mir ging es minütlich schlechter und ich war komplett sauer auf mich selbst, dass ich nicht auf mein Bauchgefühl gehört hatte. Dieses Erlebnis war ein Weckruf für mich. Seitdem höre ich konsequent auf meinen Körper und mache mich zur Priorität. Ich bin mir sicher, auch du hattest schon solche Erlebnisse. Wichtig ist, daraus ein Learning zu ziehen. Fehler zu machen ist gut und wichtig, denn nur so lernen wir. Sei daher nicht zu hart zu dir selbst, wenn du einmal wieder nicht auf deine Intuition gehört hast, sondern sieh es als Lernerfahrung.

Heute habe ich meine Intuition zum einen besser trainiert und ich vertraue auch mehr in sie. Es ist das liebevolle Dranbleiben, manche nennen es auch Selbstdisziplin, was für mich den Unterschied macht. Wenn du bisher noch nicht so viel mit deiner Intuition und deinen Hellsinnen gearbeitet hast, gilt es nun, dich immer mehr mit ihnen vertraut zu machen. Was dann automatisch geschieht, ist, dass du immer mehr auch merkst, dass du deinen Sinnen vertraust.

Was hat das mit der Hexenwunde zu tun? Das Vertrauen in dich selbst ist einer der wichtigsten Teile der Heilung der

Hexenwunde. Je mehr du in deine magischen Fähigkeiten vertraust, die du durch die Arbeit mit deinen Hellsinnen immer stärker wahrnehmen kannst, desto weniger Macht hat die Hexenwunde über dich. Es ist die Hexenwunde, all die Angst, die Urteile und die Blockaden, die mit ihr einhergehen, die deine magischen Fähigkeiten unterdrückt und den Kanal zum großen Ganzen blockiert oder abschwächt. Es ist ein *vicious circle:* Du hast Angst und Blockaden, nimmst deine Hellsinne nicht wahr oder negierst sie und das wiederum bestätigt deine Blockaden. Es regiert der Verstand. Angst ist eine natürliche und menschliche Empfindung, die im Ursprung unserem Schutz dient. Aber sie hält uns auch häufig von Dingen fern, die uns eigentlich guttun, wie eben unserer Intuition. Ich sehe es als essenziell für die Heilung der Hexenwunde, dass das Trainieren deiner Hellsinne Teil deines magischen Alltags wird und damit die Schattenarbeit wirkungsvoll unterstützt. Nur so wirst du deine Macht zurückgewinnen und täglich deutlicher spüren.

Liebevolle Selbstdisziplin

Das Wort Disziplin hatte früher für mich einen strengen Beigeschmack. Heute habe ich verstanden, dass das wohlwollende Dranbleiben an dem, was ich in meinem Leben haben will, der Zauberstab zu mehr Selbstvertrauen und Selbstermächtigung ist. Je mehr du dich mit deinen Gaben beschäftigst und ihnen Raum gibst, desto weniger Raum kann die Hexenwunde einnehmen. Es gilt also, die Arbeit mit den Hellsinnen und auch deine Meditationspraxis zu einer täglichen Gewohnheit zu machen. Verwandle den vicious circle in deinen Kreis der Selbstermächtigung: Du nimmst deine Hellsinne wahr und trainierst sie, Angst und

Blockaden schrumpfen, denn du spürst, was du draufhast, und das wiederum macht dir noch mehr Lust, dranzubleiben. Easy, oder?

Wenn du dir Unterstützung dabei wünschst, höre die Meditation »Intuitiver Zustand«. Und wenn du sehen willst, wie deine Dranbleibe-Kraft sichtbar wächst, druck dir gerne die Tabelle aus, die ich dir auf der Downloadseite hinterlegt habe.

Übung: 28-Tage-Dranbleiben!
Hier findest du die Tabelle:
https://theherstorywitch.de/meditationen-die-hexenwunde-buch/
Passwort: Hexenwunde

- Notiere dir vor Start der 28 Tage den Wert für die Ausprägung deiner Hellsinne.
- Trainiere die erste Woche *alle* Hellsinne, wie im entsprechenden Kapitel beschrieben. Für jeden Tag, den du geübt hast, kreuzt du eins der Kästchen in der Tabelle an.
- Ab Woche zwei trainierst du denjenigen Hellsinn, der aktuell bei dir am stärksten ausgeprägt ist oder dich am meisten fasziniert.
- Notiere dir nach den 28 Tagen, welchen Wert du deinem aktuell am stärksten ausgeprägten Hellsinn nun gibst. Du wirst staunen!

Grundsätzlich hat jeder Mensch Zugang zu seiner Intuition und seinen Hellsinnen, wir müssen allerdings wieder lernen, die Botschaften zu verstehen. Jede Person hat ihre individuelle Art, mit ihrer Intuition in Kontakt zu treten und die Verbindung zu ihr zu pflegen. Oft sind wir durch Hektik und Stress zu sehr abgelenkt, weshalb wir die Signale unseres Körpers ignorieren und den Kontakt zu uns selbst verlieren.

Ich hatte es an anderer Stelle im Buch bereits erwähnt: Deine Intuition meldet sich im ersten Impuls, den du zu einer Sache hast. Was zwei, drei Sekunden später einsetzt, ist der Verstand. Der Verstand kann nur auf zuvor gemachte Erfahrungen zugreifen, also auf die Vergangenheit, zu der auch unsere epigenetische Erfahrung gehört. Du weißt vermutlich, worauf ich hinauswill. Richtig, die Hexenwunde. Und wie teilt sich der Verstand mit? Er spricht mit der Stimme unseres »inneren Kritikers« oder eines »inneren Antreibers«. Du kennst diese Begriffe sicherlich, denn diese Aspekte der Persönlichkeit werden in der psychologischen Literatur häufig diskutiert. An dieser Stelle nur ganz kurz: Kritische oder pushende innere Stimmen führen dazu, deine Selbstzweifel zu fördern, Erfolge zu minimieren und ängstliche Gedanken zu verstärken. Hörst du deiner inneren Kritikerin permanent zu, kann das dazu führen, dass du beginnst zu grübeln, dich unsicher fühlst und dein Selbstwertgefühl beeinträchtigt wird. Gehorchst du dem inneren Antreiber, drängt er dich dazu, hart zu arbeiten, dich anzustrengen und Perfektion anzustreben, was zu Stress und Burnout führen kann, da er keine Balance zwischen Arbeit und Ruhe zulässt.

Beide Stimmen bedeuten das Gegenteil von Intuition. Deine Intuition zeigt sich durch spontane Eingebungen, inneres Wissen und positive Einsichten und oft wird sie als eine wissende und vertrauenswürdige Quelle der Einsicht wahrgenommen. Ich mag die Daumenformel: Fühlt es sich leicht und frei an, spricht die Intuition. Und darum geht es doch! Es geht darum, dich spielerisch und lustvoll deinem wahren Ich wieder zu nähern und deiner Magie.

Journaling

Es ist an der Zeit, dich deinen inneren, kritischen Stimmen zuzuwenden. Achte einmal darauf, wann dein innerer Kritiker und wann vielleicht dein Antreiber auf den Plan treten. So kannst du die innere Stimme herausfiltern und bewusster werden, wer gerade aktiv ist.

- Identifiziere einmal für dich, wie sich dein innerer Antreiber/dein innerer Kritiker bei dir melden.
- In welchen Situationen nimmst du sie wahr?
- Wie hören sie sich an?
- Wie sprechen sie mit dir? Welche Worte wählen sie?
- Woran oder an wen erinnern sie dich?

Vielleicht warst auch du ein Kind mit einem stark intuitiven Erleben, und vielleicht bist auch du sehr sensibel. Leider wird das oft von der Gesellschaft nicht toleriert oder als schwach angesehen. Viele Kinder verlieren deshalb spätestens als Jugendliche den Zugang zur Intuition, entwickeln häufig eine negative, kritisierende innere Stimme, die sie eventuell auch dazu drängt, die Intuition zu unterdrücken.

Wir werden dazu erzogen, Antworten nicht in uns selbst, sondern im Außen zu suchen. Wir streben nach Bestätigung und geraten dadurch oft ins People Pleasing.

Daher ist es so wichtig, wieder in deine Gefühle zu vertrauen: Lerne, auf dein Bauchgefühl zu hören und dir deiner inneren

Stimme bewusst zu werden. Bitte beachte, dass es keine innere Stimme böse mit dir meint. Sie sagt lediglich, was du zu einem früheren Zeitpunkt in deinem Leben über dich gelernt hast, und gibt dir damit den wertvollen Hinweis, was du über dich selbst glaubst und was es dementsprechend zu heilen gibt.

Wie sehr vertraust du in deine eigenen Fähigkeiten?

Wenn du bereits Hexe bist, beschleicht dich auch immer mal wieder das Gefühl, auf deinem Gebiet noch nicht gut genug zu sein? Und dann kaufst du noch einen Kurs und noch ein Buch, nur um auf Verstandesebene sicherzugehen, dass du es auch wirklich kannst. Vielleicht hältst du dich generell in deinem Leben klein, weil du denkst, du seist nicht selbstbewusst genug, nicht kreativ genug, nicht begabt genug … Die Liste kann sehr lang sein. Und es geht noch viel tiefer.

Selbstverwirklichung bedeutet, alles bewusst zu erleben, auf dich selbst zu hören und nach innen zu gehen, um herauszufinden, wer du bist und welche Aufgabe du zu erfüllen hast. Dieser Prozess erfordert Mut und Zeit. Wenn du nicht in dich selbst vertraust, machst du deine eigenen Fähigkeiten klein. Egal, welche magischen Fähigkeiten du besitzt (Hellsehen, Divination, Energiearbeit usw.) – du verdienst es, dich damit sicher zu fühlen. Und vielleicht denkst du jetzt sogar: Ich besitze aber gar keine magischen Fähigkeiten! Dann lass mich dir sagen: Doch, das tust du. Du darfst dich wieder daran erinnern, weg von gesellschaftlicher Konditionierung und deinem Verstand, dich an deine innere Stimme erinnern und ihr mehr Raum geben.

Erinnerst du dich noch ans erste Kapitel? Oft spüren wir die Hexenwunde besonders dann, wenn wir eigentlich gerade dabei sind, uns kraftvoll in unserem Leben auszudrücken und zu verwirklichen. Daher ist es so wichtig, dass du zunächst wieder das Vertrauen in dich selbst findest. In deine Liebe zu dir selbst, in deine Lust und deine Sexualität. Denn darüber entfacht sich dein inneres Feuer, die Leidenschaft, dein Antrieb.

Selbstliebe und gesunde Sexualität

Selbstliebe und Sexualität spielen eine tiefgreifende Rolle in der Heilung der Hexenwunde, da sie Schlüsselkomponenten auf dem Weg zur inneren Balance, Stärkung und spirituellen Integration sind. Indem wir uns selbst akzeptieren und wertschätzen, ermöglichen wir es uns, vergangene Verletzungen zu verarbeiten und Selbstvertrauen zu gewinnen. Indem wir in unserem eigenen Licht erstrahlen, können Scham, Schuld und Unsicherheit – ganz besonders auch in Bezug auf die eigene Sexualität –, die oft mit der Hexenwunde einhergehen, durchbrochen werden. Diese liebevolle Beziehung zu dir selbst fördert nicht nur die emotionale Heilung, sondern stärkt auch die spirituelle Verbindung zu deinen Wurzeln und Kräften.

Wie du bereits in den vorherigen Kapiteln gelesen hast, hat die Hexenwunde oft zu einer Unterdrückung der eigenen Identität und einem Verlust des Kontakts mit deinen natürlichen Energien geführt. Eine positive Einstellung zur Sexualität ermöglicht es, die Beziehung zum eigenen Körper zu heilen und zu stärken, und erlaubt eine bewusste Verbindung zu den kraftvollen Schöpfungsenergien und spirituellen Intuitionen, die jedem von uns innewohnen. Indem wir eine gesunde und liebevolle Verbindung zur eigenen Sexualität aufbauen und uns selbst lieben, wie wir sind, manifestieren wir die Macht, die in uns ruht, und erschaffen eine neue Realität, die frei von den Schatten der Hexenwunde ist.

Selbstliebe und Verwöhnungszauber für mehr Lust in deinem Leben

Du brauchst:

- eine rosa Kerze,
- Rosenquarz,
- duftendes Massageöl oder Körperbutter,
- eine wohlriechende Bodylotion oder Creme,
- Rosenblätter,
- Bioglitzer,
- ein kleines Notizbuch und einen Stift.

Ablauf

Suche dir einen schönen Platz in deiner Wohnung, an dem wohlige Wärme herrscht. Schaffe einen ruhigen und entspannten Raum, in dem du ungestört bist. Auch hier öffne den Raum vorab wieder mit dem Ritual »Reinigung und Schutz«.

Nimm den Rosenquarz in deine Hände und spüre seine liebevolle Energie. Schließe deine Augen und stelle dir vor, wie du von einer liebevollen, umhüllenden Energie umgeben bist. Spüre, wie sich Selbstliebe und Verwöhnung in deinem Inneren ausbreiten.

Trage das duftende Massageöl oder die Körperbutter auf deine Hände auf. Reibe deine Hände aneinander, um das Öl oder die Butter zu erwärmen. Beginne dann, deinen Körper liebevoll mit sanften, kreisenden Bewegungen zu massieren. Konzentriere dich dabei auf die Bereiche, die besonders Luxus und Verwöhnung verdienen, wie zum Beispiel deine Hände, dein Gesicht, deinen Nacken oder deine Füße. Lasse das Gefühl der Selbstliebe und des Wohlgefühls in jede Bewegung einfließen.

Nach der Massage nimm die Bodylotion oder Creme und trage sie großzügig auf deinen Körper auf. Während du dies tust, stelle dir vor, wie diese hochwertige Pflege deine Haut mit Feuchtigkeit und Nährstoffen verwöhnt und wie sie gleichzeitig deine innere Schönheit zum Strahlen bringt.
Setze dich mit dem kleinen Notizbuch und dem Stift hin. Schreibe auf, welche Aspekte deines Lebens Luxus, Lust und Verwöhnung verdienen. Das können materielle Dinge sein, wie ein schönes Abendessen, ein luxuriöser Urlaub oder ein exquisites Geschenk für dich selbst. Aber denke auch an immaterielle Aspekte, wie innere Ruhe, Zeit für Hobbys oder Selbstpflege. Sei kreativ und erlaube dir, große und kleine Luxusmomente aufzuschreiben.

Lege deine Hände auf dein Herz und schließe deine Augen. Nimm die Kerze und ritze intuitiv eines oder mehrere dieser Worte hinein: *Selbstliebe, Genuss, Leidenschaft oder Luxus.* Salbe die Kerze mit dem Massageöl, reibe die Rosenblätter hinein und streue das Bioglitzer mit drauf.

Visualisiere nun vor deinem inneren Auge, wie sich diese Ziele entfalten und in Erfüllung gehen. Sieh dich selbst in einer Zukunft voller Erfolg und Fülle, in der du dein Leben nach deinen eigenen Vorstellungen gestaltest. Spüre die Freude und Zufriedenheit, die dieses Bild in dir hervorruft. Wisse, dass Fülle immer in dir beginnt. Fülle ist eine Frequenz, in die du dich jeden Tag eintunen darfst. Dieser Zauber wird dir dabei helfen.
Tauche all deine Wünsche in eine goldene Kugel und sehe dich in der Mitte davon. Spüre, wie gut es sich anfühlt, umgeben von

deinen goldenen Wünschen zu sein. Schenke dir ein Lächeln, sei dankbar und lass daraufhin in dem Wissen los, dass für dich gesorgt ist. Spüre die Dankbarkeit für dein Leben und die Vielzahl der schönen Momente in deinem Leben. Shifte den Fokus ganz bewusst auf die Fülle in jedem Moment. Und da wir ja Hexen sind, darf ein Zauberspruch natürlich nicht fehlen.

Sprich und wiederhole nun folgende Affirmation:

»Ich verdiene Lust, Sexualität und Verwöhnung in meinem Leben. Ich liebe und schätze mich selbst. Ich erlaube mir, mich selbst zu verwöhnen und mich selbst zu lieben.«

Zünde die rosa Kerze an und spüre die warme, beruhigende Energie, die sie ausstrahlt.

Nimm dir vor, die Liste mit deinen Luxusmomenten regelmäßig anzuschauen und bewusst in deinem Leben Momente des Luxus und der Verwöhnung zu schaffen. Verwöhne dich selbst, liebevoll und mitfühlend. Mache dir immer wieder bewusst, wie wertvoll du bist und wie einzigartig deine Gabe ist. Verbinde dich immer wieder mit ihr. Bleib dran und lasse sie wachsen!

Dein Vertrauen in deine Magie

- Trainiere deine Hellsinne.
- Verbinde dich mit deinen tiefsten Wünschen.
- Visualisiere deine Ziele.
- Vertraue immer mehr in deine Intuition.
- Erkenne deine Einzigartigkeit und deine Magie an.
- Probiere dich aus.
- Sei gut zu dir.

Schritt 4: Deep Dive in die Hexenwunde – Ahnenarbeit und frühere Leben

Für das Lösen der Hexenwunde ist die Arbeit mit unseren Ahnen essenziell. In Kapitel 3 sind wir ausführlich auf die Symptome der Hexenwunde und ihre Ursprünge eingegangen. Lies dafür gern noch einmal nach, denn nun darfst du bei dir selbst einchecken und überprüfen, welche dieser Symptome auf dich zutreffen.

Journaling: Wie macht sich die Hexenwunde in deinem Leben bemerkbar?

Nimm dir jeden Punkt einzeln vor und beantworte in deinem Journal die nachfolgenden Fragen. Und wie immer – nicht lange nachdenken, die erste Antwort notieren, die kommt, und radikale Ehrlichkeit dir selbst gegenüber sind key!

- Thema Sichtbarkeit
- Die eigene Wahrheit sprechen
- In die eigenen Fähigkeiten vertrauen
- Angst vor Magie als etwas Verbotenes
- Geld und Selbstwert
- People Pleasing und Grenzen setzen
- Ein Leben außerhalb der Norm, soziale Minderheit
- Die Schwesternschaftswunde
- Offen ausgelebte Sexualität

Wovor hast du Angst?
Was sind deine größten Träume?
Was würdest du tun, wenn du zaubern könntest? ;)
Was sagt deine innere Stimme?
Kannst du für dich einstehen?

Du hast im Kapitel über die Epigenetik schon sehr viel zum Thema Ahnenarbeit erfahren und durch deinen Ahnenaltar bereits erste Kontakte zu deinen Ahnen herstellen können. Nun gehen wir ein wenig tiefer und du kommst in Kontakt mit deinem Ahnenmentor.

Treffen mit dem Ahnenmentor

Es gibt immer eine bestimmte Person in unserer Ahnenlinie, die eine ganz besondere Verbindung zu uns hat. Du kannst dir diese Person vorstellen wie einen Mentor oder eine Mentorin, allerdings auf Ahnenebene. Dieser Ahne oder diese Ahnin möchte dir all das Wissen und die Weisheit eurer Linie weitergeben. Es ist sehr unterschiedlich, aus welcher Generation er oder sie kommt, oft reicht die Verbindung weit zurück in die Vergangenheit. Dieser Mentor wird dich auf deiner weiteren Reise begleiten und dich mit seinem Wissen und seiner Energie unterstützen. Er oder sie wird dir bei der Entfaltung deiner Hellsinne den Rücken stärken und dich bei deinen Ritualen – ganz besonders beim Ahnenritual – unterstützen.

Oftmals tragen wir selbst die Begabungen, Talente und Fähigkeiten dieses Ahnenmentors in uns und diese Verbindung stärkt und unterstützt uns. Es ist auch möglich, dass sich die Mentoren im Laufe deines Lebens verändern, dass du je nach Lebensabschnitt und Erfahrungsschatz einen passenden Mentor oder eine neue Mentorin bekommst.

Bitte beachte, dass eine solche Reise energetische Arbeit ist und dein Körper sich danach erschöpft fühlen kann. Wichtig ist daher, viel Wasser zu trinken und dir Zeit zur Integration zu lassen. Diese Reisen solltest du daher immer mit einigen Tagen Pause dazwischen machen, um dein System nicht zu überfordern.

Vor dem Start der Meditation öffne zunächst wieder den Raum mit dem Ritual »Reinigung und Schutz«.

Was du für die Reise brauchst:

* 45 Minuten ungestört Zeit,
* bequeme Kleidung,
* Zugang zum Internet für den Download der Meditation,
* Stift und Papier, um danach das Erlebte aufzuschreiben.

Meditation »Ahnenmentor«
https://theherstorywitch.de/meditationen-die-hexenwunde-buch/
Passwort: Hexenwunde

Die Vorbereitung für eine Meditation kennst du bereits, hier trotzdem noch einmal für dich:
Finde einen ruhigen und ungestörten Ort, an dem du dich für die Meditation entspannen kannst. Setze dich bequem hin oder lege dich hin. Achte darauf, dass du dich wohlfühlst und, solltest du sitzen, eine aufrechte Haltung einnimmst. Nimm ein paar tiefe und bewusste Atemzüge und dann starte mit dem Hören deiner Meditation.

Nutze im Anschluss an die Meditation dein Journal und notiere dir:

* Wen habe ich getroffen?
* Welche Informationen habe ich erhalten?

- Habe ich Anweisungen bekommen?
- Welches Gefühl herrscht jetzt in mir bezüglich meiner Ahnenlinie im Allgemeinen und zu meinem Ahnenmentor im Besonderen?

Durch die Ahnenarbeit kannst du tiefe Einsichten und Weisheiten gewinnen, die dich auf deinem spirituellen Weg leiten. Das Feld der Ahnen bietet sehr viel Heilung. Wisse, dass dein Ahnenmentor dich immer unterstützen und dich mit deiner Ahnenlinie verbinden wird. Du bist nun bereit, dein Ahnenritual zu vollziehen.

Dein Ahnenritual

In diesem kraftvollen Ritual gedenkst du deiner Ahnen und löst alte Blockaden auf. Dieses Ritual öffnet die Pforte zu deiner Geschichte und ermöglicht es dir, mit deinen Vorfahren in Kontakt zu treten. Hier hast du die Gelegenheit, Dankbarkeit zu zeigen, um Vergebung zu bitten und die Verbindung zu deinen Wurzeln zu stärken. Mit diesem Ritual ehrst du die Dunkelheit und das Licht deiner Ahnen und kannst zudem ihre Weisheit und ihren Segen erbitten. Dieses Ritual dient nicht nur dazu, die Vergangenheit zu würdigen, sondern auch, um unsere eigenen Lebensreisen tiefer zu verstehen und zu heilen. Möge dieses Ahnenritual dich wieder zurück zu deinen Wurzeln bringen.

Du brauchst:

- eine Schale mit Wasser (am besten mit durchsichtigem Boden),
- eine weiße oder blaue Kerze,
- Bergkristall, Amethyst, Rosenquarz,

* Blütenblätter deiner Wahl,
* deinen zuvor erstellten Lebensbaum (am besten machst du dir eine Kopie oder zeichnest dein Original noch einmal ab).

Ablauf des Rituals

Öffne zunächst wieder den Raum mit dem Ritual »Reinigung und Schutz«. Platziere die Schale auf deinen Lebensbaum und lege deine Kristalle darum. Zünde die Kerze an.

Setze dich dann ruhig hin und fokussiere dich auf deinen Atem. Lade all deine Ahnen ein, an diesem heiligen Ritual teilzuhaben. Lade nun die Energie der Heilung ein.

Während du diese Worte sprichst, lasse deinen Atem ganz sanft und weich fließen. Vielleicht möchtest du auch deine Hände in das Wasser legen. Du kannst dabei immer wieder Blütenblätter in die Schale geben, als Geschenk für deine Ahnen.

Gebet zur Ahnenheilung

Ich befreie heute meinen Ahnen von den Altlasten,
die sie mit sich tragen. Ich befreie sie von Schuld,
Scham und Trauer. Von dem Gefühl, versagt zu haben und
von unvollendeten Wünschen, wissend, dass sie
ihr Bestes getan haben, um ihre Lebensumstände
in bester Art und Weise zu tragen,
wie es ihnen möglich war.

Ich befreie alle zukünftigen Nachkommen
meiner Sippe von der Notwendigkeit, mich oder

andere Vorfahren stolz machen zu müssen.
Mögen sie ihren eigenen Weg finden und
ihrem Herzen dabei folgen. Mögen sie ihrer Seele
folgen und so ihre Träume verwirklichen.

Ich lade alle gestauten und verletzten Energien ein,
wieder ins Fließen und in Balance zu kommen,
sodass Heilung auf allen Ebenen für meine Ahnen
und mich entstehen kann.

Ich danke meinen Ahnen für ihre Liebe,
Unterstützung und Weisheit. Ich danke meinen Vorfahren,
die zusammengekommen sind, damit ich heute
das Leben atmen kann. Ich ehre euch. Ich sehe euch.
Ihr fließt durch mich hindurch. Jede Zelle meines Körpers
ist getragen von der Energie des Ahnenfeldes.
Blessed be.

Um das Ritual abzuschließen, gieße das Wasser in die Natur und verbrenne den Lebensbaum oder gib ihn an die Erde ab. Damit ist das Ritual beendet.

Die Kraft der Vergebung

»Beim Vergeben geht es darum, alte Narrative nicht mehr über unser Heute entscheiden zu lassen und uns unsere Macht zurückzuholen. Im Vergeben liegt die eigene Befreiung, weil wir den Opferstatus ablegen.«
MELISSA KIRCHGÄSSNER

In der Vergebung liegt eine transformative Macht. Denn Vergebung bedeutet, jemandem zu verzeihen, der uns verletzt, beleidigt oder Unrecht getan hat. Es geht darum, den Groll, den Ärger, Scham, Rachegefühle oder Wut loszulassen, die mit solchen Erfahrungen einhergehen, und den Weg für Heilung, Wachstum und innere Ruhe zu ebnen. Solange wir an Schuldzuweisungen festhalten, sind wir nicht bereit für Vergebung, sondern befinden uns noch im Drama-Dreieck.

Durch Vergebung entsteht Raum für eine positive Veränderung in der Art und Weise, wie Menschen miteinander umgehen. Zudem ermöglicht es Vergebung, Frieden mit der Vergangenheit zu schließen und sich auf die Gegenwart und die Zukunft zu konzentrieren. Dies führt zu einem tieferen inneren Frieden und einer positiveren Lebenseinstellung.

Vergeben wir nicht, halten wir an den alten schweren Gefühlen fest. Und wer trägt diese Gefühle? Na, wir selbst! Das heißt, lassen wir die alten Geschichten nicht los, schaden wir nur uns selbst und sonst ändert sich nichts.

Bereits Buddha soll gesagt haben: »An Zorn festhalten ist wie Gift trinken und erwarten, dass der andere daran stirbt.«

Sei dir bewusst, dass Vergebung nichts damit zu tun hast, dass du das Verhalten einer Person billigst. Vergebung hat auch nichts mit Schwäche oder klein beigeben zu tun. Vergebung bedeutet anzunehmen, was ist oder war, und die Entscheidung zu treffen, dass es heute keinen Einfluss mehr auf dich haben darf. Wir alle wissen, was den Hexen zur Zeit der Hexenverfolgung geschehen ist. Aber was bringt es, uns darüber zu empören und zuzulassen, dass uns die Geschichte in die Knie zwingt? Es ist eine klare Entscheidung dran, all das hinter dir zu lassen. Deshalb vergib dir als Allererstes selbst, dass du nicht immer für dich selbst eingestanden bist.

Vergebung für andere erfordert oft die Fähigkeit, sich in die Lage der anderen Person zu versetzen und Mitgefühl zu empfinden. Dies kann zu einem tieferen Verständnis der Motivationen und Umstände führen, die zur Verletzung geführt haben, und somit zu einer Erweiterung unserer Empathiefähigkeit. Du hast vielleicht mittlerweile deine Wahrnehmung gegenüber den Verursachern der Hexenwunde geändert, weil du nun weißt, dass die meisten von ihnen selbst in den Wirren der damaligen Zeit und ihrer eigenen Angst gefangen waren. Verstehen macht milde. Du kannst als Nächstes den Opfern verzeihen, dass sie nicht stärker waren, den Denunzianten, dass sie nicht abgeklärter waren, den Rechtsgelehrten, dass sie nicht moderner waren … dir fällt sicherlich einiges mehr ein.

Wir brauchen Vergebung, um inneren Frieden erfahren zu können und somit Heilung in die Hexenwunde zu bringen, in unser Ahnensystem und in unser eigenes Leben. Solange wir keinen Frieden haben, leben wir auch nicht in der Freiheit.

Wichtig: Vergebung bedeutet nicht, das Verhalten anderer gutzuheißen oder Ungerechtigkeit zu tolerieren. Es geht vielmehr darum, die Kontrolle über unsere eigenen Emotionen zurückzugewinnen und den negativen Einfluss der Vergangenheit auf unser Leben zu begrenzen. Vergebung ist oft ein persönlicher Prozess, der Zeit, Selbstreflexion und die Bereitschaft zur Veränderung erfordert.

Lasse deine Intuition sprechen oder wähle ein Vergebungsritual wie zum Beispiel das Ho’oponopono aus Hawaii. Es ist ein sehr kraftvolles Vergebungsritual und die Person, der du verzeihen möchtest, muss bei dem Ritual nicht persönlich anwesend sein. Du kannst das Ritual allein durchführen. Ich spreche gerne das folgende Gebet.

Vergebungsritual: Gebet zur Vergebung

Nimm ein paar bewusste Atemzüge und sprich folgendes Gebet. Auch wenn es sich für dich anfangs strange anfühlen mag, wiederhole das Gebet täglich, bis du merkst, wie deine Energie immer stärker zu dir zurückkehrt.

Ich vergebe mir für Dinge in der Vergangenheit,
bei denen ich unnötiges Drama auf
meine Beziehungen ausgeübt habe.
Ich vergebe mir für all die Momente, in denen ich streng
und unfair mit mir selbst oder/und anderen war.
Ich vergebe mir für all die Wunden, die ich mir selbst und
anderen zugefügt habe, weil ich es nicht besser wusste.
Ich vergebe mir dafür, dass ich meine Gefühle
nicht immer authentisch zeige und es nicht immer schaffe,
für mich einzustehen.
Ich vergebe mir dafür, in gewissen Situationen
Scham und Schuld zu fühlen.
Ich vergebe mir dafür, ins People Pleasing zu verfallen
und auch mal keine Grenzen zu setzen.
Ich vergebe mir dafür, manchmal in alte Muster zu verfallen.
Ich vergebe mir.
Ich akzeptiere und liebe mich, wie ich bin.
Ahé.

Wertschätzung und Vergebung sind essenziell für das Loslassen. Du hast einen wichtigen Beitrag geleistet: Du durftest lernen und wachsen. Danke auch dir selbst, dass du dir den Raum und die Zeit dafür gegeben hast.

Was tun, wenn ich nicht vergeben kann?

Vergebung dient vor allem dazu, inneren Frieden zu finden. Dazu gehört, mit unangenehmen Situationen abzuschließen. Wenn dein Ärger noch zu groß ist, konzentriere dich zuerst darauf, wo genau in deinem Körper diese Wut sitzt. Atme dort hinein und versuche, den Ärger erst einmal da sein zu lassen und dann wellenartig loszulassen. Hierbei kannst du auch die Playlist verwenden, um deinem Ärger zunächst freien Lauf zu lassen und ihn beim Tanzen, Singen oder Weinen zu kanalisieren. Diese Basis ist wichtig, bevor du in das Ritual einsteigst.

Was ist aber, wenn es danach immer noch schwerfällt? Ja, manchen Menschen (oder Institutionen) können wir nicht hundertprozentig beim ersten Mal verzeihen. Daher vollziehe dieses Ritual gerne mehrfach. Je öfter du das Vergebungsritual machst, desto leichter wird es dir fallen.

Eine Alternative, dich der Vergebung zu nähern, die ich auch gerne als Einstieg verwende, ist, einen Brief zu schreiben und anschließend zu verbrennen. Dabei schreibst du einen Brief an die Person/Institution, der du vergeben möchtest, und drückst darin all deine Gefühle aus. Das kann Gefühle der Wut, Verletzung, Abscheu und Enttäuschung einschließen. Nachdem der Brief geschrieben ist, verbrennst du ihn, um die Freisetzung dieser Emotionen zu symbolisieren.

Ich gebe dir hier ein Beispiel für einen Vergebungsbrief. Ich habe extra ein banales Beispiel gewählt. Du kannst nämlich am besten mit etwas Kleinerem beginnen, um in den Prozess einzusteigen, und dich dann langsam steigern. Vergeben ist extrem befreiend!

Übung: Der Vergebungsbrief

Lieber Nachbar,

ich vergebe dir, dass du mich immer abschätzig anschaust, wenn wir uns im Treppenhaus begegnen.
Ich vergebe dir, dass du mich nicht verstehst.
Ich vergebe dir deine Ignoranz.
… (Hier zählst du alles auf, was dich nervt oder verletzt hat)

Ich danke dir, dass du mir gestern die Tür aufgehalten hast.
Ich danke dir dafür, dass du so lieb zu deinem Dackel bist.

Ich liebe dich.

Probiere dabei auch, gedanklich die Seite deines Gegenübers einzunehmen. Erinnere dich daran, dass wir alle unsere Aufgaben zu erfüllen haben und alle schon einmal Täter waren. Mach dir bewusst, dass du dir auch wünschen würdest, dass dir deine Fehler verziehen werden. Damit kannst du dein Mitgefühl für andere stärken. Wichtig ist dabei, dass du das Ritual immer aufrichtig praktizierst. Nicht nur »ja, ja, sorry«, sondern eine tiefe und ehrliche Annahme und Vergebung durch bedingungslose Liebe.

Mein Tipp für dich: Übernimm aufrichtig Verantwortung für deine Fehler, bitte um Verzeihung, spüre Liebe und Wertschätzung gegenüber deinen Mitmenschen und übe dich in Dankbarkeit.

Je öfter du Vergebungsrituale anwendest, desto mehr kommst du in Kontakt mit dir und deiner bedingungslosen Liebe. Damit strahlst du für andere und bist ein Licht.

Das gilt für Menschen, mit denen du heute in Kontakt bist, für solche, von denen du dich distanziert hast, und auch für deine Ahnenlinie. Und ganz besonders gilt es, dir immer und immer wieder selbst zu vergeben. Wir sind hier auf dieser Welt, um Erfahrungen zu sammeln. Was, wenn du dieses Leben nutzt, die Erfahrungen zu machen, die du machen sollst, und die Gefühle zu fühlen, die du vielleicht in einem deiner vorherigen Leben nicht gefühlt hast?

Vorherige Leben

Glaubst du an ein Leben nach dem Tod? Was kommt deiner Meinung nach danach? Wiedergeburt? Himmel und Hölle? Nichts? Viele Menschen haben sich schon mit dieser Frage beschäftigt. Die Parapsychologie gibt einige Hinweise auf das Leben nach dem Tod: Erinnerungen an frühere Leben im Normalbewusstsein, Rückführungen, Nahtoderfahrungen und Déjà-vu-Erlebnisse. Der Glaube an die Reinkarnation geht davon aus, dass die Seele nach dem körperlichen Tod erneut in einer körperlichen Form inkarniert.

Was hat das mit der Hexenwunde zu tun? Nehmen wir einmal an, niemand in deiner Ahnenlinie hat einen Anknüpfungspunkt ans Thema Hexenverfolgung, was wäre, wenn du selbst in einem früheren Leben darin involviert warst? Einige Hexen haben eine Erinnerung daran, wie sie verbrannt wurden, und finden diese in Träumen, Meditationen, während Zeremonien oder sogenannten Rückführungen, also Reisen in frühere Leben wieder.

Der Ansatz, in vergangene Leben zu reisen, war für mich lange Zeit sehr abstrakt und zu weit weg. Es machte mir zunächst Angst, dass es nach dem Tod weitergehen sollte. Mein Weltbild war stark christlich geprägt. Ich ging lange Zeit davon aus, dass ich in den Himmel komme und dort einfach entspannt abhänge. Dass es plötzlich aber nach dem Tod weitergehen soll, um noch mehr Themen zu lösen, empfand ich als sehr anstrengenden Gedanken. Auch die Idee, dass ich schon oft hier auf der Erde war, machte mich nicht besonders happy. Daher drückte ich das Thema lange Zeit weg. In den letzten Jahren klopfte es dann aber immer stärker an, ich habe mich viel damit befasst und erkannt, dass es ebenfalls Teil der Heilung der Hexenwunde sein kann. Inzwischen ist es für mich völlig klar, dass meine Seele schon oft hier auf dieser Erde war. Vielleicht geht es dir aber ähnlich wie mir vor ein paar Jahren, wenn du diese Zeilen liest. Und das ist völlig okay so. Vielleicht denkst du jetzt auch »Oh Mann, Melissa hat 'nen Knall«, und schüttelst verärgert den Kopf. Ganz egal, ob es wirklich so ist, also historisch beweisbar, dass wir bereits Vorleben hatten oder ob unser Unterbewusstsein uns Bilder liefert, um zu verdeutlichen, an welchen Stellen in uns es noch der Heilung bedarf – mir hilft die Reise in ein früheres Leben sehr, festsitzende Thematiken oder Emotionen zu lösen.

Es gibt unterschiedliche Techniken, um in ein früheres Leben zu reisen, wie beispielsweise die Reinkarnationstherapie, Regressionshypnosen, Theta Healing oder schamanische Rückführungen.

Meine erste Reise in ein früheres Leben in der Zeit der Hexenverfolgung erlebte ich mit meiner Hexenschwester Katha. Sie arbeitet mit der Theta-Healing-Technik und kombiniert diese mit Sound. Sie hat mich in ein früheres Leben geführt, in dem ich als Hexe und Heilerin zu den Zeiten der

Hexenverfolgung arbeitete. Ich war mir meines Berufsrisikos bewusst, übte aber meinen Beruf trotzdem weiterhin aus. Dabei setzte ich nicht nur mein eigenes Leben aufs Spiel, sondern auch das meines kleinen Sohnes. Wir endeten beide auf dem Scheiterhaufen und ich fühlte mich unfassbar schuldig, dass mein Sohn wegen mir sterben musste. In dieser Session zeigten sich die Themen Verantwortung, Schuldgefühle und das Ausüben der eigenen Tätigkeit als alleinerziehende Mutter und Hexe. Im Verlauf dieser Session konnte ich mir selbst vergeben, die Schuld auflösen und erkennen, dass es heute sicher ist, meine Tätigkeit auszuüben.

Disclaimer: Ich empfehle dir an dieser Stelle, eine Rückführung in ein früheres Leben zum Thema Hexenwunde nur mit einem Experten zu machen und nicht allein »zum Ausprobieren«. Die Reise in frühere Leben sollte mit Respekt behandelt werden, denn du weißt nicht, was dich dort erwartet. Es ist ein unfassbar kraftvolles Tool, aber nichts, was wir mal eben nebenbei tun sollten. Wenn du den Ruf bisher nicht spürst, dann lass es sein. Vertraue darauf, dass der Impuls zur richtigen Zeit kommen wird. Erzwinge nichts. Beachte bei der Auswahl der Person, mit der du die Rückführung machst, bitte auch die essenziellen Unterschiede seitens der Anbieter. Medizinisch zugelassene Reinkarnationstherapeuten dürfen alle psychischen Erkrankungen wie z. B. Depression, Zwänge und Phobien sowie auch körperliche Erkrankungen wie z. B. Allergien, Schmerzen und Unfruchtbarkeit behandeln, während diejenigen, die nichtmedizinische Rückführungen leiten (wozu meist auch Hexen und Schamanen zählen) das nicht dürfen. Daher ist eine Wahl im Vorfeld ausschlaggebend.

Schritt 5: Rein in die Sichtbarkeit!

In meiner Arbeit ist es mir so wichtig, Menschen dabei zu unterstützen und zu ermutigen, sich als Hexe zu zeigen. Der erste Schritt des Outings ist dabei meistens das Geständnis vor dir selbst, der zweite das vor deinen Liebsten. Wenn du Hexe-Sein als deine Seelenmission fühlst, ist der nächste Schritt die Öffentlichkeit. Hier kommen ein paar Tipps, worauf du achten kannst, solltest du den Schritt für dich setzen:

- **Selbstreflexion:** Bevor du dich outest, ist es wichtig, dass du dich selbst gut kennst und deine eigene Identität als Hexe akzeptierst. Nimm dir Zeit, um deine spirituelle Reise zu reflektieren, deine Überzeugungen zu definieren und in deiner Hexenpraxis zu wachsen. Alle vorangehenden Übungen helfen dir dabei. Mach die Übungen in deinem Tempo, deinem Rhythmus und immer mehr in der Reihenfolge, die dir intuitiv richtig erscheint.
- **Wähle den richtigen Zeitpunkt:** Überlege, wann der richtige Zeitpunkt für dein Coming-out ist. Es kann hilfreich sein, zuerst mit engen Vertrauten zu sprechen, die offen und unterstützend sind. Finde einen Zeitpunkt, an dem alle Beteiligten entspannt und bereit sind, sich auf ein offenes Gespräch einzulassen.
- **Vorbereitung:** Bereite dich darauf vor, Fragen zu beantworten und mögliche Bedenken zu adressieren. Überlege im Voraus, wie du deine Hexenpraxis beschreibst, und erkläre, was es für dich bedeutet, eine Hexe zu sein. Wenn du möchtest, kannst du auch Ressourcen und Bücher empfehlen, um Missverständnisse auszuräumen.
- **Offenes Gespräch:** Suche einen ruhigen und entspannten Ort, an dem du dich mit deinen Freunden oder deiner Fa-

milie unterhalten kannst. Teile offen und ehrlich deine Erfahrungen und Gefühle als Hexe. Betone, dass deine spirituelle Praxis ein wichtiger Teil deines Lebens ist und dass du hoffst, dass sie dich darin unterstützen können.

* **Zeige Verständnis:** Es ist möglich, dass nicht jede*r sofort positiv reagiert oder deine Entscheidung vollständig versteht. Sei geduldig und zeige Verständnis für ihre Perspektive. Erkläre, dass deine Hexenpraxis deine persönliche Reise ist und dass du weiterhin die gleiche liebevolle Person bleibst, die sie kennen und schätzen.
* **Gemeinschaft finden:** Suche nach einer unterstützenden Gemeinschaft von Hexen, in der du dich austauschen und von Gleichgesinnten lernen kannst. Online-Communitys, Hexenkreise oder lokale Gruppen sind tolle Optionen, um dich mit anderen Hexen zu vernetzen und zusätzlichen Rückhalt zu finden.

Remember, das Outing als Hexe ist ein individueller Prozess, und du entscheidest selbst, wie und wann du diesen Schritt gehst. Vertraue auf deine Intuition und sei stolz darauf, deine authentische Hexenpraxis zu leben. Du bist dabei ein leuchtendes Beispiel für andere!

Ich habe innerhalb meiner Community nachgefragt, wie das Coming-out bei ihnen war. Die Antworten sprechen für sich.

Wie war dein Coming-out als Hexe?
»Schleichend.«

»Die Menschen merkten es durch meine Taten.«

»Durchwachsen: Von einigen wurde es akzeptiert, andere haben mit den Augen gerollt, andere lachten, wieder andere bekamen Angst.«

»Andere Menschen haben es zuerst wahrgenommen, daher war es nur noch ein Annehmen für mich.«

Vielleicht erinnerst du dich an den Shitstorm, den ich als Reaktion auf einen Instagram-Post erlebt habe? Ich habe im dritten Kapitel davon erzählt. Hier erkennst du, was das Ganze mit der Hexenwunde sowie dem Drama-Dreieck zu tun hat.

Ich möchte dir damit auch sagen: Wenn du gerade noch Angst hast, dich zu zeigen, Angst vor Ablehnung oder sogar einem Shitstorm, dann lass dir gesagt sein: Ja, Kritik oder Anfeindungen sind heftig fürs Nervensystem. Aber ich bin gestärkt daraus hervorgegangen, da ich gesehen habe, wer meine wirklichen Soulclients und Hexen an meiner Seite sind und wer eigentlich nur da war, um mich kritisch zu beobachten. Unterm Strich wurde ich wirklich total lieb von meiner noch bestehenden Community aufgefangen. Ich habe dadurch sogar am Tag mehrere Neukunden gewonnen, da sie so begeistert waren von meiner Reaktion.

Es ist sehr gut und wichtig, klare Grenzen zu setzen. Wenn jemand ein Drama startet, hinterfrage immer, ob du Teil des Dramas sein willst oder ob du es schaffst, rechtzeitig auszusteigen. Denn die Art, wie eine Person über dich spricht, sagt eigentlich viel mehr über sie aus als über dich.

Wie gehst du mit einem Shitstorm um?

Denke immer daran: Wenn ein verbaler Angriff etwas in dir triggert, kann genau das ein Hinweis darauf sein, dass die Hexenwunde in dir wirkt und es an der Zeit ist, dass Dinge, die nicht mehr dir gehören, weil sie aus früheren Leben sowie der Ahnenlinie stammen, liebevoll zurückgeben werden und heilen dürfen.

Wenn du an dieser Stelle des Buches angelangt bist und die Übungen gemacht hast, wirst du deine Magie ganz deutlich spüren. Du bist bereit für einen Boost!

Zauber zur Aktivierung deiner Hexenkraft

Dieser kraftvolle Zauber dient dir zu Aktivierung deiner Hexenkraft. Am besten, du übst ihn während eines Voll- oder Neumondes aus, denn dann hat er die größte Wirkungskraft. Bitte webe diesen Zauber nicht während einer Eclipse, da in dieser Zeit die Zauber oftmals völlig anders wirken als geplant.

Für die Zeremonie brauchst du:

- eine Kerze (Farbe deiner Wahl, gut sind z. B. Weiß, Lila oder Orange),
- Wein oder Fruchtsaft,
- etwas zum Räuchern (z. B. Beifuß oder Schafgarbe),
- eine Glocke oder Gongschale oder Ähnliches, was einen schönen Ton/Klang abgibt.

Töne mit der Glocke oder Gongschale und sprich dabei:

»Ich höre die Kraft.«

Trinke einen Schluck und sage dabei:

»Ich schmecke die Kraft.«

Räuchere dann und sprich:

»Ich rieche die Kraft.«

Schließe deine Augen und sage dabei:

»Ich fühle und sehe die Kraft.«

Fokussiere dich dann auf die Kerze und sprich:

»Ich rufe heute Nacht die Kräfte herbei,
denn ich hörte den Ruf, es ist mein Recht und ich bin frei.
Ich spreche diese Worte und rufe das Göttliche an,
meine Absichten sind im Einklang mit dem göttlichen Plan.
Durch Erde und Luft und Wasser und Feuer,
soll meine Absicht sich erfüllen auf Dauer und heute.

Ich bin eine Hexe, das ist, was ich bin.
Magie auszuüben ist mein Lebenssinn.
Blessed be / So sei es.«

Daraufhin zünde die Kerze an.

AUSBLICK – RAUS AUS DER BESENKAMMER

»Zu erkennen, welches Potenzial in der Kraft derjenigen liegt, die vor uns kamen, und wie wir es im Hier und Jetzt nutzen können, ermöglicht uns, eine klare Vision von der Zukunft zu gestalten.«
KAJA ANDREA OTTO[86]

Wow, du hast es geschafft. Du bist den kraftvollen Weg der Hexe mit mir gemeinsam gegangen. Du hast dich den dunklen Zeiten der Hexenverfolgung sowie auch deinen eigenen Schatten gestellt. Du kennst nun die Wahrheit über die Hexenverfolgung und weißt, welche Auswirkungen sie bis heute auf uns hat. Du hast die vielen Facetten der Hexe und auch die vielen Gesichter der Hexenwunde kennenlernen dürfen. Und du hast Heilung in deine Ahnenlinie gebracht. Ich danke dir von Herzen für deinen Mut, dich für dich, für deine Ahnen, für alle, die nach dir kommen, und fürs große Ganze auf den Weg zu machen. Besonders danke ich dir für dein Vertrauen in mich. Es war mir eine Ehre, dich ein Stück weit auf deinem Weg begleiten zu dürfen.

In der heutigen Zeit öffnen sich immer mehr Menschen für die Spiritualität und sehen Hexerei und Magie als spirituelle Praktiken, die auf Selbstheilung und persönliches Wachstum ausgerichtet sind. Obwohl es immer noch Vorurteile und Unverständnis gegenüber Menschen gibt, die sich als Hexen identifizieren, gibt es zeitgleich ein wachsendes Interesse an Spiritualität und Magie. Die Hexe stellt unser bisheriges Bild infrage und regt uns dazu an, tiefer zu gehen. Das stellt für mich eine wunderbare Entwicklung dar.

Die Hexe stellt den Status quo infrage und sie traut sich, anders zu sein. Sie ist menschlich, verfügt aber über eine überirdische Macht. Hexerei hat daher für mich ganz klar etwas mit Eigenermächtigung zu tun, da die Hexe ihre Realität selbst gestaltet. Als Hexe bin ich die Schöpferin meines eigenen Lebens.

Es sind 2000 Jahre vergangen, bis wir Hexen unsere Macht wieder angstfreier wahrnehmen und einsetzen können. 2000 Jahre christlicher Prägung, wobei ich bewusst nicht von Schuld spreche. Eines ist mir wichtig zu betonen: Wie wir keinen einzigen Menschen be- oder verurteilen sollten, ohne die Hintergründe seines Seins oder Handelns zu kennen, sollten wir auch Hexen nicht auf stereotype Vorstellungen reduzieren.

Der Weg der Hexe und damit einhergehend die Heilung der Hexenwunde ist ein lebenslanger Prozess. Aber du hast nun die Eigenverantwortung und die Selbstermächtigung, ganz bewusst zu entscheiden, ob du auf Trigger reagieren willst. Es ist völlig normal, immer mal wieder in alte Muster zu verfallen. Genauso normal ist es, dass Themen hochkommen, von denen du dachtest, du hättest sie längst »aufgearbeitet«.

Das gehört zum Prozess. Viel wichtiger ist, dass du deine innere Stimme mehr und mehr zu deinem Kompass machst, dass du in deine magischen Fähigkeiten vertraust und dass du den Mut findest, raus aus der Besenkammer und rein in dein selbstbestimmtes Leben zu treten. Magie und Hexentum beinhalten so viel mehr als schöne Altäre und mystische Outfits. Die Magie der Magie liegt in der Erinnerung an dein inneres Wissen, deine Kraft und die Anbindung an das große Ganze. Du bist deinem wahren Wesen einen riesigen Schritt nähergekommen. Und so mache dich nun auf den Weg, um mit deinem Licht und deinem Strahlen auch andere Menschen daran zu erinnern. Wenn du sichtbar wirst, wenn du dich in deiner vollen Kraft zeigst, Mutter Erde dienst und ein vollkommen freies und selbstbestimmtes Leben führst, bist du eine Inspiration für so viele, die sich noch nicht an diesem Punkt befinden. Wenn wir verbunden sind – mit uns, unserer Intuition, der Erde und unseren Hexenschwestern und -brüdern –, entsteht Magie. Gemeinsam, geheilt und aufgeladen können wir der Erde etwas zurückgeben. Höre niemals auf, dich mutig deinen Schatten zu stellen, und teile dein Hexenwissen mit anderen. In tiefem Service für Mutter Erde und in Dankbarkeit.

Ahé.

MEDITATIONEN AUF EINEN BLICK

Manchmal soll es schnell gehen, deshalb findest du hier noch einmal alle im Buch enthaltenen Meditationen auf einen Blick:

- Meditation zum Erden: https://theherstorywitch.de/meditationen-die-hexenwunde-buch/
- Clearing: https://theherstorywitch.de/meditationen-die-hexenwunde-buch/
- Intuitiver Zustand: https://theherstorywitch.de/meditationen-die-hexenwunde-buch/
- Ahnenmentor: https://theherstorywitch.de/meditationen-die-hexenwunde-buch/

Gib einfach den Link ein und wähle auf der Seite die gewünschte Meditation aus.

https://theherstorywitch.de/meditationen-die-hexenwunde-buch/
Passwort: Hexenwunde

Die Vorbereitung für eine Meditation kennst du bereits, hier trotzdem noch einmal für dich:

Finde einen ruhigen und ungestörten Ort, an dem du dich für die Meditation entspannen kannst. Setze dich bequem hin oder lege dich hin. Achte darauf, dass du dich wohlfühlst und, solltest du sitzen, eine aufrechte Haltung einnimmst. Nimm ein paar tiefe und bewusste Atemzüge und dann starte mit dem Hören deiner Meditation.

DANK

Ich danke von Herzen allen Menschen, die mutig den Weg der Hexe gehen, dabei dem Ruf ihrer Seele und den Gebeten ihrer Ahnen folgen und somit ein leuchtendes Beispiel für andere sind.

Zudem danke ich von Herzen dem Mann an meiner Seite – Tomás. Danke, dass du immer für mich da bist und mich bei all meinen Unternehmungen bedingungslos und in vollem Vertrauen unterstützt. Te amo.

Ich danke meinen Ahnen, ohne die ich heute nicht hier wäre, so sehr für ihre Unterstützung und Kraft und all ihre Botschaften, die durch mich hindurchfließen dürfen.

Danke an meine Familie: meine Mama, die mich inzwischen liebevoll *Hexchen* nennt und die Erste war, die das Buch vorbestellt hat. Meinen Papa, der von der ersten Sekunde an davon überzeugt war, dass ich mit meinem Business Erfolg haben werde, während alle anderen noch dachten, das sei eine Phase, und meinem Bruder, der, obwohl er ganz anders ist als ich, immer hinter mir steht. Und natürlich OmPa, die trotz anfänglicher Zweifel mit meiner Berufswahl immer stolz auf mich waren und mir so viele Infos über meine Ahnenlinie gegeben haben.

Danke an all meine Freunde, die meine Erfolge von Herzen mit mir feiern, und danke an all die wundervollen Hexen in meiner Community (ganz besonders an Geo von erebos.nights, Chiara Chamomilla, Annie Skye & Kiara Black) für den magischen Austausch, die Inspiration und euren Support. Ihr habt mir gezeigt, dass Konkurrenz und Neid unter Kolleg*innen zwischen uns nicht existiert, sondern dass wir uns gegenseitig supporten und ehrlich austauschen. Dafür danke ich euch von Herzen, das bedeutet mir sehr viel.

Danke an meinen wundervollen Coven für all die Liebe und Wertschätzung.

Ich danke all den Mentor*innen auf meinem Weg, bei denen ich bereits so viel lernen durfte und weiterhin lerne.

Und ein großes Danke auch an die zwei wunderbaren Frauen vom Verlag (Jennifer & Melle), die mich entdeckt und gemeinsam mit mir dieses Buch zu einem magischen Werk gemacht haben.

GLOSSAR

Athame Der Athame ist eine Zeremonienklinge, die im Bereich der modernen Hexerei, Wicca und einigen paganen Traditionen für symbolische Zwecke verwendet wird. Der Athame dient als Werkzeug, um Energie zu lenken, Kreise zu ziehen oder Schutz zu bieten.

Divination Divination bezieht sich auf verschiedene Praktiken, bei denen versucht wird, Informationen über die Zukunft oder unbekannte Ereignisse durch spirituelle, symbolische oder intuitive Mittel zu erhalten, wie zum Beispiel Tarotkartenlegen oder das Deuten von Orakeln. Es ist eine Art, in die Zukunft zu schauen oder Antworten auf Fragen zu suchen, die über den gewöhnlichen Verstand hinausgehen.

Paganismus Paganismus ist eine Art von Glauben, bei dem Menschen an verschiedene Götter glauben, oft verbunden mit der Natur. Er basiert auf alten Traditionen vor der Verbreitung des Christentums und beinhaltet Rituale und Verehrung von Naturphänomenen.

Völva Völva heißt eigentlich »Frau mit Stab«. Die Stabträgerin war und ist eine Zauberin oder Seherin, Schamanin oder Hexe. Germanische Völven waren mächtige Frauen, die als spirituelle Ratgeberinnen geschätzt waren. In der nordischen Spiritualität wird der Begriff Völva auch heute noch verwendet.

Wicca Wicca ist eine moderne neopagane spirituelle Tradition, die sich auf die Verehrung der Natur, die Anbetung einer Göttin und eines Gottes sowie auf Rituale, Magie und persönliche Entwicklung konzentriert. Die Anhänger von Wicca, auch Wiccaner genannt, praktizieren oft Hexenkunst und betonen die Harmonie mit der Natur.

LESETIPPS

Dell, Christopher: *The Occult, Witchcraft & Magic: An Illustrated History,* Thames & Hudson Ltd 2016.

Grossmann, Pam: *Waking The Witch. Die Kraft der Neuen Weiblichkeit,* allegria 2019.

Heimhard, Heide-Marie: *Sacred Woman. Die Erweckung der weiblichen Urkraft. Ein Einweihungsweg in die Mysterien des Schoßraums,* Vivita 2018.

Hendrickson, Nancy: *Ancestral Tarot. Uncover Your Past and Chart Your Future,* Weiser Books 2021.

Hundley, Jessica: *Hexenkunst. Bibliothek der Esoterik,* Taschen 2022.

Larsen, Celeste: *Heal the Witch Wound. Reclaim Your Magic and Step into Your Power,* Weiser Books 2023.

Lipton, Bruce H.: *Intelligente Zellen. Wie Erfahrungen unsere Gene steuern,* KOHA 2016.

Lister, Lisa: *Witch. Unleashed. Untamed. Unapologetic,* Hay House 2017.

Lister, Richard: *Die Magie der Runen. Nutze die Kraft der alten Zauberzeichen für deinen Alltag,* Droemer Knaur 2023.

Miller, Madeline: *Ich bin Circe,* Eisele 2020.

Otto, Kaja Andrea: *Du bist die Antwort auf deine Fragen. Mit Ahnenarbeit zu deiner kraftvollen Lebensvision,* Arkana 2021.

Schnurr, Eva-Maria (Hg.): *Das Zeitalter der Hexenverfolgung. Angst und Aberglaube am Beginn der Neuzeit,* Penguin 2022.

Wolf, Christa: *Medea. Stimmen,* Suhrkamp 2008.

ANMERKUNGEN

1 Vgl. Decker, Rainer: *Hexenjagd in Deutschland,* Primus in Wissenschaftliche Buchgesellschaft (wbg) 2006, S. 40.

2 Vgl. Estés, Clarissa Pinkola: *Die Wolfsfrau. Die Kraft der weiblichen Urinstinkte,* Heyne 2022, S. 30.

3 Croissier, Gertrude R.: *Psychotherapie im Raum der Göttin. Weibliches Bewusstsein und Heilung,* Pomaska-Brand 2007, S. 313.

4 Vgl. Frenschkowski, Marco: *Hexen. Eine kulturgeschichtliche Analyse,* S. Marix 2023, S. 38.

5 Vgl. Frenschkowski, Marco: *Hexen,* S. 51.

6 Vgl. ebd., S. 38.

7 Vgl. Decker, Rainer: *Hexenjagd in Deutschland,* S. 23.

8 Vgl. Frenschkowski, Marco: *Hexen,* S. 40.

9 Vgl. ebd., S. 42.

10 Decker, Rainer: *Hexenjagd in Deutschland,* S. 14 f.

11 Vgl. Frenschkowski, Marco: *Hexen,* S. 43.

12 Vgl. ebd., S. 43.

13 Vgl. Behringer, Wolfgang: *Hexen. Glaube, Vermarktung, Verfolgung,* C. H. Beck 2020, S. 24.

14 Decker, Rainer: *Hexenjagd in Deutschland,* S. 14 f.

15 Vgl. Frenschkowski, Marco: *Hexen,* S. 71.

16 Vgl. Schnurr, Eva Maria (Hg.): *Das Zeitalter der Hexenverfolgung. Angst und Aberglaube am Beginn der Neuzeit,* Penguin 2022, S. 178.

17 Vgl. Voltmer, Rita: *Hexen. Wissen was stimmt,* Herder 2008, S. 31.

18 Behringer, Wolfgang: *Hexen,* S. 28.

19 Vgl. ebd., S. 8.

20 Voltmer, Rita, Irsigler, Franz: Die *europäischen Hexenverfolgungen der Frühen Neuzeit – Vorurteile, Faktoren und Bilanzen,* Edition Minerva Hermann Farnung 2002, o. S.

21 Vgl. ebd., o. S.

22 Vgl. Kramer, Heinrich, Behringer, Wolfgang (Hg.), Jerouschek, Günter (Hg.): *Der Hexenhammer. Malleus Maleficarum,* kommentierte Neuübersetzung, dtv 2000, S. 229, 259.

23 Vgl. Frenschkowski, Marco: *Hexen,* S. 133.

24 Vgl. Behringer, Wolfgang: *Hexen,* S. 42 f.

25 Vgl. Kramer, Heinrich, Behringer, Wolfgang (Hg.), Jerouschek, Günter (Hg.): *Der Hexenhammer,* S. 265 ff., 420 ff.

26 Vgl. ebd., S. 117, 149.

27 Vgl. ebd., S. 276, 392.

28 Vgl. ebd., S. 483 ff.

29 Vgl. ebd., S. 803.

30 Vgl. Schnurr, Eva Maria (Hg.): *Das Zeitalter der Hexenverfolgung,* S. 148.

31 Deutsch, Andreas: *Ulrich Tenglers Laienspiegel. Ein Rechtsbuch zwischen Humanismus und Hexenwahn,* Universitätsverlag Winter 2011.

32 Vgl. https://www.mdr.de/geschichte/weitere-epochen/neuzeit/hexen-verfolgung-hexenhammer-laienspiegel-100.html (abgerufen 16. 12. 2023)

33 Vgl. Kramer, Heinrich, Behringer, Wolfgang (Hg.), Jerouschek, Günter (Hg.): *Der Hexenhammer,* S. 176.

34 Levack, Brian P.: *Hexenjagd. Die Geschichte der Hexenverfolgung in Europa,* C. H. Beck 2002, S. 154.

35 Vgl. Schnurr, Eva Maria (Hg.): *Das Zeitalter der Hexenverfolgung,* S. 282.

36 Vgl. Voltmer, Rita: *Hexen,* S. 88.

37 Vgl. Behringer, Wolfgang: *Hexen,* S. 36.

38 Vgl. Croissier, Gertrude R.: *Psychotherapie im Raum der Göttin,* S. 303.

39 Vgl. Larsen, Celeste: *Heal the Witch Wound. Reclaim Your Magic and Step into Your Power,* Weiser Books 2023, S. 31.

40 Vgl. https://www.zukunft-braucht-erinnerung.de/der-antisemitische-stereotyp/ (abgerufen 16. 12. 2023)

41 Vgl. Voltmer, Rita: *Hexen,* S. 82 f.

42 Vgl. »Es konnte fast jeden treffen«, Interview von Uwe Klußmann mit Rita Voltmer in: Schnurr, Eva Maria (Hg.): *Das Zeitalter der Hexenverfolgung,* S. 44.

43 Vgl. Behringer, Wolfgang: *Hexen,* S. 66.

44 Vgl. ebd.

45 Vgl. Schnurr, Eva Maria (Hg.): *Das Zeitalter der Hexenverfolgung,* S. 160.

46 Vgl. Voltmer, Rita: *Hexen,* S. 52.

47 Vgl. Voltmer, Rita: *Hexen,* S. 113.

48 Voltmer, Rita: *Hexen,* S. 52 f.

49 Vgl. Schnurr, Eva Maria (Hg.): *Das Zeitalter der Hexenverfolgung,* S. 113.

50 Vgl. Voltmer, Rita: *Hexen,* S. 55.

51 Schnurr, Eva Maria (Hg.): *Das Zeitalter der Hexenverfolgung,* S. 163.

52 Vgl. Federici, Silvia: *Hexenjagd. Die Angst vor der Macht der Frauen,* Unrast 2021, S. 56–59.

53 Vgl. Federici, Silvia: *Hexenjagd,* S. 43–48.

54 Vgl. https://www.rheinische-geschichte.lvr.de/Persoenlichkeiten/katharina-henot/DE-2086/lido/57c82b951aab93.67871848 (abgerufen 9.01.2024)

55 Voltmer, Rita: *Hexen,* S. 115 f.

56 Vgl. Federici, Silvia: *Hexenjagd,* S. 48 ff., S. 60.

57 Vgl. Voltmer, Rita: *Hexen,* S. 82 f.

58 Vgl. Kramer, Heinrich, Behringer, Wolfgang (Hg.), Jerouschek, Günter (Hg.): *Der Hexenhammer,* S. 288.

59 Vgl. ebd., S. 472 ff.

60 Vgl. Frenschkowski, Marco: *Hexen,* S. 139.

61 Vgl. Federici, Silvia: *Hexenjagd,* S. 38.

62 Vgl. Voltmer, Rita: *Hexen,* S. 51 f.

63 Federici, Silvia: *Hexenjagd,* S. 48 f.

64 Vgl. Voltmer, Rita: *Hexen,* S. 94.

65 Vgl. ebd., S. 98 f.

66 Vgl. Schnurr, Eva Maria (Hg.): *Das Zeitalter der Hexenverfolgung,* S. 176.

67 Voltmer, Rita: *Hexen,* S. 96.

68 Vgl. Frenschkowski, Marco: *Hexen,* S. 34.

69 Schnurr, Eva Maria (Hg.): *Das Zeitalter der Hexenverfolgung,* S. 109.

70 Vgl. ebd., S. 111.

71 Vgl. Website des Arbeitskreis Aufarbeitung Hexenverfolgung, Leipzig: https://www.hexenprozesse-leipzig.de/?p=176) (abgerufen 16.12.2023)

72 Vgl. https://www.deutschlandfunkkultur.de/moderne-hexen verfolgung-vertreibung-folter-und-mord-100.html (abgerufen 16.12.2023)

73 Vgl. https://www.mk-online.de/meldung/hexenjagden-gibt-es-auch-heute/ (abgerufen 16.12.2023)

74 Dr. Werner Tschacher in: https://www.missiohilft.de/informieren/presse/pressemitteilungen/hexenwahnin36laendern/?tx_news_pi1%5Baction%5D=detail&tx_news_pi1%5Bcontroller%5D=News&cHash=81a017724355c3e09717e1994bfc79f1 (abgerufen 16. 12. 2023)

75 Vgl. https://www.wochenblatt-reporter.de/speyer/c-lokales/verfolgung-vermeintlicher-hexen-ist-kein-thema-aus-geschichtsbuechern_a217360?ref=curate) (abgerufen 16.12.2023)

76 Vgl. Huber, Johannes: *Liebe lässt sich vererben. Wie wir durch unseren Lebenswandel die Gene beeinflussen können,* Zabert Sandmann 2010, S. 56.

77 Vgl. Wolynn, Marc: *Dieser Schmerz ist nicht meiner. Wie wir uns mit dem seelischen Erbe unserer Familie aussöhnen,* Kösel 2017, S. 44.

78 Vgl. Huber, Johannes: *Liebe lässt sich vererben,* S. 34.

79 Vgl. ebd., S. 59.

80 Vgl. Federici, Silvia: *Hexenjagd,* S. 59.

81 Kramer, Heinrich, Behringer, Wolfgang (Hg.), Jerouschek, Günter (Hg.): *Der Hexenhammer,* S. 238.

82 Vgl. Limmer, Stefan: *Versöhnung mit den Ahnen. Mit der 7-Generationen-Aufstellung zu ungeahnter Kraft,* Arkana 2015, S. 17.

83 Vgl. http://historischer-verein-speyer.de/?p=1775 (abgerufen 16.12.2023)

84 Mehr Runen und viele Informationen zu ihrer uralten Macht sowie ihrer Verwendung findest du im Buch *Die Magie der Runen. Nutze die Kraft der alten Zauberzeichen für deinen Alltag* von Richard Lister, s. Lesetipps.

85 Vgl. Kinney, Troy; Kinney, Margaret West: *Der Tanz des alten Ägypten und Griechenlands,* Frederick A. Stokes Company 1914, S. 7 ff.

86 Otto, Kaja Andrea: *Du bist die Antwort auf deine Fragen. Mit Ahnenarbeit zu deiner kraftvollen Lebensvision,* Arkana 2021, S. 51.

Benjamin Maier

BIN ICH EINE ALTE SEELE?

Woher kommen wir, wohin gehen wir, was ist unsere Seelenaufgabe?

Kann eine Seele ein Alter haben?
Was unterscheidet junge von alten Seelen?
Und was macht alte Seelen so einzigartig?

Der erfahrene schamanische Lehrer und beliebte YouTuber Benjamin Maier beleuchtet die Wege der Seelen in ihren vielfältigen Inkarnationen auf der Erde. Vielleicht bist du eine alte Seele, die schon unzählige Leben als Mensch gelebt hat und eine ganz besondere Weisheit in sich trägt. Möglicherweise bist du jedoch auch eine junge Seele, die noch sehr viele Abenteuer und Erkenntnisse vor sich hat. Mithilfe eines Tests und der einzigartigen Beschreibungen der Entwicklungswege der Seele hilft dir Benjamin Maier, dich zu erinnern, wer du wirklich bist, und zeigt dir Techniken, wie du deinen Seelenplan erkennen und entfalten kannst. Angereichert mit vielen Beispielen aus seiner Praxis erfährst du, welche Aufgabe du in diesem Leben hast und wie du sie am besten verwirklichen kannst.

KNAUR.LEBEN

Richard Lister

DIE MAGIE DER RUNEN

Nutze die Kraft der alten Zauberzeichen für deinen Alltag

Die alten nordischen Schriftzeichen gehören zu den mächtigsten Wahrsagewerkzeugen und sind auch heute noch eine beliebte Methode, um in die Zukunft zu blicken. Richard Lister nimmt uns mit in die Welt der altnordischen Mythen, die mit den Runen in Verbindung stehen. Ausführliche Erläuterungen zu allen 24 Runen bereiten auf die Arbeit mit den Zauberzeichen vor, Affirmationen und Meditationen vertiefen sie. Wir lernen, wie sie sich in einen modernen Kontext setzen lassen, wie man sie wirft, wie man Runenzauber wirkt und wie ein eigenes Runenset gestaltet werden kann. So entfaltest du mit der uralten Weisheit der Runen deine volle Kraft.

KNAUR.LEBEN

Cheralyn Darcey

DAS MAGISCHE ORAKEL DER HEILPFLANZEN

36 Karten mit Anleitungsbuch

Hörst du die Pflanzen um dich herum singen und wispern? Dieses magische Orakel eröffnet dir die Welt der grünen Magie. Entschlüssle mit den wunderschön gestalteten Karten die geheimen Botschaften und magischen Fähigkeiten von 36 Kräutern, Blumen und Sträuchern. Welche Botschaften halten die Pflanzen für dich bereit? Lerne ihre Sprache und finde es heraus!

Entdecke mit diesem Orakeldeck die uralte Weisheit der Heilpflanzen. Das Anleitungsbuch mit Informationen zu Legesystemen und der Deutung der Karten hilft dir dabei. Botanisches Wissen, Zaubersprüche, Rituale und Rezepte führen dich auf eine magische Reise. Verbinde dich mit der Kraft der Pflanzen und entfalte durch sie dein volles Potenzial!

KNAUR
MENSSANA